建筑工程 CAD 制图丛书

道桥工程
CAD制图

周佳新 张 喆 李 鹏 编著

U0367734

化学工业出版社

·北京·

本书详细介绍了道桥工程 CAD 制图的基本知识，绘图的思路、方法和技巧，以实用性为主。内容主要包括 AutoCAD 基本知识，基本绘图及编辑命令的使用方法和技巧，道路、桥梁、涵洞、隧道工程图的画法，常见问题的解决方案等。

本书可作为从事道桥设计和施工的技术人员、管理人员、工人的培训或自学教材，也可供大中专院校相关专业师生参考。

图书在版编目（CIP）数据

道桥工程 CAD 制图/周佳新，张喆，李鹏编著. —北京：化学工业出版社，2014.9（2021.9 重印）
（建筑工程 CAD 制图丛书）
ISBN 978-7-122-21209-2

Ⅰ.①道… Ⅱ.①周…②张…③李… Ⅲ.①道路工程-工程制图-计算机辅助设计-AutoCAD 软件②桥梁工程-工程制图-计算机辅助设计-AutoCAD 软件 Ⅳ.①U412.5-39②U442.6-39

中国版本图书馆 CIP 数据核字（2014）第 146719 号

| 责任编辑：左晨燕 | 文字编辑：荣世芳 |
| 责任校对：边　涛 | 装帧设计：张　辉 |

出版发行：化学工业出版社（北京市东城区青年湖南街 13 号　邮政编码 100011）
印　　装：北京科印技术咨询服务有限公司数码印刷分部
787mm×1092mm　1/16　印张 18½　字数 472 千字　2021 年 9 月北京第 1 版第 2 次印刷

购书咨询：010-64518888　　　　　　　售后服务：010-64518899
网　　址：http://www.cip.com.cn
凡购买本书，如有缺损质量问题，本社销售中心负责调换。

定　　价：85.00 元　　　　　　　　　　　版权所有　违者必究

前　言

随着计算机技术的发展，CAD 绘图已成为必然。我们着眼于加强技能以及综合素质的培养，结合多年从事 CAD 教学及工程实践的经验，编写了本书。

本书的作者是长期从事工程图学与 CAD 教学和开发的专业人士，在制图理论和解决实际问题方面有较为丰富的经验。本书遵循学习规律，将制图理论与 CAD 技术相融合，通过实例循序渐进地介绍了 AutoCAD 的基本功能、绘图的思路、方法和技巧，强调实用性和可操作性，读者只要按照书中的步骤一步一步操作，便可掌握所学内容。书中的技巧，多为作者多年经验的总结，有些是首创。

全书共分八章，在内容的编排顺序上进行了优化，主要包括以下内容。

1. 基本绘图篇（第一章至第六章）

本部分内容侧重于从未接触过 AutoCAD 的读者，从一点儿不会学起，详细介绍了 CAD 的相关知识，基本绘图、编辑和各种命令的使用方法和技巧。

2. 制图实例篇（第七章）

本部分主要讲解绘制道路、桥梁、涵洞、隧道工程图的基本原理和方法、绘图步骤及大量绘图技巧，并给出了较为典型的练习题供读者阅读、实践，读者可根据自己的实际边看边练，有所侧重、有所选择，举一反三，以期解决实际问题。

3. 常见问题及处理（第八章）

本部分总结了在绘图过程中时常遇到的一些问题，尤其"不是问题"的问题的处理方法，供大家参考，以期达到事半功倍的效果。

本书由沈阳建筑大学周佳新、张喆、李鹏编著，刘鹏、王铮铮、王志勇、姜英硕、沈丽萍、张楠、马晓娟、姚大鹏、张九红、张桂山、李周彤、李牧峰、王雪光等也做了相关工作。在编著的过程中参考了有关制图专著，在此向有关作者表示衷心的感谢！由于编著时间和水平有限，疏漏之处在所难免，恳请广大同仁及读者不吝赐教，在此谨表谢意。

编著者
2014 年 3 月

目　录

第一章　道桥工程 CAD 简介

第一节　概　述

随着计算机技术的发展，其应用已经深入地影响到许多领域，甚至是对一些传统的构思过程和设计方法都造成了极大的冲击。比如计算机三维技术的日臻成熟，使我们的整个设计构思都可以在计算机虚拟的三维空间中进行，从而对过去二维表达三维的思维方式、设计思想产生了变革。在道路桥梁设计及施工中，虽然计算机三维辅助设计已经较为成熟，但设计与施工之间仍然以二维图样作为重要的交流媒介。因此，在目前的道路桥梁设计及施工中二维和三维的设计模式都有着同等重要的地位。

CAD 是英文 Computer Aided Design 的缩写，中文意思为计算机辅助设计。是利用计算机系统的计算功能和图形处理能力进行工程设计和产品开发的一门应用技术。计算机绘图是应用计算机软、硬件来处理图形信息，从而实现图形的生成、显示、输出的计算机应用技术。计算机绘图是绘制工程图的重要手段，也是计算机辅助设计的重要组成部分。美国 Autodesk 公司研制开发的 AutoCAD 绘图软件，是目前世界上应用最广的 CAD 软件，市场占有率位居世界第一。自 1982 年 11 月推出至今已经历了二十多个版本。近十多年来，AutoCAD 几乎每年都在更新版本，每次版本的更新除了在使用功能上有所加强外，使用界面也有所改变，但近几年的版本界面变化并不算太大。高版本的 AutoCAD 软件命令会多一些，且会修正软件的一些 BUG、增加一些图库，在三维设计功能上有所加强，但二维绘图命令的差异并不太大。AutoCAD 的性能与其他软件一样，高版本可以兼容低版本，即高版本 AutoCAD 可以打开低版本的文件，反之则不能。高版本 AutoCAD 的操作更为方便、运行速度更快，但对计算机配置的要求较高、占用的空间也较大。目前最高的版本为 AutoCAD 2014。

在不同的行业中。Autodesk 公司开发了行业专用的版本和插件，一般没有特殊要求的各个行业的公司都是用的 AutoCAD Simplified 版本。所以 AutoCAD Simplified 基本上算是通用版本。

一、AutoCAD 软件的特点

① 具有完善的图形绘制功能。
② 有强大的图形编辑功能。
③ 可以采用多种方式进行二次开发或用户定制。

④ 可以进行多种图形格式的转换，具有较强的数据交换能力。

⑤ 支持多种硬件设备。

⑥ 支持多种操作平台。

⑦ 具有通用性、易用性，适用于各类用户。

二、AutoCAD 软件格式

AutoCAD 的软件格式主要有以下几种。

（1）dwg 格式　是 AutoCAD 默认生成的文件，即 AutoCAD 的标准格式。如果打开 dwg 格式文件需用 AutoCAD 或兼容工具。dwg 文件的数据结构属于 Autodesk 公司的商业秘密，一些处理 CAD 图形的专业人士往往希望能直接对 dwg 文件进行读写操作，这种方法实现起来比较复杂。dwg 文件是二进制格式，可以通过 AutoCAD 内的转换器转为 dxf 文本文件，这样可以很方便地实现数据的读写。如果只是看图，可以不用装 AutoCAD，用可以看 dwg 格式的看图软件即可。

（2）dxf 格式　是一种图形交互的文件格式，即 AutoCAD 的交换格式。dxf 是 Autodesk 公司开发的用于 AutoCAD 与其他软件之间进行 CAD 数据交换的 CAD 数据文件格式。dxf 是一种开放的矢量数据格式，可以分为两类：ASCⅡ 格式和二进制格式。ASCⅡ 可读性好，但占用空间较大；二进制格式占用空间小，读取速度快。由于 AutoCAD 现在是最流行的 CAD 系统，dxf 也被广泛使用，成为事实上的标准。绝大多数 CAD 系统都能读入或输出 dxf 文件。

（3）dwt 格式　是 Autocad 的样板文件，也称模板文件。把图层、标注样式等都设置好后另存为 dwt 格式，可以根据自己的习惯保存在电脑的路径，默认是在 CAD 安装目录下。在制图时找到 dwt 模板文件放置的文件夹，将创建的 dwt 文件放进去，以后绘图开始时，新建文档过程中系统提示选择模板文件后，选择前面的 dwt 文件即可，或者直接把 dwt 文件取名为 acad. dwt（为 CAD 默认模板），替换默认模板，然后打开就可以了。

（4）dws 格式　为了保护自己的文档，可以将 CAD 图形用 dws 的格式保存。dws 格式的文档，只能查看，不能修改。

三、AutoCAD 的发展阶段

AutoCAD 的发展可分为五个阶段：初级阶段、发展阶段、高级发展阶段、完善阶段和进一步完善阶段。

（1）初级阶段　发行并更新了如下 5 个版本

AutoCAD 1.0——1982 年 11 月

AutoCAD 1.2——1983 年 4 月

AutoCAD 1.3——1983 年 8 月

AutoCAD 1.4——1983 年 10 月

AutoCAD 2.0——1984 年 10 月

（2）发展阶段　更新了如下 5 个版本

AutoCAD 2.17——1985 年 5 月

AutoCAD 2.18——1985 年 5 月

AutoCAD 2.5——1986 年 6 月

AutoCAD 9.0——1987 年 9 月

AutoCAD 9.03——1987 年 9 月以后

（3）高级发展阶段　更新了如下 3 个版本

AutoCAD 10.0——1988 年 8 月

AutoCAD 11.0——1990 年

AutoCAD 12.0——1992 年

（4）完善阶段　更新了如下 3 个版本

AutoCAD R13——1996 年 6 月

AutoCAD R14——1998 年 1 月

AutoCAD 2000——1999 年 1 月

（5）进一步完善阶段　到目前为止更新了如下 13 个版本

AutoCAD 2002（R15.6）——2001 年 6 月

AutoCAD 2004（R16.0）——2003 年 3 月

AutoCAD 2005（R16.1）——2004 年 3 月

AutoCAD 2006（R16.2）——2005 年 3 月

AutoCAD 2007（R17.0）——2006 年 3 月

AutoCAD 2008（R17.1）——2007 年 3 月

AutoCAD 2009（R17.2）——2008 年 3 月

AutoCAD 2010（R18.0）——2009 年 3 月

AutoCAD 2010 LT——2009 年 4 月

AutoCAD 2011——2010 年 3 月

AutoCAD 2012——2011 年 3 月

AutoCAD 2013——2012 年 12 月

AutoCAD 2014——2013 年 3 月

四、国内外常用道桥 CAD 软件

1. 集成化公路 CAD 系统

集成化公路 CAD 系统是由交通部教育司资助，由长安大学主持完成的公路集成化设计软件。此系统采用了面向对象的开发思想和组件技术，形成了一套集路线、路基、路面、中小桥、涵洞、交叉等设计、数据管理及图表输出为一体的公路设计集成系统。

系统的主要特点如下：

① 提出了数据集成＋控制集成接口的公路 CAD 系统集成方式。

② 开发了具有实时查询、实时修改、实时存储以及支持分布式设计功能的公路工程库和公路标准库。

③ 提出了公路设计的三阶段设计过程模型并建立了平面设计导航模型。

④ 建立了平纵自适应修改模型。

⑤ 引入了模板方法的设计原理，建立了工程实体模型。

⑥ 提出了基于 ActiveX Automation 技术实现应用程序与支撑软件无缝集成的思路和实现设计、计算与绘图一体化的方法。

⑦ 具备挡土墙、中小桥、涵洞、交叉口、路基路面、公路三维仿真等设计系统。此系统的开发与研究，解决了大量公路 CAD 系统中的关键技术，为今后智能公路 CAD 系统的开发研究奠定了基础。

系统的主要功能如下。

（1）方便灵活的定线手段　系统提供的定线手段有屏幕交互定线、键盘输入交点坐标和读入已建的平面设计数据文件三种方式，以满足不同用户的要求。若设计单位已建立地面模型，交互定线过程中可实时显示所定路线的纵断面地面线供用户参考。对山区公路，用户在平面定线的过程中可直观地看出路线所经地带的地形起伏程度，判断纵断面设计的可能性，进而判断平面设计的合理性，及早避免过多的返工。

（2）自动进行平曲线组合设计，为用户提供智能导航　用户选定约束条件后（只需选定切线边、对单曲线选定切线长或外距），系统根据给定的约束条件，自动判断可能的曲线组合情况，自动完成曲线的组合设计和计算工作，给出各种可能组合情况下的设计结果，供用户决策。若不满意系统提供的结果，用户可以任意给定，系统能够跟踪计算，实时显示设计图形和数据。

（3）支持分布式设计　在实际工作中，平面设计往往并不是按由前向后的顺序设计的。系统根据这一要求，提供了分布式设计功能，用户可以根据路线所经地带的特殊情况，任意选择设计顺序，设计完成后，用户只需选定起始边和终止边，系统可自动排序。

（4）系统能够完成多种曲线的要素设计　系统可完成对称或非对称基本形单曲线、双交点曲线、复曲线、卵形曲线、S形曲线、C形曲线、凸型曲线等多种类型的曲线要素计算，计算完成后，无论何种曲线均将设计结果以统一的格式存入数据库，便于后续计算调用。

（5）坐标和方位角计算　坐标和方位角计算的桩号来源有两种。一种是由野外实测中桩得到，另一种是由程序根据计算起终点的桩号和用户指定的桩间距自动产生一系列桩号，包括主点桩、公里桩、百米桩等。当然用户也可指定主点桩、百米桩和公里桩。系统在计算中桩坐标的同时，可以同时完成距中桩任意距离的边桩或是公路界桩坐标的计算（用户只需输入偏距）。

（6）完善的修改功能　可对图形界面、纵坡、横断面等参数进行修改，满足使用者的个性化需求。

（7）在纵断面优化设计中，将人机功能重新分配，由计算机自动产生纵断面初始断面。根据用户提供的约束条件和目标函数，自动产生最优断面，再由用户交互确定最终的设计断面。

（8）在交互设计过程中，系统提供了方便易用的辅助手段，实时显示设计结果，可以根据需要将坡长自动取为10的倍数，自动检测纵坡的合法性（如坡长、坡度是否超限），拒绝接受不合要求的纵坡。

（9）横断面设计模型采用了组件模板模型，将路幅、边坡和边沟分别定义，并将路幅分解为机动车道、硬路肩、中央分隔带、路缘带和土路肩等特征单元进行描述，边沟和边坡采用组边模型，可以处理左右路幅不同、边坡为任意形式的横断面设计，系统有很强的灵活性和适应性。

（10）与现有的横断面CAD相比，此子系统首次将专家经验融入程序设计中，可以智能地对一些明显存在不合理的断面进行处理，如提供的横断面地面线宽度不足，设计线无法与地面线相交时的处理等，系统均能很好地解决。

（11）系统提供各种常用的超高过渡方式和超高计算方式。自动验算超高渐变率，对不满足超高渐变率要求的，自动按规范要求反算超高缓和段长。系统提供两种加宽计算方式，即按直线过渡和高次抛物线过渡，以满足不同等级公路的设计需要。

（12）图表自动输出　系统可以完成路线设计各种表格的自动绘制工作，设计图直接生成 dwg 格式，不需转换处理；设计表格直接生成 Excel 表格，系统提供多种表格形式，用户可根据集体情况选用。

2. 纬地道路辅助设计系统

纬地道路 CAD 软件（HintCAD 软件）是由中交第一公路勘察设计研究院 1996 年研发成功的公路设计软件，HintCAD 软件开发完成以来，经过 V1.0～V5.8 版本的升级，不断改进和完善，日臻稳定成熟。HintCAD 软件具有路线、互通式立体交叉、隧道、挡土墙、土石方调配、虚拟仿真等设计模块。

系统的主要特点和功能如下。

（1）路线辅助设计

① 平面动态可视化设计与绘图。HintCAD 软件采用传统的导线法（交点法）进行任意组合形式的公路平面线形设计计算和多种模式的反算，支持在计算机屏幕上交互进行定线及修改设计。在平面设计完成的同时，系统自动完成全线桩号的连续计算和平面绘图。

② 纵断面交互式动态拉坡与绘图。在自动绘制拉坡图的基础上，支持交互式纵坡与竖曲线设计。支持以"桩号区间"和"批量自动绘图"两种方式绘制任意纵、横比例和精度的纵断面设计图及纵面缩图。

③ 超高、加宽过渡处理及路基设计计算。软件可以处理各种加宽、超高方式及其过渡变化，进而完成路基设计与计算，输出路基设计表。

④ 参数化横断面设计与绘图。软件支持常规模式和高等级公路沟底纵坡设计模式下的横断面戴帽设计，支持任意多级填挖方边坡和不同形式的边沟、排水沟。提供了横断面修改和土方数据联动功能。横断面设计中提供了支挡防护构造物处理模块，可在横断面设计图中绘出挡土墙、护坡等构造物。

⑤ 土石方计算与土石方计算表等成果的输出。软件利用横断面设计输出的土石方数据，计算并输出土石方计算表到 Excel 中。在计算中自动扣除大、中桥，隧道以及路槽的土石方数量，并考虑到松方系数等影响因素。

⑥ 路基沟底标高数据输出、沟底纵坡设计。软件的横断面设计模块支持输出路基两侧排水沟及边沟的标高数据，并支持交互式路基两侧沟底纵坡设计。

⑦ 平面移线。软件支持平面移线，该功能主要针对低等级公路项目测设过程中发生移线的情况，系统可自动搜索计算移线后的对应桩号、左右移距以及纵、横地面线数据。

（2）互通式立体交叉辅助设计

① 匝道线位的动态可视化设计与绘图。采用曲线单元设计法和匝道起终点自动接线相结合的立交匝道平面设计思路，可以完成任意立交线形的设计和接线。提供立交平面线图的绘制功能和在线位图中绘制输出立交曲线表与立交主点坐标表的功能。

② 互通式立体交叉匝道连接部纵坡搜索计算功能。软件提供了计算连接部相邻匝道的起始纵坡及设计高程搜索计算工具。

③ 任意的断面形式、超高加宽过渡处理。软件提供处理任意路基断面变化形式（如单、双车道变化、分离式路基等）和各种超高过渡处理功能。

④ 立交连接部设计与绘图。提供了自动搜索计算立交匝道连接部（加、减速车道至楔形端）的横向宽度变化的功能，并绘制连接部平面图。

⑤ 连接部路面标高数据图绘制。在连接部设计详图（大样图）的基础上，系统可批量计算、标注各变化位置及桩号断面的路基横向宽度、各控制点的设计标高、横坡及方向等数据。

⑥ 分离式路基的判断确定。软件自动判断互通式立体交叉的主线与匝道之间、匝道与匝道之间或高速公路分离式路基左右线之间的路基边坡相交的准确位置。

前面所述及的关于路线设计部分的所有功能，如纵断面设计与绘图、路基设计、横断面设计与绘图、土石方计算等均同时适用于互通式立体交叉设计。

（3）数字地面模型（DTM）

① 支持多种三维地形数据接口。软件支持 AutoCAD 的 dwg/dxf 格式、Microstation 的 dgn 格式、Card/1 软件的 asc/pol 格式以及 pnt/dgx/dlx 格式等多种三维地形数据接口。

② 自动过滤、剔除粗差点和处理断裂线相交等情况。软件自动过滤并剔除三维数据中的高程粗差点，自行处理平面位置相同点和断裂线相交等情况。

③ 快速建立数字地面模型（DTM）。软件提供了快速建立数字地面模型的功能，对处理的地形点的点数没有上限。

④ 多种数据编辑、修改和优化功能。软件不仅提供多种编辑三角网的功能，如插入、删除三维点，交换对角线或插入约束段，另外开发了自动优化去除平三角形的数模优化等模块。

⑤ 路线纵、横断面地面线插值功能。软件可快速插值计算，并输出路线纵、横断面的地面线数据，这为大范围的路线方案深度比选和优化提供了方便。

⑥ 数模边界自动优化功能。软件自动对数模的边界进行搜索、对比，按照概率推荐边界优化的参数（三角形最大高宽比和三角形最大底宽），实现边界的准确优化，使数模更加贴近地形图的边界变化。

⑦ 二维平面数字化地形图的三维化功能。软件提供了多种对二维平面数字化地形图三维化的工具，可快速将二维数字化地形图转化为三维图形，为建立数字地面模型提供数模数据。

（4）软件提供了平面交叉口设计功能

（5）软件提供了多种实用的路线辅助设计工具

（6）数据录入和修改工具　软件提供了平、纵、横等基础数据的录入和修改工具，这些工具方便实用，减少了数据录入的错误。

（7）输出成果　软件提供了强大的公路工程图表输出功能，基本上包含了路线设计的所有成果。软件输出的成果图表为 AutoCAD 图形、WORD、EXCEL 三种格式，并自动分幅分页，同时提供批量打印功能。

3. 德国 CARD/1 软件

德国 IB&T 有限公司出品的 CARD/1 软件系统是一款道路（公路和铁路）勘测设计一体化软件系统。CARD/1 的原意是计算机辅助道路设计（Computer Aided Road Design）。经过了十多年的发展，原先的 CARD/1 系统是一个从运用中发展起来的专门适用于道路测量和设计的软件包，现在的 CARD/1 系统已广泛应用于测绘、道路、铁路（磁悬浮列车）和管道的规划、设计和施工。目前 CARD/1 系统已经发展到 8.0 版本，除德文版外，还被译成英文版、中文版、俄文版、波兰文版和匈牙利文版。

软件的主要特点如下。

（1）高度集成　CARD/1 覆盖测绘、道路、铁路、管道设计及施工的全过程。CARD/1 是不依赖于其他任何软件（除操作系统外）就可完成基础数据采集、设计、绘图全过程的软件系统，避免了传统的使用五六个不同公司的软件分别解决不同的问题，最后合起来完成一个项目的弊端。使用 CARD/1 软件，数据在应用系统内部高效传递，避免了不同软件之间数据转换的繁琐和出错的可能性。而且用户面对的服务供应商单一，技术服务容易得到保障。

（2）全面开放　可接受所有来源的数据，包括已有的平、纵、横断面地面线及设计资料；全站仪数据；航测数据；GPS 数据；既有图扫描数据；激光测量仪数据和其他软件数据。并提供国内常用道路工程设计软件数据接口，使设计单位各专业间的协同工作更加方便快捷。设计参数自由输入，不受国别或地区差异的限制。绘图控制文件和表格生成程序以源代码方式提供给用户，可以满足用户的个性化需求，国际招标文件的编制也是轻而易举。

横断面设计以开发文件的形式进行，可以完成任意形式的横断面设计。CARD/1 为用户提供常用的横断面设计源程序，用于整体式、分离式和台阶式路基设计及截排水沟和挡墙的设计等。

（3）设计与绘图分开　CARD/1 的工作过程将设计与绘图分开，设计时只显示与设计相关的信息，设计完成后可通过控制文件产生所需的绘图，设计过程将永久保留。设计调整后，通过绘图控制文件可对绘图进行及时刷新，无需删除原来的图形。

（4）智能化与个性化　CARD/1 系统基于数字地面模型，融合了许多模拟、回归分析、自动设计等智能化功能，可使工程师的方案更优、更合理。CARD/1 为工程师提供了充分发挥自己智慧和才能的强有力的工具，工程师完全可以按自己的想法设计和出图，使其设计成果更加得心应手、独具一格。

（5）功能精细可靠　严谨、精确是德国人的一贯作风，这一点也充分体现在 CARD/1 软件中，经过多年的使用，CARD/1 已得到了广大用户的普遍认可。CARD/1 整个系统有大小功能 1000 多项，能满足现今公路、市政道路和铁路设计各阶段的各种要求，其中包括高速铁路和磁悬浮设计。

（6）设计思想先进　CARD/1 采用了当前国际上最流行的全站仪野外数据采集、建立地面模型进行道路设计的思想和方法，它可使复杂条件下的多方案比选设计轻而易举，使设计的合理性和效率显著提高。CARD/1 路线设计方面采用的是曲线法，兼容传统的积木法和交点法设计思想，它可以使工程师们合理、快速、灵活、轻松地达到设计目的。

软件的主要功能如下。

（1）测绘领域　完成测绘工作的三大模块是测量模块、地形图处理模块及数字地面模型处理模块。测量模块、地形图处理模块和数字地面模型处理模块相互配合集中处理测量数据，构成了一个完整的数字地图管理数据库，能够产生出多种工程领域所需的地形图。

（2）道路设计领域　以三维数字地图数据库为基础，进行道路的三维设计。模块与基本测绘模块的有机结合，使得工程师能够利用 CARD/1 系统在数字化地图上进行道路设计。CARD/1 系统将道路设计所需的各种平面线形、纵断面坡度组合、横断面形式、超高方式等设计要素归纳为符合工程师设计习惯和思维的"设计目标"概念，进行目标化设计，而不是单纯地绘制线、点等几何图素。设计者是在三维数据模型中进行平面、纵断面及横断面设计的，其中各种地形信息、轴线线位、超高控制、数模数据可相互传递、参考，辅助工程师设计出合理的平、纵、横断面组合。设计完成后，CARD/1 系统能够自动绘出所需任意比例的平面图、纵断面图、横断面图。再一次修改设计或增加路线方案时，不需手工修改绘图，CARD/1 系统能方便地重新自动生成新的设计图纸。

（3）铁路设计领域　铁路设计模块除包括道路设计模块的全部功能外，还针对铁路设计的具体情况，增加了更多适合铁路设计的功能，主要是铁路线形设计模块和道岔设计模块。

① 铁路线形设计模块。缓和曲线段的线形不但有常规的回旋线、三次抛物线、摆线和

圆曲线，还增设了适合于高速铁路动力学特性的多种高次曲线线形，如双扭曲线、四次曲线、正弦曲线、余弦曲线等。

② 道岔设计模块。可方便、自动地在道岔数据库中选用各种类型的道岔，也可建立本国化的道岔数据库，以适应各自国家的设计标准。该模块结合数字化地面模型模块及地形图处理模块可进行复杂的站场设计。此外，灵活的线形计算功能配合强大的横断面开发功能可很好地进行铁路复线设计及既有线改造工程。

（4）给排水管网设计领域　CARD/1 系统可同时进行 20 余种不同类型的污水、雨水计算，并有能力处理多达 30000 余个管线给水网络的水力平差计算，容许每个网络中具有 1000 多个专门用水单位。可进行管网平面图设计，自动或交互式布置管线、检查井、雨水口等，并由程序自动连接，需要时可提取各种比例尺的节点大样图。管径、坡度及埋深既可自动计算，又可交互设计。管网纵断面设计与测绘模块自动交换地形数据，绘制纵断面图。管网平面图设计、管网纵断面设计与数字地面模型结合生成给水管网三维透视图。

4. EICAD 软件

即"集成交互式道路与立交设计系统"，简称"EICAD"，是李方软件公司于 2002 年 10 月推向市场的第四代道路计算机辅助设计产品，是 DICAD 的升级换代产品，系统主要用于公路、城市道路的各阶段设计，EICAD 有路线版、综合版两个版本，适应用户的不同需求。综合版中包含了用于互通立交设计的命令，包括积木法、基本模式法、扩展模式法和其他辅助设计命令等。EICAD 应用独创的路线设计理论——"新的导线法"和立交匝道线形设计理论——"复合曲线模式法"，加上动态拖动和功能集成的特点，使得设计者能方便地设计出任何复杂、完美的道路与互通式立体交叉平面线形，如单卵形、双卵形、复曲线、虚交及全曲线等平面线形。

EICAD 系统在结合相关技术规范的基础上，紧密联系设计实际需求，体现路线设计新思想、新方法，实现了一套全新的设计交互与文档数据管理的过程。

EICAD 采用了 Microsoft 公司 Visual C++6.0 集成开发环境，运用面向对象编程技术和 MFC（Microsoft Foundation Class）进行研制开发。运用以 C++为基础的面向对象的开发环境和应用程序接口，系统基于 AutoCAD 平台，充分发挥了图形平台完备的系统开放性和丰富的个性化能力，使用 Object ARX 进行二次开发，能够真正快速地访问 AutoCAD 图形数据库，大大地提高设计效率。建立图形数据的双向关联机制，实现全程尺寸和参数驱动机制。

该系统主要包括平面设计、纵断面和横断面设计三个部分。

5. BID-Road 软件

BID-Road 软件是中交第二公路勘察设计院研制开发的公路路线与互通立交辅助设计系统。支持动态可视化公路路线及互通式立体交叉的平面、纵断面、横断面的自动（或交互）设计，路基土石方的自动和交互调配，路线边沟的交互式排水设计以及交互式的挡墙纵向设计，并可自动生成路线及互通式立体交叉设计中主要的设计图表，建立路线和互通式立体交叉的三维立体模型，完成各种等级、各种路基形态的公路路线与互通式立体交叉的初步设计和施工图设计。该系统采用面向对象的编程技术，以普通微机及 Windows 9X/2000/NT/XP 作为软硬件支撑平台，AutoCAD 为运行环境。

6. 高等级公路桥梁 CAD 系统 JTHBCADS

该系统被列为"七五"国家重点科技攻关项目，由同济大学、公路规划设计院、重庆公路科学研究所等单位联合研制开发。系统开发和运行的硬件平台 APOLLO 系列和 HP-A-

POLLO 系列图形工作站，软件支撑系统为 DOMAIN/AEGIS 操作系统和 Calma 公司的 DDM DI2MENSION Ⅲ 图形系统。该系统分为桥梁结构布置、桥梁结构有限元分析、桥梁施工图设计、桥梁工程造价分析等子系统，可以草拟桥型图式、拼装三维模型，进行强度验算及常用中、小型桥梁的自动设计，绘制施工图，能覆盖桥梁设计专业的 50%，代表当今国内桥梁 CAD 的最新成果。

7. 拓普桥梁结构分析程序

是由原上海城建学院于 20 世纪 90 年代中期基于个人计算机研制开发的。系统由"桥梁结构线性、非线性综合程序系统"、"桥梁结构线性、非线性施工控制程序系统"、"弯、坡、斜桥分析程序系统"、"悬索桥分析专用程序系统"组成。该系统有两个突出特点，使其在广大公路设计部门得以普遍应用。第一个特点是系统基于普通微机，并采用 NDP - FOR-TRAN 所提供的 DOS 内存扩展技术解决了 640K 内存无法适应微机结构分析的困难，从而使微机能够胜任大型桥梁结构分析任务；第二个特点是利用微机的光栅图形处理技术实现了一定的图形前后处理功能。

8. 桥梁集成 CAD 系统 BRCAD（Bridge Integrated CAD System）

是同济大学继 JTHBCADS 之后研制成功的新一代桥梁 CAD 系统。该系统以广泛普及的 PC 机为硬件平台，以具备良好开发性能的 WINDOWS NT 为系统软件平台。系统设计采用了集成化 CAD 系统的设计思想，并采用了当今先进的软件开发技术，充分体现了以用户为核心、界面图形化、过程可视化、数据集成化等新一代 CAD 系统的特点。BRCAD 系统全部采用 C++语言实现，目前，BRCAD 的核心部分，如桥梁专用有限元分析、有限元前后处理、设计文档管理等子系统已经实现，并在多个实际工程中得到应用。

9. 桥梁博士系统

是同济大学桥梁教研室利用 VC＋＋ 研制开发的基于 32 位 Windows 平台的桥梁 CAD 系统。该系统的主要功能是进行钢筋混凝土、预应力混凝土、组合梁以及钢结构的各种结构体系直线桥梁恒载与活载线性与非线性结构响应的计算，自动进行对带索结构的优化，并能够进行各种斜、弯和异形结构恒载与活载的结构响应计算，自动进行结构效应的组合及截面的配筋验算等计算功能。

10. ADAMS 和 ADAP 系统

该系统的特点是将计算机辅助制造技术和桥梁 CAD 技术集于一体。ADAP 系统包括自动设计、计算和自动绘制施工图两个部分，适用于重力式桥台、桥墩、薄壁墩、柱式墩等下部结构和基础的自动设计。

11. BRADD 系统

美国宾夕法尼亚州运输部组织开发的"桥梁自动制图系统 BRADD"是一个完全利用计算机对某种桥型进行自动设计并在工程实践中收到显著效益的 CAD 系统，该系统在一定程度上代表了 20 世纪 80 年代国外桥梁 CAD 技术研究和应用的最高水平。BRADD 是一个将公路桥梁设计分析和制图集于一体的 CAD 系统，用户可以交互输入桥梁设计的基本数据，然后系统将设计分析的结果按文档要求输出到打印机，同时生成施工图文件，图形软件支承系统采用 Intergraph 公司的 CADD，图形文件可以在该系统上编辑修正，也可以直接输出到图纸上。

12. Bridge Designer Ⅱ 和 Bridge Designer Mod2eler3D 系统

美国交互设计系统 IDS 公司的 Bridge Designer Ⅱ 和 Bridge Designer Mod2eler3D 为集成桥梁 CAD 系统。Bridge Designer Ⅱ 是针对节段施工的混凝土桥梁（如混凝土连续梁和混凝土斜拉桥等）研制开发的集结构分析和设计于一体的桥梁 CAD 软件系统。采用核心数据库存放桥梁设计模型的全部内容以及具备桥梁施工阶段计算功能是 Bridge Designer Ⅱ 的两个突出特点。正在研制中的 BDM3D 被称为新一代桥梁 CAD 系统。图形可视化界面和通过图形交互方式输入信息是 BDM3D 软件的突出特点，也是作为新一代桥梁 CAD 软件有别于 Bridge Designer Ⅱ 的一个方面。

13. LUSAS 系统

英国 LUSAS 公司开发了桥梁结构分析和设计软件 LUSAS Bridge。LUSAS 的前身是一个有限元系统，由英国伦敦大学为满足教学和科研的需要，于 1970 年开发研制成功的。到现在 LUSAS 已经推出了第 12 版本，主要包括 Analyst（汽车、航空、国防、制造和机械方面的力学分析）、Composite（组合构件设计）、Civil & Structural（土木及结构工程设计）及 Bridge（桥梁设计）。LUSAS Bridge 提供了丰富的桥梁结构设计分析功能，在众多的国外商品化有限元分析软件中，其桥梁工程设计的针对性是较强的。并且，LUSAS Bridge 采用了当代先进的软件开发技术和开发思想。系统可运行于 PC 机和工作站两种平台，采用了直观的图形界面技术，配备了丰富的有限元前后处理功能。

第二节　道桥工程图的有关规定

道路是一种供车辆行驶和行人步行的带状构造物，是一个三维的空间实体。它的中心线（简称中线）是一条空间曲线，我们平时所说的路线指的就是道路中线的位置。

道路其基本组成部分包括路线、路基、路面以及桥梁、涵洞、隧道等工程实体。桥梁和涵洞的区别在于跨径的大小，一般来讲：凡单孔跨径小于 5m、多孔跨径小于 8m 时修建涵洞，否则修建桥梁。为了减少土石方数量，保证车辆平稳行使和缩减里程，在山岭地区修建道路时，一般要修筑公路隧道。

一、道路工程图

道路根据它们不同的组成和功能特点，可分为公路和城市道路两种。人们通常把连接城市、乡村，主要供汽车行驶的具备一定技术条件和设施的道路称为公路，它位于城市郊区和城市以外，如图 1-1（a）所示，公路具有狭长、高差大、弯曲多等特点；位于城市范围以内的道路称为城市道路，如图 1-1（b）所示。

(a) 公路　　　　　　　　　　　　　　　　　　(b) 城市道路

图 1-1　道路实景图

1. 公路工程图

公路是一种主要承受汽车载荷反复作用的带状工程结构物。公路的中心线由于受自然条件的限制，在平面上有转折，纵面上有起伏，为了满足车辆行驶的要求，必须用一定半径的曲线连接起来，因此路线在平面和在纵断面上都是由直线和曲线组合而成的。平面上的曲线称为平曲线，纵断面上的曲线称为竖曲线。

公路路线工程图的表达方法与一般工程图不完全相同，有自己的一些画法和规定。他是用公路路线平面图作为平面图，路线纵断面图和路基横断面图分别代替立面图和侧面图。也就是说公路路线工程图主要包括路线平面图、路线纵断面图和路基横断面图。通常，路线平面图、路线纵断面图和路基横断面图大都画在单独的图纸上，读图时注意相互对照。

2. 城市道路路线工程图

在城市里，沿街两侧建筑红线之间的空间范围定义为城市道路用地。城市道路主要包括机动车道、非机动车道、人行道、分隔带、绿带、交叉口和交通广场以及各种设施等。

城市道路的线型设计结果也是通过横断面图、平面图和纵断面图来表达的。它们的图示方法与公路路线工程图完全相同，只是城市道路一般所处的地形比较平坦，而且城市道路的设计是在城市规划与交通规划的基础上实施的，交通性质和组成部分比公路复杂得多，因此城市道路的横断面图比公路复杂得多。

横断面图设计是矛盾的主要方面，所以城市道路先做横断面图，再做平面图和纵断面图。

二、桥梁工程图

所谓桥梁，是架设在江河湖海上，使车辆行人等能顺利通行的建筑物。桥梁是道路的组成部分，因为自从有了道路之后，当人们遇到河流、沟壑阻碍时，就会想到要采用某种方式跨越障碍。桥梁的结构形式很多，采用的建筑材料也有多种。但无论其形式和建筑材料如何不同，在图示方面均大同小异。主要有四大基本桥型：梁桥、浮桥、索桥和拱桥，如图 1-2 所示。

(a) 梁桥

(b) 浮桥

(c) 索桥

(d) 拱桥

图 1-2　基本桥型

桥梁一般需要以下几方面的图纸：桥位地形、地物、地质、水文等资料平面图；桥型布置图；桥的上部、下部构造和配筋图等设计图。

桥梁工程图主要特点如下：

① 桥梁的下部结构大部分埋于土或水中，画图时常把土和水视为透明的或揭去不画，而只画构件的投影。

② 桥梁位于路线的一段之中，标注尺寸时，除需要表示桥本身的大小尺寸外，还要标注出桥的主要部分相对于整个路线的里程和标高（以米为单位，精确到厘米），便于施工和校核尺寸。

③ 桥梁是大体量的条形构筑物，画图时均采用缩小的比例。

三、涵洞工程图

涵洞是公路或铁路与沟渠相交的地方使水从路下流过的通道，作用与桥相同，涵洞依据连通器的原理，常用砖、石、混凝土和钢筋混凝土等材料筑成。按构造形式，涵洞分为管涵、盖板涵、拱涵、箱涵等，如图 1-3 所示。

(a) 管涵

(b) 盖板涵

(c) 拱涵

(d) 箱涵

图 1-3　不同构造形式的涵洞

涵洞主要用一张总图来表示，总图上主要有立面图、平面图和剖面图。由于涵洞是狭长的工程构筑物，因此常以水流方向为纵向，并以纵剖面图代替立面图。涵洞的平面图与立面图对应布置，为了使平面图表达清楚，画图时不考虑洞顶的覆土，但应画出路基边缘线的位置及对应的示坡线。一般洞口正面布置在侧面图位置，当进、出水口形状不一样时，则需要分别画出其进、出水口的布置图。有时平面图和立面图以半剖形式表达，水平剖面图一般沿基础顶面剖切，横剖面图则垂直于纵向剖切。涵洞工程图除包括上述三种投影图外，还需要画出必要的构造详图，如钢筋布置图、翼墙断面图等。涵洞图上亦大量出现重复尺寸。

涵洞体积较桥梁小，故画图所选用的比例较桥梁图稍大，一般采用 1∶50、1∶100、1∶200 等。

四、隧道工程图

隧道通常指用作地下通道的工程建筑物。1970 年国际经济合作与发展组织（OECD）召开的隧道会议综合了各种因素，对隧道所下的定义为："以某种用途、在地面下用任何方法按规定形状和尺寸修筑的断面积大于 $2m^2$ 的洞室。"也就是说：隧道不一定全是地下通道，仅位于地面下才称作是地下隧道。常见的隧道如图 1-4 所示。

(a) 铁路隧道

(b) 公路隧道

(c) 水底隧道

(d) 地下铁道

图 1-4　隧道

隧道虽然很长，由于隧道洞身断面形状变化较少，因此隧道工程图除了用平面图表示它的地理位置外，表示构造的图样主要有进、出口隧道洞门图、横断面图（表示断面形状和衬砌）以及隧道中的交通工程设施等图样。隧道工程图主要有洞身衬砌断面图、洞门图以及大小避车洞的构造图等。

五、绘图工具与绘图命令对照

传统的绘图方法使用绘图纸、丁字尺、三角板、圆规、建筑模板、铅笔、针管笔等绘图，计算机绘图利用计算机软件中的各种命令调用相对应的功能进行绘图。计算机本身就是一"绘图工具"的集合。表 1-1 是传统绘图工具与计算机辅助绘图命令作用的简要对照。

表 1-1　绘图工具与绘图命令对照

制图工具	作　用	绘图命令
直尺、丁字尺	画直线	line、xline、pline 等
三角板	画垂直线、平行线、与水平成一定角度(30°、45°、60°、75°、15°等)的直线	ortho、offset、rotate
平行尺	画平行线	offset
圆规	画圆弧、圆	Arc、circle、fillet
分规	等分线段	divide
方格纸	方便绘图	grid
建筑模板	绘制各种图例、画椭圆、写字	block、ellipse、text、dtext
曲线板	绘制不规则曲线、云线	spline、revcloud
铅笔、针管笔	绘制各种线型、线宽线段	linetype、lweight
橡皮	擦除图线、图形	erase
绘图纸	图样的载体	layer

第二章 AutoCAD 基本操作

第一节 安装与启动

一、AutoCAD 的安装

1. 版本选择

AutoCAD 软件自 1982 年推出至今已经有十几个版本，不同版本的 AutoCAD 软件，使用起来命令差别不大，尤其是绘制二维图形。高版本的 AutoCAD 软件命令会多一点，且会修正软件的一些 BUG、增加一些图库、在三维设计功能上有所加强。高版本的 CAD 可以兼容低版本，反之则不能。如需要用低版本打开高版本所绘图形，就要经过转换等操作。新版本软件对电脑配置要求高、软件运行不稳定、占用空间大、安装起来麻烦。

AutoCAD 2008 以前的版本更新都没有太大的界面改变，从 AutoCAD 2009 起，版本的操作界面发生了改变，界面风格（ribbon 风格）更趋向于 3ds max，菜单栏的布置又和 office2007 很相似，也就是说几乎所有 AutoCAD 的版本界面都大同小异，对于初学者学习 AutoCAD 时没有必要太在意新版本的使用。本书以 2014 版为例进行论述。

每种版本的 AutoCAD 软件都有不同的使用者，目前，多数人认为较为经典的是 2002 版和 2004 版，它们的优点是稳定、占用内存小、安装简单、运行速度块。不同版本的软件对计算机的软硬件要求是不同的，一般来讲高版本要求电脑配置高一些。

① AutoCAD 2004 对系统要求见表 2-1。

表 2-1 AutoCAD 2004 对系统的要求

说明	需 求
操作系统	以下操作系统或更高版本： Microsoft Windows XP Professional Microsoft Windows XP Home Microsoft Windows XP Tablet PC Microsoft Windows 2000 Microsoft Windows NT 4.0（Service Pack 6a）
浏览器	Microsoft Internet Explorer 6.0 或更高版本
处理器	Intel Pentium Ⅲ 800MHz 或更高，或兼容处理器
内存	256MB RAM
显示器分辨率	1024×768 真彩色（最低要求）
磁盘空间	安装 300MB
定点设备	鼠标、跟踪球或其他设备
介质	CD-ROM

② AutoCAD 2014 的系统要求见表 2-2、表 2-3。

表 2-2　用于 32 位工作站的 AutoCAD 2014 系统需求

说明	需　　求
操作系统	以下操作系统的 Service Pack 3（SP3）或更高版本： 　Microsoft Windows XP Professional 　Microsoft Windows XP Home 以下操作系统： 　Microsoft Windows 7 Enterprise 　Microsoft Windows 7 Ultimate 　Microsoft Windows 7 Professional 　Microsoft Windows 7 Home Premium 　Microsoft Windows 8 　Microsoft Windows 8 Pro 　Microsoft Windows 8 Enterprise
浏览器	Internet Explorer　7.0 或更高版本
处理器	Windows XP： Intel Pentium 4 或 AMD Athlon 双核,1.6GHz 或更高,采用 SSE2 技术 Windows 7 和 Windows 8： Intel Pentium 4 或 AMD Athlon 双核,3.0GHz 或更高,采用 SSE2 技术
内存	2GB RAM(建议使用 4GB)
显示器分辨率	1024×768(建议使用 1600×1050 或更高)真彩色
磁盘空间	安装 6.0GB
定点设备	MS-Mouse 兼容
介质	从 DVD 下载并安装
三维建模的其他需求	Intel Pentium 4 处理器或 AMD Athlon,3.0GHz 或更高;或者 Intel 或 AMD 双核处理器,2.0GHz 或更高 4GB RAM 6GB 可用硬盘空间(不包括安装需要的空间) 1280×1024 真彩色视频显示适配器 128MB 或更高,Pixel Shader 3.0 或更高版本,支持 Direct3D 功能的工作站级图形卡 注意:如果使用的是大型数据集、点云和三维建模,则建议使用 64 位操作系统,请参见 AutoCAD 64 位系统要求,以获取详细信息
. NET Framework	. NET Framework 版本 4.0,更新 1

表 2-3　用于 64 位工作站的 AutoCAD 2014 系统需求

说明	需　　求
操作系统	以下操作系统的 Service Pack 2（SP2）或更高版本： 　Microsoft Windows XP Professional 以下操作系统： 　Microsoft Windows 7 Enterprise 　Microsoft Windows 7 Ultimate 　Microsoft Windows 7 Professional 　Microsoft Windows 7 Home Premium 　Microsoft Windows 8 　Microsoft Windows 8 Pro 　Microsoft Windows 8 Enterprise ＊注意:VBA 在 Windows XP Professional 上不受支持

说　明	需　求
浏览器	Internet Explorer 7.0 或更高版本
处理器	AMD Athlon 64,采用 SSE2 技术 AMD Opteron,采用 SSE2 技术 Intel Xeon ,具有 Intel EM64T 支持和 SSE2 Intel Pentium 4,具有 Intel EM 64T 支持并采用 SSE2 技术
内存	2GB RAM(建议使用 4GB)
显示器分辨率	1024×768(建议使用 1600×1050 或更高)真彩色
磁盘空间	安装 6.0GB
定点设备	MS-Mouse 兼容
介质	从 DVD 下载并安装
三维建模的其他需求	4GB RAM 或更大 6GB 可用硬盘空间(不包括安装需要的空间) 1280×1024 真彩色视频显示适配器 128MB 或更高,Pixel Shader 3.0 或更高版本,支持 Direct3D 功能的工作站级图形卡。
. NET Framework	. NET Framework 版本 4.0,更新 1

实际工作中，使用者可根据自己的实际安装选用，不是越高越好，适合才好。

2. AutoCAD 的安装

在安装 AutoCAD 之前，应关闭所有正在运行的应用程序，要确保关闭了所有防毒软件。将 AutoCAD 的安装盘插入 CD-ROM 驱动器，稍后即可出现 AutoCAD 的安装界面。如果关闭了光盘的自动运行功能，只需要找到光盘驱动器下的"Setup. exe"文件，双击运行它，也可以启动 AutoCAD 的安装程序，切换到"安装"选项卡，单击"安装"链接启动安装向导即可。随着软件的不断更新，安装 AutoCAD 已经变为一件很容易的事了。只要根据计算机的提示，输入数据和单击按钮就可以完成。

如图 2-1 所示为 AutoCAD 2014 安装界面。

图 2-1　AutoCAD 2014 安装界面

二、启动 AutoCAD

当系统安装 AutoCAD 后，要使用 AutoCAD 绘图，首先要启动它。通常有以下几种常用的启动方式。

第一是在桌面上直接双击 AutoCAD 的图标，即可启动，如图 2-2 所示为几种版本的 CAD 桌面快捷图标。

图 2-2　CAD 桌面快捷图标

第二是点击"开始-程序-Autodesk-AutoCAD ＊＊＊＊- AutoCAD ＊＊＊＊"，便可启动。

第三是快速启动方式，如果用户为 AutoCAD 创建了快速方式，任务栏的快速启动区中就会有 AutoCAD 的图标，单击图标就可启动。

第四是如果电脑中保存了使用 AutoCAD 绘制的图形文件，用鼠标双击该类文件，即可在打开文件的同时启动 AutoCAD。

第二节　界 面 组 成

现代 CAD 设计软件，都在突出一个快捷高效的特点，让用户更快更好地完成工作，是 CAD 软件公司追求的目标。使用 CAD 做任何设计，实际都是使用 CAD 命令或者工具来完成。在 AutoCAD 2009 之前的版本，工作空间的概念并不是很突出。所有的用户打开软件，基本上都是在同一个界面下完成工作。在 AutoCAD 2014 中，针对不同的用户提供了不同的工作空间，同时针对特殊用户还可以自己定义工作空间。

启动 AutoCAD 2014 后，系统进入默认空间，自动新建一个名称为"Drawing1.dwg"的文件，在默认空间的界面之上出现一个"客户参与计划"窗口，如图 2-3（a）所示，关闭此窗口又出现一个"欢迎"窗口，如图 2-3（b）所示。保持联机状态并单击上面的文件索引，无需离开工作环境就可以了解 AutoCAD 2014 的各项新内容。

(a)"客户参与计划"窗口

(b)"欢迎"窗口

图 2-3　新功能介绍界面

一、工作空间的分类

AutoCAD 2014 的工作空间分为四类：草图与注释、三维基础、三维建模和 AutoCAD 经典。其中草图与注释为二维绘图环境，三维基础和三维建模为三维绘图环境，AutoCAD 经典为二维和三维绘图环境。

AutoCAD 2014 的默认空间为草图与注释，单击界面顶部"草图与注释"右边的倒三角（工作空间控件）[草图与注释 ▼]，弹出如图 2-4 所示的菜单，可以在四个空间任意切换。也可以单击界面右下角的"切换工空间"按钮 [图标]，弹出如图 2-5 所示的菜单，也可以实现在四个空间的任意切换。

图 2-4　切换工作空间菜单（1）

图 2-5　切换工作空间菜单（2）

二、AutoCAD 的工作界面

1. 草图与注释

最小化或者关闭新功能介绍界面，进入 AutoCAD 2014 的默认空间："草图与注释"，其界面如图 2-6 所示，主要由图标按钮、应用程序窗口、功能区、命令窗口、设计提要面板、状态栏、坐标系、绘图区、视图方位显示以及导航栏等部分组成。

2. 三维基础和三维建模

三维基础界面如图 2-7 所示，三维建模界面如图 2-8 所示。此空间可以创建、编辑曲面、网格、三维的实体模型，也可以进行相关的二维操作。

3. AutoCAD 经典

AutoCAD 经典实质上是老版本的界面格式，对于熟悉并习惯于 AutoCAD 老版本的用户来讲，使用此界面会更方便些。

AutoCAD 2014 经典界面主要由图标按钮、应用程序窗口、菜单栏、各种工具栏、绘图区、十字光标、命令窗口、状态栏、工具选项板、模型/布局选项卡、视图方位显示、滚动条和坐标系图标等组成，如图 2-9 所示。

（1）图标按钮　图标按钮位于屏幕的左上角，单击图标按钮可以搜索命令以及访问用于创建、打开、存盘、发布文件的工具以及最近打开的文档等。单击图标按钮 [图标]，系统将弹出如图 2-10 所示菜单。

（2）应用程序窗口　应用程序窗口位于屏幕顶部，如图 2-11 所示，依次为快速访问工具栏、标题栏、信息中心和窗口控制按钮。快速访问工具栏可提供对定义的命令集的直接访问、切换工作空间以及自定义、保存个性化空间。标题栏将文件名称显示在图形窗口中。信息中心可以在"帮助"系统中搜索主题、登录到 Autodesk ID、打开 Autodesk Exchange，

图 2-6 "草图与注释"工作界面

图 2-7 "三维基础"工作界面

图 2-8 "三维建模"工作界面

图 2-9 "AutoCAD2014 经典"界面组成

并显示"帮助"菜单的选项，也可以显示产品通告、更新和通知等。最右端是三个标准 Windows 窗口控制按钮：最小化按钮 、最大化/还原按钮、关闭 应用程序按钮。

（3）菜单栏 菜单栏是主菜单，在屏幕的第二行，它是一系列命令的列表，可利用其执行 AutoCAD 的大部分命令。单击菜单栏中的某一项，会弹出相应的下拉菜单。如图 2-12 所示为"插入"下拉菜单。下拉菜单中，右侧有小三角的菜单项，表示它还有子菜单。图 2-12 显示出了"布局"子菜单；菜单命令右侧有三个小点的菜单项，表示单击该菜单项后要显示出一个对话框；右侧没有内容的菜单项，单击它后会执行对应的 AutoCAD 命令。

图 2-10 应用程序菜单

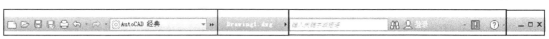

快速访问工具栏　　　　　　　标题栏　　　　　　　　　　信息中心　　　　　　　窗口控制按钮

图 2-11　应用程序窗口

图 2-12　"插入"下拉菜单

（4）各种工具栏　包括位于菜单栏下的标准工具栏、对象属性工具栏、图层工具栏和样式工具栏，位于屏幕两边的绘图工具栏和修改工具栏等。AutoCAD 显示哪些工具栏，显示在什么位置或者锁定在什么位置，用户可根据作图的要求来设置。

工具栏也称工具条，其上的每一个命令按钮代表 AutoCAD 的一条命令，只要移动鼠标到某一按钮上单击，就执行该按钮代表的命令。一个按钮是一条命令的形象的图形代号。移动鼠标到某一按钮稍停片刻，就会显示与该按钮对应的命令名称及简要功能介绍。

（5）绘图区　屏幕上的空白区域是绘图区，是 AutoCAD 画图和显示图形的地方，用户可以根据需要设置绘图区的颜色。在绘图区的空白处单击鼠标右键，在弹出的随位菜单中单击"选项"，如图 2-13（a）所示，或者单击下拉菜单"工具/选项"，如图 2-13（b）所示。弹出如图 2-14 所示的对话框。点击对话框左中的　颜色(C)…　，弹出如图 2-15 所示的"图形窗口颜色"对话框，在对话框右上角的颜色选项中选择需要的颜色即可。

（6）十字光标　绘图区内的两条正交十字线叫十字光标，移动鼠标可改变十字光标的位置，十字光标的交点代表当前点的位置。在图 2-14 所示的"选项"对话框的右下部位拖动十字光标大小下面的滑块就可改变十字光标大小。

（7）命令窗口　也称命令对话区，是 AutoCAD 与用户对话的区域，显示用户输入的命令。执行命令后，显示该命令的提示，提示用户下一步该做什么，其包含的行数可以设定。通过 F2 键可在命令提示窗口和命令对话区之间切换。

（8）状态栏　状态栏在屏幕的最下方，显示了光标的坐标值、辅助绘图工具，以及用于快速查看和注释缩放的工具，如图 2-16 所示。状态行的最左边显示十字光标中心所在位置的坐标值，移动鼠标，坐标值不断变化。中间是辅助绘图工具，用户可以以图标或文字的形式查看图形工具按钮。通过捕捉工具、极轴工具、对象捕捉工具和对象追踪工具的快捷菜单，可以更改这些绘图工具的设置。模型布局查看工具可以预览打开的图形和图形中的布局，并在其间进行切换。注释工具可以显示用于缩放的比例、参数设置。通过工作空间按钮，用户可以切换工作空间并显示当前工作空间的名称。锁定按钮可锁定工具栏和窗口的当前位置。全屏显示控制要展开图形显示的区域。

可以通过状态栏的快捷菜单向应用程序状态栏添加按钮或从中删除按钮。应用程序状态栏关闭后，屏幕上将不显示"全屏显示"按钮。状态行的功能按钮，用鼠标单击使其变成浅蓝色就调用了该按钮对应的功能。

(a)   (b)

图 2-13   调用"选项"菜单

图 2-14   "选项"对话框

图 2-15 "图形窗口颜色"对话框

图 2-16 状态栏

（9）工具选项板 工具选项板是"工具选项板"窗口中的选项卡形式区域，用于显示与当前使用的工作空间相关联的控制面板，每个控制面板均包含相关的工具和控件。它们提供了一种用来组织、共享和放置块、图案填充及其他工具的有效方法。工具选项板还可以包含由第三方开发人员提供的自定义工具。

如需隐藏面板，可单击面板窗口左上角的按钮。隐藏面板后，面板将收缩为一个控制条。以后要显示面板，只需将光标移至该控制条所在区域即可。

（10）模型/布局选项卡 模型/布局选项卡用于实现模型空间与图纸空间的切换。

（11）视图方位显示 视图方位显示就是视图控制器，是在二维模型空间或三维视觉样式中处理图形时显示的导航工具。使用视图方位显示，可以在基本视图之间切换。

（12）滚动条 位于绘图区下方的是水平滚动条，位于绘图区右侧的是垂直滚动条，拖拽滚动条上的滑块可以使图纸沿水平或垂直方向移动，即平移绘图窗口中显示的内容。

（13）坐标系图标 坐标系图标通常位于绘图区的左下角，表示当前绘图所使用的坐标系的形式以及坐标方向等。AutoCAD 提供有世界坐标系（World Coordinate System，WCS）和用户坐标系（User Coordinate System，UCS）两种坐标系。默认坐标系为世界坐标系。

第三节　文件的创建、打开与存储

在学习各绘图之前，了解 AutoCAD 中的基本操作是十分必要的。所谓的基本操作主要包括创建新文件、打开已有文件、保存以及关闭文件等。

一、创建新文件

在 AutoCAD 中创建一个新文件，只需选择"文件"→"新建"命令，或者单击图标"▯"，AutoCAD 弹出"选择样板"对话框，如图 2-17 所示。通过此对话框选择对应的样板后（初学者一般选择样板文件 acadiso.dwt 即可），单击"打开"按钮，就会以对应的样板为模板建立一新图形。

图 2-17　"选择样板"对话框

二、文件的开启与存储

1. 文件的打开

选择"文件"→"打开"，或者单击图标"▱"，弹出"选择文件"对话框，如图 2-18 所示，选择用户要打开的文件即可打开文件。也可通过输入相应命令或单击工具栏中相应按钮实现该操作。

2. 文件的存储

在 AutoCAD 中，有两种保存文件的方法：一是利用系统变量 SAVETIME 来设置自动存储时间，系统按照设定的时间每隔一段就自动保存文件，可以避免由于意外造成所做工作的丢失；二是利用"SAVE"选项对文件进行保存，还可利用"SAVE AS"选项将文件以另外的名称保存。

低版本的 CAD 文件可以直接用高版本的 CAD 打开，但用高版本 CAD 创建的文件需要另存为低版本的 CAD 文件才能打开。只需在"另存为"对话框中的"文件类型"中选择需

图 2-18　打开已有文件

要保存的版本即可，如图 2-19 所示。

图 2-19　高版本文件存为低版本文件

　　如果需要换名存盘（将当前绘制的图形以新文件名存盘），就要执行 SAVEAS 命令，AutoCAD 弹出"图形另存为"对话框，要求用户确定文件的保存位置及文件名，用户响应即可。如图 2-19 所示，修改要保存文件的路径和名字。

第四节　命令输入方法、坐标系统和作图原则

一、命令的输入方法

命令的输入方法有以下四种。

① 通过点击下拉菜单输入命令，如图 2-20 所示。

② 通过点击工具栏上的命令图标输入命令，如图 2-21 所示。

③ 通过命令行直接输入命令，如图 2-22 所示。

默认情况下，系统在用户键入时自动完成命令名或系统变量。此外，还会显示一个有效选择列表，用户可以从中进行选择。使用 AUTOCOMPLETE 命令还可以控制想要使用哪些自动功能。

如果禁用自动完成功能，可以在命令行中输入一个字母并按 TAB 键以循环显示以该字母开头的所有命令和系统变量。按 Enter 键或空格键来启动命令或系统变量。

④ 通过按回车键输入前一次刚刚执行过的命令。

图 2-20　下拉菜单

图 2-21　命令图标

图 2-22　命令行和有效选择列表

二、坐标系统

AutoCAD 中，有以下几种坐标系统：

① 绝对直角坐标，如图 2-23（a）所示：即输入点的 x 值和 y 值，坐标之间用逗号（英文半角）隔开。

② 相对直角坐标，如图 2-23（b）所示：指相对前一点的直角坐标值，其表达方式是在绝对坐标表达式前加一个"@"号。

③ 绝对极坐标，如图 2-23（c）所示：是输入该点距坐标系原点的距离以及这两点的连线与 x 轴正方向的夹角，中间用"<"号隔开。

④ 相对极坐标，如图 2-23（d）所示：指相对于前一点的极坐标值，表达方式也为在极坐标表达式前加一个"@"号。

绝对直角坐标　　　　相对直角坐标　　　　绝对极坐标　　　　相对极坐标
　　（a）　　　　　　　　（b）　　　　　　　　（c）　　　　　　　　（d）

图 2-23　AutoCAD 坐标系统

三、作图原则

为了提高作图速度，用户最好遵循如下的作图原则。

① 始终用 1∶1 绘图，如要改变图样的大小，可以在打印时在图纸空间设置出图比例。

② 为不同类型的图元对象设置不同的图层、颜色、线形和线宽，并由图层控制。

③ 作图时，应随时注意命令行的提示，根据提示决定下一步动作，这样可以有效地提高作图效率及减少误操作。

④ 使用栅格捕捉功能，并将栅格捕捉间距设为适当的数值，可以提高绘图精度。

⑤ 不要将图框和图绘制在一幅图中，可在布局中将图框以块的形式插入，然后再打印输出。

⑥ 自定义样板图文件、经常使用设计中心可以提高作图效率。

第五节　绘图环境设置

绘图环境设置是为了符合自己个性化的一些绘图需要而进行的设置，进行这些设置以后，可以提高绘图的速度。设置了合适的绘图环境，不仅可以简化大量的调整、修改工作，而且有利于统一格式，便于图形的管理和使用。

一、图形界限 LIMITS

图形界限是绘图的范围，相当于手工绘图时图纸的大小。设定合适的绘图界限，有利于确定图形绘制的大小、比例、图形之间的距离，以便检查图形是否超出"图框"。

【命令】 LIMITS

【菜单】 格式→图形界限

【命令及提示】

命令:´_limits

重新设置模型空间界限:

指定左下角点或[开(ON)/关(OFF)]<0.0000,0.0000>:

指定右上角点<420.0000,297.0000>:

【参数说明】

① 指定左下角点：定义图形界限的左下角点，一般默认为坐标原点。

② 指定右上角点：定义图形界限的右上角点。

③ 开（ON）：打开图形界限检查。如果打开了图形界限检查，系统不接受设定的图形界限之外的点输入。但对具体的情况检查的方式不同。如对直线，如果有任何一点在界限之外，均无法绘制该直线。对圆、文字而言，只要圆心、起点在界限范围之内即可，甚至对于单行文字，只要定义的文字起点在界限之内，实际输入的文字不受限制。对于编辑命令，拾取图形对象点不受限制，除非拾取点同时作为输入点，否则，界限之外的点无效。

④ 关（OFF）：关闭图形界限检查。

【实例】

设置绘图界限为 420，297 的 A3 图幅，并通过栅格显示该界限。

操作过程如下。

命令:´_limits

重新设置模型空间界限:

指定左下角点或[开(ON)/关(OFF)]<0.0000,0.0000>:

指定右上角点<421.0000,297.0000>:

命令:zoom

指定窗口角点,输入比例因子(nX 或 nXP),或[全部(A)/中心点(C)/动态(D)/范围(E)/上一个(P)/比例(S)/窗口(W)]<实时>:a (或者双击鼠标滚轮键,也可以达到此目的。)

正在重生成模型。

命令:按<F7>键<栅格 开>

结果如图 2-24 所示。

图 2-24 绘图界限

二、单位 UNITS

对任何图形而言，总有其大小、精度以及采用的单位。AutoCAD 中，在屏幕上显示的只是屏幕单位，但屏幕单位应该对应一个真实的单位。不同的单位其显示格式是不同的。同样也可以设定或选择角度类型、精度和方向。

【命令】 UNITS

【菜单】 格式→单位

执行该命令后，弹出图 2-25 所示"图形单位"对话框。

图 2-25 "图形单位"对话框

该对话框中包括长度、角度、插入时的缩放单位、输出样例和光源五个区。

① 长度：设定长度的单位类型及精度。

a. 类型：通过下拉列表框，可以选择长度单位类型。

b. 精度：通过下拉列表框，可以选择长度精度，也可以直接键入。

② 角度：设定角度单位类型和精度。

a. 类型：通过下拉列表框，可以选择角度单位类型。

b. 精度：通过下拉列表框，可以选择角度精度，也可以直接键入。

c. 顺时针：控制角度方向的正负。选中该复选框时，顺时针为正，否则，逆时针为正。缺省逆时针为正。

③ 插入时的缩放单位：控制插入到当前图形中的块和图形的测量单位。

④ 输出样例：该区示意了以上设置后的长度和角度单位格式。

⑤ 光源：指定当前图形中光源强度的单位，有国际、美国和常规三种选择。

图形单位对话框还有四个按钮：确定、取消、方向和帮助。

方向按钮用来设定角度方向。点取该按钮后，弹出图 2-26 所示"方向控制"对话框。

图 2-26 "方向控制"对话框

该对话框中可以设定基准角度方向，缺省 0°为东的方向。如果要设定除东、南、西、北四个方向以外的方向作为 0°方向，可以点取"其他"单选框，此时下面的"拾取"和"输入"角度项为有效，用户可以点取拾取按钮，进入绘图界面点取某方向作为 0°方向或直接键入某角度作为 0°方向。

三、捕捉和栅格

捕捉和栅格提供了一种精确绘图工具。通过捕捉可以将屏幕上的拾取点锁定在特定的位置上，而这些位置，隐含了间隔捕捉点。栅格是在屏幕上可以显示出来的具有指定间距的网格，这些网格只是绘图时提供一种参考作用，其本身不是图形的组成部分，也不会被输出。栅格设定太密时，在屏幕上显示不出来。可以设定捕捉点即栅格点。

【命令】 DSETTINGS

【菜单】 工具→草图设置

同样也可以在状态栏中右击栅格或捕捉选择快捷菜单中的"设置"来进行设置。

执行该命令后，弹出如图 2-27 所示"草图设置"对话框。其中第一个选项卡即"捕捉和栅格"选项卡。

图 2-27 "草图设置"对话框

该选项卡中包括"启用捕捉"和"启用栅格"两大项。

（一）启用捕捉

打开或关闭捕捉模式，也可以通过单击状态栏上的"捕捉"、按 F9 键，或使用 SNAP-MODE 系统变量来打开或关闭捕捉模式。

1. 捕捉间距

控制捕捉位置的不可见矩形栅格，以限制光标仅在指定的 x 和 y 间隔内移动。

（1）捕捉 X 轴间距　指定 x 方向的捕捉间距，间距值必须为正实数（SNAPUNIT 系统变量）。

（2）捕捉 Y 轴间距　指定 y 方向的捕捉间距，间距值必须为正实数（SNAPUNIT 系统变量）。

（3）X 轴间距和 Y 轴间距相等　为捕捉间距和栅格间距强制使用同一 x 和 y 间距值。捕捉间距可以与栅格间距不同。

2. 极轴间距

控制在极轴捕捉模式下的极轴间距。选定"捕捉类型和样式"下的"PolarSnap"时，设定捕捉增量距离。如果该值为 0，则 PolarSnap 距离采用"捕捉 X 轴间距"的值。"极轴距离"设置与极坐标追踪和/或对象捕捉追踪结合使用。如果两个追踪功能都未启用，则"极轴距离"设置无效（POLARDIST 系统变量）。

3. 捕捉类型

设定捕捉样式和捕捉类型。

（1）栅格捕捉　设定栅格捕捉类型。如果指定点，光标将沿垂直或水平栅格点进行捕捉（SNAPTYPE 系统变量）。分成矩形捕捉和等轴测捕捉两种方式。

① 矩形捕捉：x 和 y 成 90°的捕捉格式。当捕捉类型设定为"栅格"并且打开"捕捉"模式时，光标将捕捉矩形捕捉栅格。

② 等轴测捕捉：设定成正等轴测捕捉方式。当捕捉类型设定为"栅格"并且打开"捕捉"模式时，光标将捕捉等轴测捕捉栅格。在等轴测捕捉模式下，可以通过"F5"在三个轴测平面之间切换。

（2）PolarSnap　将捕捉类型设定为"PolarSnap"。如果启用了"捕捉"模式并在极轴追踪打开的情况下指定点，光标将沿在"极轴追踪"选项卡上相对于极轴追踪起点设置的极轴对齐角度进行捕捉。

（二）启用栅格

打开或关闭栅格。也可以通过单击状态栏上的"栅格"、按 F7 键，或使用 GRIDMODE 系统变量来打开或关闭栅格模式。

1. 栅格样式

在二维上下文中设定栅格样式，也可以使用 GRIDSTYLE 系统变量设定栅格样式。

（1）二维模型空间：将二维模型空间的栅格样式设定为点栅格。

（2）块编辑器：将块编辑器的栅格样式设定为点栅格。

（3）图纸/布局：将图纸和布局的栅格样式设定为点栅格。

2. 栅格间距

控制栅格的显示，有助于直观显示距离。利用 LIMITS 命令和 GRIDDISPLAY 系统变量可控制栅格的界限。

（1）栅格 X 间距　指定 x 方向上的栅格间距。如果该值为 0，则栅格采用"捕捉 X 轴间距"的数值集。

（2）栅格 Y 间距　指定 y 方向上的栅格间距。如果该值为 0，则栅格采用"捕捉 Y 轴间距"的数值集。

（3）每条主线之间的栅格数　指定主栅格线相对于次栅格线的频率。将 GRIDSTYLE 设定为 0 时，将显示栅格线而不显示栅格点。

3. 栅格行为

控制将 GRIDSTYLE 设定为 0 时，所显示栅格线的外观。

（1）自适应栅格　缩小时，限制栅格密度。放大时，生成更多间距更小的栅格线。主栅格线的频率确定这些栅格线的频率。

（2）显示超出界线的栅格　显示超出 LIMITS 命令指定区域的栅格。

（3）遵循动态 UCS　更改栅格平面以跟随动态 UCS 的 xy 平面。

四、极轴追踪

利用极轴追踪可以在设定的极轴角度上根据提示精确移动光标，极轴追踪提供了一种拾取特殊角度上点的方法。

【命令】　DSETTINGS

【菜单】　工具→草图设置

同样可以在状态栏中右击极轴选择快捷菜单中的"设置"来进行设置。

在"草图设置"对话框中的"极轴追踪"选项卡如图 2-28 所示。

该选项卡中包含了"启用极轴追踪"复选框、极轴角设置、对象捕捉追踪设置和极轴角测量单位三个区。

（1）启用极轴追踪　该复选框控制在绘图时是否使用极轴追踪。

（2）极轴角设置区

图 2-28　"极轴追踪"选项卡

① 角增量：设置角度增量大小。缺省为 90°，即捕捉 90°的整数倍角度 0°、90°、180°、270°。用户可以通过下拉列表选择其他的预设角度，也可以键入新的角度。绘图时，当光标移到设定的角度及其整数倍角度附近时，自动被"吸"过去并显示极轴和当前方位。

② 附加角：该复选框设定是否启用附加角。附加角和角增量不同，在极轴追踪中会捕捉角增量及其整数倍角度，并且会捕捉附加角设定的角度，但不一定捕捉附加角。如设定了角增量为 45°，附加角为 30°，则自动捕捉的角度为 0°、45°、90°、135°、180°、225°、270°、315°及 30°，不会捕捉 60°、120°、240°、300°。

③ 新建：新增一附加角。

④ 删除：删除一选定的附加角。

（3）对象捕捉追踪设置区

① 仅正交追踪：仅仅在对象捕捉追踪时采用正交方式。

② 用所有极轴角设置追踪：在对象捕捉追踪时采用所有极轴角。

（4）极轴角测量区

① 绝对：设置极轴角为绝对角度，在极轴显示时有明确的提示。

② 相对上一段：设置极轴角为相对上一段的角度，在极轴显示时有明确的提示。

五、对象捕捉

绘制的图形各组成元素之间一般不会是孤立的，而是互相关联的。一个图形中有一矩形和一个圆，该圆和矩形之间的相对位置必须确定。如果圆心在矩形的左上角顶点上，在绘制圆时，必须以矩形的该顶点为圆心来绘制，这里就应采用捕捉矩形顶点方式来精确定点。以此类推，几乎在所有的图形中，都会频繁涉及对象捕捉。

1. 对象捕捉模式

为不同的对象设置不同的捕捉模式。

【命令】　DSETTINGS

【菜单】　工具→草图设置

同样可以在状态栏中右击对象捕捉选择快捷菜单中的"设置"进行。在"草图设置"对话框中的"对象捕捉"选项卡如图 2-29 所示。

"对象捕捉"选项卡中包含了"启用对象捕捉"、"启用对象捕捉追踪"两个复选框以及对象捕捉模式区。

　　（1）启用对象捕捉　控制是否启用对象捕捉。

　　（2）启用对象捕捉追踪　控制是否启用对象捕捉追踪。如图 2-30 所示，捕捉该正六边形的中心。可以打开对象捕捉追踪，然后在输入点的提示下，首先将光标移到直线 A 上，出现中点提示后，将光标移到端点 B 上，出现端点提示后，向左移到中心位置附近，出现提示，该点即是中心点。

图 2-29　"对象捕捉"选项卡

图 2-30　对象捕捉追踪

　　（3）"对象捕捉模式"区的各项说明如下。

　　① 端点：捕捉直线、圆弧、多段线、填充直线、填充多边形等端点，拾取点靠近哪个端点，即捕捉该端点，如图 2-31 所示。

　　② 中点：捕捉直线、圆弧、多段线的中点。对于参照线，"中点"将捕捉指定的第一点（根）。当选择样条曲线或椭圆弧时，"中点"将捕捉对象起点和端点之间的中点，如图 2-32 所示。

图 2-31　捕捉端点

图 2-32　捕捉中点

　　③ 圆心：捕捉圆、圆弧或椭圆弧的圆心，拾取圆、圆弧、椭圆弧而非圆心，如图 2-33 所示。

　　④ 节点：捕捉点对象以及尺寸的定义点。块中包含的点可以用作快速捕捉点，如图 2-34 左图所示。

图 2-33　捕捉圆心

图 2-34　捕捉节点和插入点

⑤ 插入点：捕捉块、文字、属性、形、属性定义等插入点。如果选择块中的属性，Au-toCAD 将捕捉属性的插入点而不是块的插入点。因此，如果一个块完全由属性组成，只有当其插入点与某个属性的插入点一致时才能捕捉到其插入点，如图 2-34 右图所示。

⑥ 象限点：捕捉到圆弧、圆或椭圆的最近的象限点（0°、90°、180°、270°点）。圆和圆弧的象限点的捕捉位置取决于当前用户坐标系（UCS）方向。要显示"象限点"捕捉，圆或圆弧的法线方向必须与当前用户坐标系的 z 轴方向一致。如果圆弧、圆或椭圆是旋转块的一部分，那么象限点也随着块旋转，如图 2-35 所示。

图 2-35　捕捉象限点

⑦ 交点：捕捉两图形元素的交点，这些对象包括圆弧、圆、椭圆、椭圆弧、直线、多线、多段线、射线、样条曲线或参照线。"交点"可以捕捉面域或曲线的边，但不能捕捉三维实体的边或角点。块中直线的交点同样可以捕捉，如果块以一致的比例进行缩放，可以捕捉块中圆弧或圆的交点，如图 2-36 所示。

⑧ 延长线：可以使用"延伸"对象捕捉延伸直线和圆弧。与"交点"或"外观交点"一起使用"延伸"，可获得延伸交点。要使用"延伸"，在直线或圆弧端点上暂停后将显示小的加号（＋），表示直线或圆弧已经选定，可以用延伸。沿着延伸路径移动光标将显示一个临时延伸路径。如果"交点"或"外观交点"处于"开"状态，就可以找出直线或圆弧与其他对象的交点，如图 2-37 所示。

图 2-36　捕捉交点　　　　　　　　图 2-37　捕捉延伸交点

⑨ 垂足："垂足"可以捕捉到与圆弧、圆、参照、椭圆弧、直线、多线、多段线、射线、实体或样条曲线正交的点，也可以捕捉到对象的外观延伸垂足，所以最后结果是垂足未必在所选的对象上。当用"垂足"指定第一点时，AutoCAD 将提示指定对象上的一点。当用"垂足"指定第二点时，AutoCAD 将捕捉刚刚指定的点以创建对象或对象外观延伸的一

条垂线。对于样条曲线，"垂足"将捕捉指定点的法线矢量所通过的点。法线矢量将捕捉样条曲线上的切点。如果指定点在样条曲线上，则"垂足"将捕捉该点。在某些情况下，垂足对象捕捉点不太明显，甚至可能会没有垂足对象捕捉点存在。如果"垂足"需要多个点以创建垂直关系，AutoCAD 显示一个递延的垂足自动捕捉标记和工具栏提示，并且提示输入第二点。如图 2-38 绘制一直线同时垂直于直线和圆，在输入点的提示下，采用"垂足"响应。

图 2-38　捕捉垂足

⑩ 外观交点：和交点类似的设定。捕捉空间两个对象的视图交点，注意在屏幕上看上去"相交"，如果第三个坐标不同，这两个对象并不真正相交。采用"交点"模式无法捕捉该"交点"。如果要捕捉该点，应该设定成"外观交点"。

⑪ 切点：捕捉与圆、圆弧、椭圆相切的点。如采用 TTT、TTR 方式绘制圆时，必须和已知的直线或圆、圆弧相切。如绘制一直线和圆相切，则该直线的上一个端点和切点之间的连线保证和圆相切。对于块中的圆弧和圆，如果块以一致的比例进行缩放并且对象的厚度方向与当前 UCS 平行，就可以使用切点捕捉。对于样条曲线和椭圆，指定的另一个点必须与捕捉点处于同一平面。如果"切点"对象捕捉需要多个点建立相切的关系，AutoCAD 显示一个递延的自动捕捉"切点"创建两点或三点圆。如图 2-39 绘制一直线垂直于直线并和圆相切。

⑫ 最近点：捕捉该对象上和拾取点最靠近的点，如图 2-40 所示。

图 2-39　捕捉切点　　　　　　　　　　图 2-40　捕捉最近点

⑬ 平行线：绘制直线段时应用"平行线"捕捉。要想应用单点对象捕捉，请先指定直线的"起点"，选择"平行"对象捕捉（或将"平行"对象捕捉设置为执行对象捕捉），然后移动光标到想与之平行对象上，随后将显示小的平行线符号，表示此对象已经选定。再移动光标，在最近与选定对象平行时自动"跳到"平行的位置。该平行对齐路径以对象和命令的起点为基点。可以与"交点"或"外观交点"对象捕捉一起使用"平行"捕捉，从而找出平行线与其他对象的交点。

【实例】

从圆上一点开始，绘制直线的平行线。

在提示输入下一点时，将光标移到直线上，如图 2-41（a）所示。然后将光标移到与直线平行的方向附近，此时会自动出现一"平行"提示，如图 2-41（b）所示。点取绘制该平行线，结果如图 2-41（c）所示。

（a）　　　　　　　　　（b）　　　　　　　　　（c）

图 2-41　捕捉平行线

（4）捕捉自　定义从某对象偏移一定距离的点。"捕捉自"不是对象捕捉模式之一，但往往和对象捕捉一起使用。

【实例】

如图 2-42 所示，绘制一半径为 50 的圆，其圆心位于正六边形正右方相距 50。

图 2-42　捕捉自

命令：CIRCLE

指定圆的圆心或[三点(3p)/两点(2p)/相切、相切、半径(T)]：　　点取"捕捉自"按钮_from

基点：　点取 A 点，随即将光标移到 A 点正右方(或在下面提示下输入"@50<0")

＜偏移＞：50 ✓

指定圆的半径或[直径(D)]：25 ✓

（5）临时追踪　创建对象捕捉所使用的临时点。

2. 设置对象捕捉的方法

设定对象捕捉方式有以下几种方法。

（1）按钮 ![按钮栏]

（2）快捷菜单　在绘图区，通过＜Shift＞＋鼠标右键执行，如图 2-43 所示。

（3）键盘输入包含前三个字母的词。如在提示输入点时输入"MID"，此时会用中点捕捉模式覆盖其他对象捕捉模式，同时可以用诸如"END，PER，QUA"、"QUI，END"的方式输入多个对象捕捉模式。

（4）通过"对象捕捉"选项卡来设置，如图 2-29 所示。

3. 对象捕捉和极轴追踪的参数设置

在图形比较密集时，即使采用对象捕捉，也可能由于图线较多而出现误选现象，所以应该设置合适的靶框。同样，用户也可以设置在自动捕捉时提示标记或在极轴追踪时是否显示追踪向量等。设置捕捉参数可以满足用户的需要。

【命令】 OPTIONS

【菜单】 工具→选项

图 2-43　对象捕捉快捷菜单

【快捷菜单】 在命令行或文本窗口或绘图区中用＜Shift＞＋鼠标右键，在快捷菜单中选择"选项"。

执行"选项"命令以后，弹出如图 2-44 所示的"选项"对话框，其中"绘图"选项卡可以设置对象捕捉参数和极轴追踪参数。该选项卡中包含如下选项。

图 2-44 "绘图"选项卡

（1）自动捕捉设置

① 标记：设置是否显示自动捕捉标记，不同的捕捉点，标记不同。

② 磁吸：设置是否将光标自动锁定在最近的捕捉点上。

③ 显示自动捕捉工具提示：控制是否显示捕捉点类型提示。

④ 显示自动捕捉靶框：控制是否显示自动捕捉靶框。

⑤ 颜色：设置自动捕捉标记颜色。

（2）自动捕捉标记大小 通过滑块设置自动捕捉标记大小。向右移动增大，向左移动减小。

（3）对象捕捉选项 设置执行对象捕捉模式。

① 忽略图案填充对象：指定对象捕捉的选项。

② 使用当前标高替换 Z 值：指定对象捕捉忽略对象捕捉位置的 z 值，并使用为当前 UCS 设置的标高的 z 值。

③ 对动态 UCS 忽略负 Z 轴负向的对象捕捉：指定使用动态 UCS 期间对象捕捉忽略具有负 z 值的几何体。

（4）AutoTrack 设置 控制与 AutoTrack™ 行为相关的设置，此设置在启用极轴追踪或对象捕捉追踪时可用。

① 显示极轴追踪矢量：控制是否显示极轴追踪矢量。

② 显示全屏追踪矢量：控制是否显示全屏追踪矢量，该矢量显示的是一条参照线。

③ 显示自动追踪工具提示：控制是否显示自动追踪工具栏提示。

（5）对齐点获取

① 自动：对齐点自动获取。

② 按 Shift 键获取：对齐点必须通过按<Shift>键才能获取。

（6）靶框大小　可通过滑块设置靶框的大小。

（7）设计工具提示设置　控制绘图工具提示的颜色、大小和透明度。

（8）光线轮廓设置　显示"光线轮廓外观"对话框。

（9）相机轮廓设置　显示"相机轮廓外观"对话框。

六、颜色

颜色的合理使用，可以充分体现设计效果，而且有利于图形的管理。如在选择对象时，可以通过过滤选中某种颜色的图线。

设定图线的颜色有两种思路，直接指定颜色和设定颜色成"随层"或"随块"。直接指定颜色有一定的缺陷，不如使用图层来管理更方便，所以建议用户在图层中管理颜色。

【命令】　COLOR

　　　　　COLOUR

【菜单】　格式→颜色

【按钮】　在"对象特性"工具栏中设置"随层"　 ■ ByLayer

如果直接设定了颜色，不论该图线在什么层上，都不会改变颜色。

"选择颜色"对话框如图 2-45 所示。

选择颜色不仅可以直接在对应的颜色小方块上点取或双击，也可以在颜色文本框中键入英文单词或颜色的编号，在随后的小方块中会显示相应的颜色。另外可以设定成"随层"或"随块"。

图 2-45　"选择颜色"对话框

七、线型

线型是图样表达的关键要素之一，不同的线型表达了不同的含义。如在建筑结构图中，粗实线表示钢筋，虚线表示不可见轮廓线，点划线表示中心线、轴线、对称线等。所以，不同的元素应该采用不同的图线来绘制。

有些绘图机上可以设置不同的线型，但一方面由于通过硬件设置比较麻烦，而且不灵活；另一方面，在屏幕上也需要直观显示出不同的线型。所以目前对线型的控制，基本上都由软件来完成。

常用线型是预先设计好储存在线型库中的，所以我们只需加载即可。

【命令】　LTYPE

　　　　　LINETYPE

【菜单】　格式→线型

【按钮】　在"对象特性"工具栏中间的"随层"　 —— ByLayer

执行线型命令后，弹出图 2-46 所示的"线型管理器"对话框。

图 2-46 "线型管理器"对话框

　　该对话框中列表显示了目前已加载的线型，包括线型名称、外观和说明。另外还有线型过滤器区，加线、删除、当前及显示细节按钮。详细信息区是否显示可通过显示细节或隐藏细节按钮来控制。

　　(1) 线型过滤器

　　① 下拉列表框——过滤出列表显示的线型。

　　② 反转过滤器——按照过滤条件反向过滤线型。

　　(2) "加载" 按钮　加载或重载指定的线型。弹出图 2-47 所示的"加载或重载线型"对话框。

图 2-47 "加载或重载线型"对话框

　　在该对话框中可以选择线型文件以及该文件中包含的某种线型。

　　(3) 删除　删除指定的线型，该线型必须不被任何图线依赖，即图样中没有使用该种线型。实线（CONYINUOUS）线型不可被删除。

　　(4) 当前　将指定的线型设置成当前线型。

　　(5) 显示细节/隐藏细节　控制是否显示或隐藏选项中的线型细节。如果当前没有显示细节，则为显示细节按钮，否则为隐藏细节按钮。

　　(6) 详细信息　包括了选中线型的名称、线型、全局比例因子、当前对象缩放比例等。

八、线宽

不同的图形有不同的宽度要求，并且代表不同的含义。

【命令】 LINEWEIGHT
LWEIGHT

【菜单】 格式→线宽

【按钮】 在"对象特性"工具栏中选右边第二个"随层" ▬▬ ByLayer ▾

执行命令后弹出"线宽设置"对话框，如图 2-48 所示。

图 2-48 "线宽设置"对话框

该对话框包括以下内容。

（1）线宽 通过滑块上下移动选择不同的线宽。

（2）列出单位 选择线宽单位为"毫米"或"英寸"。

（3）显示线宽 控制是否显示线宽。

（4）默认 设定默认线宽的大小。

（5）调整显示比例 调整线宽显示比例。

（6）当前线宽 提示当前线宽设定值。

九、图层

在 AutoCAD 中，每个层可以看成是一张透明的玻璃板，可以在不同的"玻璃板"上绘图。不同的层叠加在一起，形成最后的图形。

图层，可以设定该层是否显示，是否允许编辑、是否输出等。如果要改变粗实线的颜色，可以将其他图层关闭，仅仅打开某一层，一次选定所有的图线进行修改，这样做显然比在大量的图线中去将粗实线挑选出来轻松得多。在图层中可以设定每层的颜色、线型、线宽。只要图线的相关特性设定成"随层"，图线都将具有所属层的特性。所以用图层来管理图形是十分有效的。

【命令】 LAYER

【菜单】 格式→图层

【工具栏】

执行图层命令后，弹出图 2-49 所示的"图层特性管理器"对话框，该对话框显示图形中图层的列表及其特性。可以添加、删除和重命名图层，更改图层特性，设置布局视口的特性替代或添加图层说明并实时应用这些更改，无需单击"确定"或"应用"即可查看特性更改。图层过滤器控制将在列表中显示的图层，也可以用于同时更改多个图层。

图 2-49 "图层特性管理器"对话框

（1）过滤器 显示"图层过滤器特性"对话框，从中可以根据图层的一个或多个特性创建图层过滤器。

（2）图层状态管理器

① 新建图层：创建新图层。列表将显示名为 LAYER1 的图层。该名称处于选定状态，因此可以立即输入新图层名。新图层将继承图层列表中当前选定图层的特性（颜色、开或关状态等）。新图层将在最新选择的图层下进行创建。

② 所有视口中已冻结的新图层视口：创建新图层，然后在所有现有布局视口中将其冻结。可以在"模型"选项卡或布局选项卡上访问此按钮。

③ 删除图层：删除选定图层。只能删除未被参照的图层。参照的图层包括图层 0 和 DEFPOINTS、包含对象（包括块定义中的对象）的图层、当前图层以及依赖外部参照的图层。局部打开图形中的图层也被视为已参照并且不能删除。

④ 置为当前：将选定图层设定为当前图层。将在当前图层上绘制创建的对象。

（3）列表显示区

在列表显示区，显示可以修改图层的名称。通过点击可以控制图层的开/关、冻结/解冻、锁定/解锁。点取颜色、线型、线宽后，将自动弹出相应的"颜色选择"对话框、"线型管理"对话框、"线宽设置"对话框。其中关闭图层和冻结图层，都可以使该层上的图线隐藏，不被输出和编辑，他们的区别在于冻结图层后，图形在重生成（REGEN）时不计算，而关闭图层时，图形在重生成时要计算。

十、其他选项设置

除了前面介绍的设置外，还有一些设置和绘图密切相关。如"显示"、"打开/保存"等。下面介绍"选项"对话框中其他几种和用户密集相关的主要设置。

1. "文件"选项

"文件"选项卡如图 2-50 所示。在该对话框中可以指定文件夹，供 AutoCAD 搜索不在缺省文件夹中的文件，如字体、线型、填充图案、菜单等。

图 2-50 "文件"选项卡

2. "显示"选项

"显示"选项卡可以设定 AutoCAD 在显示器上的显示状态，如图 2-51 所示。

图 2-51 "显示"选项卡

(1) 窗口元素 控制绘图环境特有的显示设置。

① 配色方案：以深色或亮色控制元素（例如状态栏、标题栏、功能区栏和应用程序菜单边框）的颜色设置。

② 在图形窗口中显示滚动条：在绘图区域的底部和右侧显示滚动条。

③ 显示图形状态栏：显示"绘图"状态栏，此状态栏将显示用于缩放注释的若干工具。

图形状态栏处于打开状态时，将显示在绘图区域的底部。图形状态栏关闭后，显示在图形状态栏中的工具将移到应用程序状态栏。

④ 在工具栏中使用大按钮：以 32×32 像素的更大格式显示按钮。

⑤ 将功能区图标调整为标准大小：当它们不符合标准图标的大小时，将功能区小图标缩放为 16×16 像素，将功能区大图标缩放为 32×32 像素。

⑥ 显示工具提示：控制工具提示在功能区、工具栏和其他用户界面元素中的显示。

在工具提示中显示快捷键：在工具提示中显示快捷键（Alt＋按键）（Ctrl＋按键）。

显示扩展的工具提示：控制扩展工具提示的显示。

延迟的秒数：设置显示基本工具提示与显示扩展工具提示之间的延迟时间。

⑦ 显示鼠标悬停工具提示：控制当光标悬停在对象上时鼠标悬停工具提示的显示。

⑧ 颜色：显示"颜色选项"对话框。使用此对话框指定主应用程序窗口中元素的颜色。

⑨ 字体：显示"命令行窗口字体"对话框。使用此对话框指定命令窗口文字字体。

（2）布局元素　控制现有布局和新布局的选项。布局是一个图纸空间环境，用户可在其中设置图形进行打印。

① 显示布局和模型选项卡：在绘图区域的底部显示布局和"模型"选项卡。清除该选项后，状态栏上的按钮将替换这些选项卡。

② 显示可打印区域：显示布局中的可打印区域。可打印区域是指虚线内的区域，其大小由所选的输出设备决定。

③ 显示图纸背景：显示布局中指定的图纸尺寸的表示。图纸尺寸和打印比例确定图纸背景的尺寸。

显示图纸阴影：在布局中的图纸背景周围显示阴影。如果未选择"显示图纸背景"选项，则该选项不可用。

④ 新建布局时显示页面设置管理器：第一次单击布局选项卡时显示页面设置管理器。可以使用此对话框设置与图纸和打印设置相关的选项。

⑤ 在新布局中创建视口：在创建新布局时自动创建单个视口。

（3）显示精度　控制对象的显示质量。如果设置较高的值提高显示质量，则性能将受到显著影响。

① 圆弧和圆的平滑度：设置当前视口中对象的分辨率。

② 每条多段线曲线的线段数：设置要为每条样曲线条拟合多段线（此多段线通过 PEDIT 命令的"样条曲线"选项生成）生成的线段数目。

③ 渲染对象的平滑度：调整着色和渲染对象以及删除了隐藏线的对象的平滑度。

④ 每个曲面轮廓素线：指定对象上每个曲面的轮廓素线数目。

（4）显示性能　控制影响性能的显示设置。

① 利用光栅和 OLE 平移与缩放：如果打开了拖动显示并选择"利用光栅和 OLE 进行平移与缩放"，将有一个对象的副本随着光标移动，就好像是在重定位原始位置。

② 仅亮显光栅图像边框：控制是亮显整个光栅图像还是仅亮显光栅图像边框。

③ 应用实体填充：指定是否填充图案填充、二维实体以及宽多段线。

④ 仅显示文字边框：控制文字的显示方式。

⑤ 绘制实体和曲面的真实轮廓：控制三维实体对象轮廓边在二维线框或三维线框视觉样式中的显示。

（5）十字光标大小　按屏幕大小的百分比确定十字光标的大小。

（6）淡入度控制　控制 DWG 外部参照和参照编辑的淡入度的值。

① 外部参照显示：控制所有 DWG 外部参照对象的淡入度，此选项仅影响屏幕上的显示。它不影响打印或打印预览。

② 在位编辑和注释性表达：在位参照编辑的过程中指定对象的淡入度值。未被编辑的对象将以较低强度显示。通过在位编辑参照，可以编辑当前图形中的块参照或外部参照。有效值范围从 0～90％。

3. "打开和保存"选项

"打开和保存"选项卡控制了打开和保存的一些设置，如图 2-52 所示。

图 2-52　"打开和保存"选项卡

（1）文件保存　控制保存文件的相关设置。

① 另存为：显示使用 SAVE、SAVEAS、QSAVE、SHAREWITHSEEK 和 WBLOCK 保存文件时所用的有效文件格式。为此选项选定的文件格式将成为保存图形的默认格式。

【注意】　AutoCAD 2004 是 AutoCAD 2004、AutoCAD 2005 和 AutoCAD 2006 版本使用的图形文件格式。AutoCAD 2007 是 AutoCAD 2007、AutoCAD 2008 和 AutoCAD 2009 版本使用的文件格式。

② 保持注释性对象的视觉逼真度：控制保存图形时是否保存其视觉逼真度。

注释性对象可能有多种比例图示。注释性对象已分解，并且比例图示已保存到单独图层中，这些单独图层基于原始图层命名并附加一个编号。

③ 保持图形尺寸兼容性：控制打开和保存图形时支持的最大对象大小限制。

④ 缩略图预览设置：显示"缩略图预览设置"对话框，此对话框控制保存图形时是否更新缩略图预览。

⑤ 增量保存百分比：设置图形文件中潜在浪费空间的百分比，完全保存将消除浪费的空间。增量保存较快，但会增加图形的大小。如果将"增量保存百分比"设定为 0，则每次保存都是完全保存。要优化性能，可将此值设定为 50。如果硬盘空间不足，请将此值设定为 25。如果将此值设定为 20 或更小，SAVE 和 SAVEAS 命令的执行速度将明显变慢。

（2）文件安全措施　帮助避免数据丢失以及检测错误。

① 自动保存：以指定的时间间隔自动保存图形。可以用 SAVEFILEPATH 系统变量指定所有自动保存文件的位置。SAVEFILE 系统变量（只读）可存储自动保存文件的名称。

注意块编辑器处于打开状态时，自动保存被禁用。

保存间隔分钟数：在"自动保存"为开的情况下，指定多长时间保存一次图形。

② 每次保存时均创建备份副本：提高增量保存的速度，特别是对于大型图形。有关使用备份文件的信息，请参见《用户手册》中的创建和恢复备份文件。

③ 总是进行 CRC 校验：指定每次将对象读入图形时是否执行循环冗余校验（CRC）。CRC 是一种错误检查机制。如果图形被损坏，且怀疑存在硬件问题或软件错误，请打开此选项。

④ 维护日志文件：将文本窗口的内容写入日志文件。

临时文件的扩展名：指定临时保存文件的唯一扩展名。默认的扩展名为 .ac$。

⑤ 安全选项：提供数字签名和密码选项，保存文件时将调用这些选项。

⑥ 显示数字签名信息：打开带有有效数字签名文件时显示数字签名信息。

（3）文件打开　控制与最近使用过的文件及打开的文件相关的设置。

① 最近使用的文件数：控制"文件"菜单中所列出的最近使用过的文件的数目，以便快速访问，有效值范围为 0～9。

② 在标题中显示完整路径：最大化图形后，在图形的标题栏或应用程序窗口的标题栏中显示活动图形的完整路径。

（4）应用程序菜单　最近使用的文件数：控制应用程序菜单的"最近使用的文档"快捷菜单中所列出的最近使用过的文件数，有效值为 0～50。

（5）外部参照　控制与编辑和加载外部参照有关的设置。

① 按需加载外部参照文件：打开或关闭外部参照的按需加载功能，并控制是打开参照的图形还是打开副本。

禁用：关闭按需加载。

启用：打开按需加载来提高性能。处理包含空间索引或图层索引的剪裁外部参照时，选择"启用"设置可加速加载过程。如果选择此选项，则当文件被参照时，其他用户不能编辑该文件。

使用副本：打开按需加载，但仅使用参照图形的副本。其他用户可以编辑原始图形。

② 保留外部参照图层的修改：控制外部参照相关图层的特性。

③ 允许其他用户参照编辑当前图形：控制当前图形被其他图形参照时是否可以在位编辑。

（6）ObjectARX 应用程序　控制"AutoCAD 实时扩展"应用程序及代理图形的有关设置。

① 按需加载 ObjectARX 应用程序：指定是否以及何时按需加载某些应用程序。

关闭按需加载：关闭按需加载。

自定义对象检测：在打开包含自定义对象的图形时按需加载源应用程序。在调用该应用程序的某个命令时，此设置并不按需加载该应用程序。

命令调用：在调用源应用程序的某个命令时按需加载该应用程序。在打开包含自定义对象的图形时，此设置并不按需加载该应用程序。

对象检测和命令调用：在打开包含自定义对象的图形或调用源应用程序的某个命令时，按需加载该应用程序。

② 自定义对象的代理图像：控制代理对象在图形中的显示。

③ 显示"代理信息"对话框：创建代理时显示通知。

4．"系统"选项

"系统"选项卡可以控制系统设置。设置诸如是否"允许长符号名"、是否在"用户输入错误时音响提示"、是否"在图形文件中保存连接索引"，制定当前系统定点设备等，如图2-53所示。

图 2-53 "系统"选项卡

5．"用户系统配置"选项

在"用户系统配置"选项卡中可以实现控制优化工作方式的选项。设置按键格式、坐标输入的优先次序、对象排序方式、设置线宽等，如图 2-54 所示。

图 2-54 "用户系统配置"选项卡

6. "配置"选项

"配置"选项卡可以将当前配置命名保存，并可以删除、输入、输出、重命名配置，可以将选择的配置设定为当前配置。如果想取消设置，可以采用重置，恢复为缺省的配置。"配置"选项卡如图 2-55 所示。

图 2-55 "配置"选项卡

7. DWT 样板图

样板图是十分重要的减少不必要重复劳动的工具之一。用户可以将各种常用的设置，如图层（包括颜色、线型、线宽）、文字样式、图形界限、单位、尺寸标注样式、输出布局等作为样板保存。在进入新的图形绘制时如采用样板，则样板图中的设置全部可以使用，无须重新设置。

样板图不仅极大地减轻了绘图中重复的工作，将精力集中在设计过程本身，而且统一了

图 2-56 样板图文件

图纸的格式，是图形的管理更加规范。

要输出成样板图，在"另存为"对话框中选择 DWT 文件类型即可。通常情况下，样板图存放于 TEMPLATE 子目录下，如图 2-56 所示。

第六节　显示与控制

在使用 AutoCAD 绘图时，经常需要观察整体布局和进行局部操作，一些细微部分常常需要放大才能看清楚。实现这些，就要依靠 AutoCAD 的显示控制命令。通过显示控制命令，还可以保存和恢复命名视图，设置多个视口等。

显示控制用来增大或减小当前视口中视图的比例，改变的仅仅是观察者的视觉效果，而图形的尺寸、空间几何要素并没有改变。

一、鼠标功能键设置

AutoCAD 的鼠标键功能设置如表 2-4 所示。

表 2-4　AutoCAD 鼠标键功能设置

两键式鼠标

左键	选取功能键	
右键	打开快捷菜单	
Shift＋右键	对象捕捉快捷菜单	

三键式鼠标

左键	选取功能键	
右键	打开快捷菜单	
中间键	压着不放和拖曳	即时平移
	双击	缩放成实际范围
	Shift＋压着不放和拖曳	作垂直或水平的平移
	Ctrl＋压着不放和拖曳	摇杆式即时平移
	Mbuttonpan＝0	对象捕捉快捷菜单
Shift＋右键	对象捕捉快捷菜单	

3D 鼠标

左键	选取功能键	
右键	打开快捷菜单	
中间滚轮	旋转轮子向前或向后	即时放大或缩小
	压着不放和拖曳	即时平移
	双击	缩放成实际范围
	Shift＋压着不放和拖曳	作垂直或水平的平移
	Ctrl＋压着不放和拖曳	摇杆式即时平移
	Mbuttonpan＝0,按一下轮子	对象捕捉快捷菜单
Shift＋右键	对象捕捉快捷菜单	

二、实时平移

实时平移可以在不改变图形缩放比例的情况下，在屏幕上观察图形的不同内容，相当于移动图纸。在命令行中输入 pan 命令，光标变成一只手的形状，按住鼠标左键移动，可以使图形一起移动。由于是即时平移，AutoCAD 记录的画面很多，所有随后显示上一个命令意义不大。

【技巧】

① 在用 AutoCAD 绘制大型、复杂的图时，可不断用该命令移动视窗，以便观察和作图。

② PAN 命令是一透明命令，可在执行其他命令的过程中随时启动。

三、图形缩放

【命令】 ZOOM

【工具栏】

【菜单】 视图→缩放

【命令及提示】

命令：zoom

指定窗口角点，输入比例因子(nX 或 nXP)，或

[全部(A)/中心点(C)/动态(D)/范围(E)/上一个(P)/比例(S)/窗口(W)]＜实时＞：

【参数说明】

① 指定窗口角点：通过定义一窗口来确定放大范围，在视口中点取一点即确定该窗口的一个角点，随即提示输入另一个角点。执行结果同窗口参数。对应菜单：视图→缩放→窗口。

② 输入比例因子（nX 或 nXP）：按照一定的比例来进行缩放。大于 1 为放大，小于 1 为缩小。X 指相对于模型空间缩放，XP 指相对于图纸空间缩放。对应菜单：视图→缩放→比例。

③ 全部（A）：在当前视口中显示整个图形，其范围取决于图形所占范围和绘制界限中较大的一个。对应菜单：视图→缩放→全部。

④ 中心点（C）：指定一中心点，将该点作为视口中图形显示的中心。在随后的提示中，要求指定中心点和缩放系数及高度，系统根据给定的缩放系数（nX）或欲显示的高度进行缩放。如果不想改变中心点，在中心点提示后直接回车即可。对应菜单：视图→缩放→中心点。

⑤ 动态（D）：动态显示图形。该选项集成了平移命令和显示缩放命令中的"全部"和"窗口"功能。当使用该选项时，系统显示一平移观察框，可以拖动它到适当的位置并单击，此时出现一向右的箭头，可以调整观察框的大小。如果再单击鼠标左键，可以移动观察框。如果回车或右击鼠标，在当前窗口中将显示观察框中的部分内容。对应菜单：视图→缩放→动态。

⑥ 范围（E）：将图形在当前视口中最大限度的显示。对应菜单：视图→缩放→范围。

⑦ 上一个（P）：恢复上一个视口内显示的图形，最多可以恢复 10 个图形显示。对应菜单：视图→缩放→上一个。

⑧ 比例（S）：根据输入的比例显示图形，对模型空间，比例系数后加一（X），对于图

纸空间，比例后加上（XP）。显示的中心为当前视口中图形的显示中心。对应菜单：视图→缩放→比例。

⑨ 窗口（W）：缩放由两点定义的窗口范围内的图形到整个视口范围。对应菜单：视图→缩放→窗口。

⑩ 实时：在提示后直接回车，进而实时缩放状态。按住鼠标向上或向左为放大图形显示，按住鼠标向下或向右为缩小图形显示。对应菜单：视图→缩放→实时。

【技巧】

① 如果圆曲线在图形放大后成折线，这时可用 REGEN 命令重生成图形。

② 该命令为透明命令，可在其他命令的执行过程中执行，为图形的绘制和编辑带来方便。

③ 在 ZOOM 命令提示下，直接输入比例系数则以比例方式缩放；如果直接用定标设备在屏幕上拾取两对角点，则以窗口方式缩放。

④ 在启用"实时"选项后，单击鼠标右键可出现弹出式菜单，如图 2-57 所示，可以从该菜单项中对图形进行缩放和平移以及退出实时状态，回到原始状态。

退出
平移
✓ 缩放
三维动态观察
窗口缩放
缩放为原窗口
范围缩放

图 2-57　弹出式菜单

【实例】

用 ZOOM 命令将如图 2-58 所示的图形缩小为当前视窗的 0.5 倍，然后使它全屏显示，最后让它满幅显示。

操作过程如下。

命令:ZOOM

指定窗口角点,输入比例因子(nX 或 nXP),或

[全部(A)/中心点(C)/动态(D)/范围(E)/上一个(P)/比例(S)/窗口(W)]＜实时＞:0.5x

命令:ZOOM

指定窗口角点,输入比例因子(nX 或 nXP),或

[全部(A)/中心点(C)/动态(D)/范围(E)/上一个(P)/比例(S)/窗口(W)]＜实时＞:e

命令:ZOOM

指定窗口角点,输入比例因子(nX 或 nXP),或

[全部(A)/中心点(C)/动态(D)/范围(E)/上一个(P)/比例(S)/窗口(W)]＜实时＞:a

四、图形重现

在绘图过程中，有时会在屏幕上留下一些"橡皮屑"。为了去除这些"橡皮屑"，更有利于我们绘制和观察图形，可以执行图形重现（重画）。

【命令】　REDRAW

　　　　　REDRAWALL

【菜单】　视图→重画

REDRAW 命令只对当前视窗中的图形起作用，重现以后可以消除残留在屏幕上的标记点痕迹，使图形变得清晰，如果屏幕上有好几个视窗，可用 REDRAWALL 命令对所有视窗中的图形进行重现显示。

打开或关闭图形中某一图层或者关闭栅格后，系统也将自动对图形刷新并重新显示。

图 2-58 缩放实例

五、重生成图形（包括全部重生成）

重生成同样可以刷新视口，它和重画的区别在于刷新的速度不同，重生成的速度较重画要慢。

【命令】 REGEN
　　　　　REGENALL

【菜单】 视图→重生成
　　　　　视图→全部重生成

AutoCAD 在可能的情况下会执行重画而不执行重生成来刷新视口。有些命令执行时会引起重生成，如果执行重画无法清除屏幕上的痕迹，也只能重生成。

REGEN 命令重新生成当前视口。REGENALL 命令对所有的视口都执行重生成。

六、多视窗设置

在模型空间中绘制图形时，用户可以将一个显示屏幕划分成多个视区，即用 VIEW-PORTS 命令在模型空间中建立。

【命令】　VIEWPORTS/VPORTS/-VPORTS（VP/-VP)

【菜单】　视图→视口→新建视口

启用 VIEWPORTS 命令后，弹出"视口"对话框，如图 2-59 所示。

图 2-59　"视口"对话框

【选项及说明】

① 新名称：当前要存储的视窗名。

② 标准视口：系统定义的标准视窗类型。

③ 应用于：当选中一个标准视窗列表中的一个视窗后该选项亮显，用户可以确定当前视窗是建立在显示屏幕上还是建立在当前显示屏幕的当前视窗中。

④ 设置：建立视窗格式，可以选择二维（2D）或三维（3D）格式。

⑤ 预览：视窗预览。

⑥ 修改视图：按用户要求改变各视窗中 UCS 坐标的设置，通过点击预览中的相应视窗然后从"修改视图"下拉列表中选择。

⑦ 当前名称：当前视窗名，提示用户正在使用的视窗名字。

⑧ 命名视口：用户自定义的视窗名列表，当用户用点选选中一视窗名时，系统自己把它设置为当前视窗。

⑨ 预览：选中的视窗预览。

【技巧】

当我们建立多个视窗时，只有当前活动视窗显示了十字光标。当光标移到非活动视窗时显示为箭头，单击鼠标左键，该窗口立即转化为当前活动视窗。当视窗边框为粗线时，此视窗就为当前活动视窗。

七、显示图标、属性、文本窗口

如果想知道目前工作的坐标系统或不希望 UCS 图标影响图形观察，或者需要放大文本窗口观察历史命令及其提示以及查询命令的结果，或者希望不显示属性等，均可以通过显示控制命令来实现。

1. UCS 图标显示

显示命令可以控制 UCS 图标是否显示以及是显示在原点还是始终显示在绘图区的左

下角。

【命令】 UCSICON

【命令及提示】

命令：ucsicon

输入选项[开(ON)/关(OFF)/全部(A)/非原点(N)/原点(OR)/特性(P)]<开>：

【参数说明】

① 开（ON）：打开 UCS 图标的显示。

② 关（OFF）：不显示 UCS 图标。

③ 全部（A）：显示所有视口的 UCS 图标。

④ 非原点（N）：UCS 可以不在原点显示，显示在绘图区的左下角。

⑤ 原点（OR）：UCS 始终在原点显示。

【实例】

关闭和打开 UCS 图标

操作过程如下。

命令：ucsicon

输入选项[开(ON)/关(OFF)/全部(A)/非原点(N)/原点(OR)/特性(P)]<开>：OFF

命令：ucsicon

输入选项[开(ON)/关(OFF)/全部(A)/非原点(N)/原点(OR)/特性(P)]<开>：

结果如图 2-60 所示。

(a) Ucsicon=ON

(b) Ucsicon=OFF

图 2-60　关闭和打开 USC 图标

2. 属性显示全局控制

【命令】 attdisp

【命令及提示】

命令：attdisp

输入属性的可见性设置[普通(N)/开(ON)/关(OFF)]＜普通＞：
正在重生成模型

【参数说明】

① 普通（N）：保持每个属性的当前可见性，只显示可见属性。

② 开（ON）：使所有属性可见。

③ 关（OFF）：使所有属性不可见。

属性显示开关的效果如图 2-61 所示。

Attdisp=ON   Attdisp=OFF

图 2-61 属性显示全局控制

3. 文本窗口控制

通过显示命令可以控制文本窗口打开的方式为带标题和菜单的放大文本窗口或缩小为命令行窗口。

【命令】 textscr

执行该命令后系统将弹出如图 2-62 所示的文本窗口。

图 2-62 文本窗口

虽然命令行窗口同样可以通过鼠标拖动移到屏幕中间，并且可以改变其大小超过缺省的文本窗口大小，但文本窗口带有编辑菜单，而命令行窗口不带该菜单。

文本窗口记录了从打开图形后用户对图形进行的一切操作。

第三章 基本绘图知识

第一节 基本绘图命令

任何一张工程图纸，不论其复杂与否，都是由一些基本的图素组成，也就是由一些点、线、圆、弧等基本图元组合而成。为此 AutoCAD 系统提供了一系列画基本图元的命令，利用这些命令的组合并通过一些编辑命令的修改和补充，就可以很轻松、方便地完成我们所需要的任何复杂的二维图形。当然，如何快速、准确、灵活地绘制图形，关键还在于是否熟练掌握并理解了绘图命令、编辑命令的使用方法和技巧。

一、绘制直线

用直线（line）命令可以创建一系列的连续直线段，每一条线段都可以独立于系列中的其他线段单独进行编辑。

【命令】 LINE（L）

【工具栏】

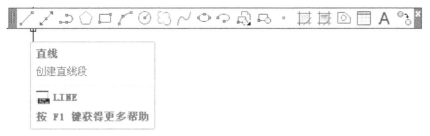

【菜单】 绘图→直线

【命令及提示】

命令：-line

指定第一点： *指定直线的起点*

指定下一点或[放弃(U)]： *指定直线的端点*

指定下一点或[放弃(U)]： *指定下一条直线的端点,形成折线*

指定下一点或[闭合(C)/放弃(U)]： *继续指定下一条直线的端点,直至回车、空格键或 Esc 键终止直线命令*

【参数说明】

① 闭合：在"指定下一点或 [闭合（C）/放弃（U）]："提示下键入 C，则将刚才所画

的折线封闭起来，形成一个封闭的多边形。

② 放弃：在"指定下一点或［闭合（C）/放弃（U）］:"提示下键入 U，则取消刚画的线段，退回到前一线段的终点。

【技巧】

① 如果绘制水平线或垂直线，可用"F8"快捷键或点取状态栏上的"正交"键切换到"正交开"状态，用鼠标点取线段的起点和端点，即可快速绘制水平线和垂直线。如要绘制斜线，再按"F8"一次，切换到"正交关"状态。

② 当直线的起点已确定时，直线的方向可由下一点确定，即起点与十字光标当前位置的连线方向为直线方向，这时可直接输入直线的长度，按回车确定。

【实例】

用直线命令绘制一个边长为 300×450 的长方形梁截面图，如图 3-1 所示。

图 3-1　绘制正方形实例

操作过程如下。

命令:l LINE

指定第一点:　　输入 l 启用直线命令,指定 A 点

指定下一点或[放弃(U)]:＜正交开＞ 300　　按 F8 切换到"正交开"状态,输入 300 确定 B 点

指定下一点或[放弃(U)]:450　　在 x 轴正方向上输入 450 确定 C 点

指定下一点或[闭合(C)/放弃(U)]:300　　在 y 轴负方向上输入 300 确定 D 点

指定下一点或[闭合(C)/放弃(U)]:c　　输入 C 闭合该折线,退出直线命令

二、绘制构造线（和射线）

向一个或两个方向无限延伸的直线（分别称为射线和构造线），可用作创建其他对象的参照。

【命令】　XLINE（XL）

【工具栏】

【菜单】　绘图→射线（构造线）

构造线可以放置在三维空间中的任意位置，可以使用多种方法指定它的方向。创建直线的默认方法是两点法：指定两点定义方向。第一个点（根）是构造线概念上的中点，即通过"中点"对象捕捉捕捉到的点。

【命令及提示】

命令:_xline　　指定点或[水平(H)/垂直(V)/角度(A)/二等分(B)/偏移(O)]:

【参数说明】

① 水平和垂直：创建一条经过指定点（1）并且与当前 UCS 的 x 或 y 轴平行的构造线。

② 角度：用两种方法中的一种创建构造线。或者选择一条参考线，指定那条直线与构造线的角度，或者通过指定角度和构造线必经的点来创建与水平轴成指定角度的构造线。

③ 二等分：创建二等分指定角的构造线。指定用于创建角度的顶点和直线。

④ 偏移：创建平行于指定基线的构造线。指定偏移距离，选择基线，然后指明构造线位于基线的哪一侧。

三、绘制多段线

多段线由不同宽度的、首尾相连的直线段或圆弧段序列组成，作为单一对象使用。使用多线段可以一次编辑所有线段，但也可以分别编辑各线段。可以设置各线段的宽度、使线段倾斜或闭合多段线。绘制弧线段时，弧线的起点是前一个线段的端点。可以指定圆弧的角度、圆心、方向或半径。通过指定第二点和一个端点也可以完成弧的绘制。多段线是一个整体。

【命令】 PLINE（PL）

【菜单】 绘图→多段线

【工具栏】

多段线

创建二维多段线

PLINE

按 F1 键获得更多帮助

【命令及提示】

命令：pl PLINE

指定起点： *指定多段线的起点*

当前线宽为 0.0000　　*系统默认的当前线宽*

指定下一个点或[圆弧(A)/半宽(H)/长度(L)/放弃(U)/宽度(W)]：a　　*进入画圆弧状态*

指定圆弧的端点或[角度(A)/圆心(CE)/方向(D)/半宽(H)/直线(L)/半径(R)/第二个点(S)/放弃(U)/宽度(W)]：　　*指定圆弧的端点,亦可输入参数对圆弧进行控制*

指定圆弧的端点或[角度(A)/圆心(CE)/闭合(CL)/方向(D)/半宽(H)/直线(L)/半径(R)/第二个点(S)/放弃(U)/宽度(W)]：　　*可回车结束命令,亦可进入其他操作项*

【参数说明】

(1) 圆弧　由直线转换为圆弧方式，绘制圆弧多段线同时提示转换为绘制圆弧的系列参数。

① 端点——输入绘制圆弧的端点。

② 角度——输入绘制圆弧的角度。

③ 圆心——输入绘制圆弧的圆心。

④ 闭合——将多段线首尾相连封闭图形。

⑤ 方向——确定圆弧的方向。

⑥ 半宽——输入多段线一半的宽度。

⑦ 直线——转换成直线绘制方式。

⑧ 半径——输入圆弧的半径。

⑨ 第二点——输入决定圆弧的第二点。

⑩ 放弃——放弃最后绘制的一段圆弧。

⑪ 宽度——输入多段线的宽度。

（2）闭合　将多段线首尾相连封闭图形，并结束命令。

（3）半宽　输入多段线一半的宽度。在绘制多段线过程中，每一段都可以重新设置半宽值。

（4）长度　输入预绘制的直线的长度，其方向与前一直线相同或与前一圆弧相切。

（5）放弃　放弃最后绘制的一段多段线。

（6）宽度　输入多段线的宽度，要求设置起始线宽和终点线宽。

【技巧】

① 如要用多段线命令绘制空心线，可将系统变量 FILL 设置成 OFF；转换到绘制实心线则将其设置为 ON。

② 可以通过设置不同的起始线宽和终点线宽，来绘制图中常用的箭头符号或渐变线。

③ 在设定多段线线宽时，要考虑出图比例，建议多用颜色来区分线宽，这样打印输出时，无论比例大小，线型都不受影响。

【注意】

① 多段线用"分解"命令分解后将失去宽度意义，变成一段一段的直线或圆弧。

② 打印输出时的多段线时，如果多线的线宽大于该线所在图层设定的线宽，则以设定的多线线宽为准，不受图层限制；如果它小于图层中设定的线宽，则以图层中设定的线宽为准。

【实例】

绘制如图 3-2 所示的图形，AB 长 200，EF 长为 100，EF 宽为 5，其他均为 2。

操作过程如下。

命令：PLINE

指定起点：　　指定 A 点

当前线宽为 0.0000

指定下一个点或[圆弧(A)/半宽(H)/长度(L)/放弃(U)/宽度(W)]:W　进入设置线宽状态

指定起点宽度<0.0000>:2　设置起始线宽

指定端点宽度<2.0000>:　设置端点线宽

指定下一个点或[圆弧(A)/半宽(H)/长度(L)/放弃(U)/宽度(W)]:200　在 x 轴正方向上输入 200,确定 B 点

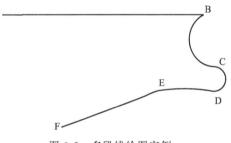

图 3-2　多段线绘图实例

指定下一点或[圆弧(A)/闭合(C)/半宽(H)/长度(L)/放弃(U)/宽度(W)]:A　进入画弧状态

指定圆弧的端点或[角度(A)/圆心(CE)/闭合(CL)/方向(D)/半宽(H)/直线(L)/半径(R)/第二个点(S)/放弃(U)/宽度(W)]:S

指定圆弧上的第二个点：　指定圆弧 BC 的第二点

指定圆弧的端点：　指定圆弧的端点 C

指定圆弧的端点或[角度(A)/圆心(CE)/闭合(CL)/方向(D)/半宽(H)/直线(L)/半径(R)/第二个点(S)/放弃(U)/宽度(W)]:S

指定圆弧上的第二个点：　指定圆弧 CD 的第二点

指定圆弧的端点：　指定圆弧的端点 D

指定圆弧的端点或[角度(A)/圆心(CE)/闭合(CL)/方向(D)/半宽(H)/直线(L)/半径(R)/第二个点(S)/放弃(U)/宽度(W)]:W　进入设置线宽状态

指定起点宽度<2.0000>:　指定圆弧 DE 的起始宽度

指定端点宽度<2.0000>:5　指定圆弧 DE 的终点宽度

指定圆弧的端点或[角度(A)/圆心(CE)/闭合(CL)/方向(D)/半宽(H)/直线(L)/半径(R)/第

两个点(S)/放弃(U)/宽度(W)]: 　*指定圆弧的端点E*

指定圆弧的端点或[角度(A)/圆心(CE)/闭合(CL)/方向(D)/半宽(H)/直线(L)/半径(R)/第两个点(S)/放弃(U)/宽度(W)]:L　　*进入画直线状态*

指定下一点或[圆弧(A)/闭合(C)/半宽(H)/长度(L)/放弃(U)/宽度(W)]:100　　*在EF方向上输入100,确定EF的长度*

指定下一点或[圆弧(A)/闭合(C)/半宽(H)/长度(L)/放弃(U)/宽度(W)]: 　　*回车结束命令*

四、绘制多线

多线可包含1～16条平行线，这些平行线称为元素。通过指定距多线初始位置的偏移量可以确定元素的位置，可以创建和保存多线样式或使用包含两个元素的默认样式。可以设置每个元素的颜色和线型，显示或隐藏多线的接头。所谓接头是那些出现在多线元素每个顶点处的线条。有多种类型的封口可用于多线。

（一）设置多线样式

【命令】 MLSTYLE

【菜单】 格式→多线样式

启用多线样式命令后，弹出"多线样式"对话框，显示当前的多线样式，如图3-3所示。

图3-3 "多线样式"对话框

【选项及说明】

① 当前多线样式：显示当前多线样式的名称，该样式将在后续创建的多线中用到。

② 样式：显示已加载到图形中的多线样式列表。多线样式列表可包括存在于外部参照图形（xref）中的多线样式。外部参照的多线样式名称使用与其他外部依赖非图形对象所使

用语法相同。请参见《用户手册》中的参照图形（外部参照）概述。

③ 说明：显示选定多线样式的说明。

④ 预览：显示选定多线样式的名称和图像。

⑤ 置为当前：设置用于后续创建的多线的当前多线样式。

注意不能将外部参照中的多线样式设定为当前样式。

⑥ 新建：显示"创建新的多线样式"对话框，从中可以创建新的多线样式。

⑦ 修改：显示"修改多线样式"对话框，如图 3-4 所示，从中可以修改选定的多线样式。

【**注意**】 不能编辑图形中正在使用的任何多线样式的元素和多线特性。要编辑现有多线样式，必须在使用该样式绘制任何多线之前进行。

图 3-4 "修改多线样式"对话框

⑧ 重命名：重命名当前选定的多线样式。不能重命名 STANDARD 多线样式。

⑨ 删除：从"样式"列表中删除当前选定的多线样式。此操作并不会删除 MLN 文件中的样式。不能删除 STANDARD 多线样式、当前多线样式或正在使用的多线样式。

图 3-5 "加载多线样式"对话框

⑩ 加载：显示"加载多线样式"对话框，可以从多线线型库中调出多线。点取后弹出如图 3-5 所示的"加载多线样式"对话框。可以浏览文件，从中选择线型进行加载。

⑪ 保存：将多线样式保存或复制到多线库（MLN）文件。如果指定了一个已存在的 MLN 文件，新样式定义将添加到此文件中，并且不会删除其中已有的定义。

【技巧】

① 用 PRUGR 命令可清除图形中未用的多线线型定义。

② 利用多线设置中的偏移项可设置到偏移点的距离不等的多线样式。比如设置 490 的墙等。

【实例】

设置建筑平面图中的 490mm 的墙。

操作过程如下。

① 命令：MLSTYLE，弹出"多线样式"对话框。

② 点击"新建"将名称改为"49"，如图 3-6 所示。

图 3-6 将名称改为"49"

③ 点击"修改"，在"修改多线样式"对话框中点击"添加"，修改"偏移"中数据，更改颜色完成如图 3-7 所示设置，点击"确定"完成设置。

图 3-7 "修改多线样式"设置

(二) 绘制多线

【命令】 MLINE（ML）

【菜单】 绘图→多线

【命令及提示】

命令:_mline

当前设置:对正=上,比例=20.00,样式=STANDARD

指定起点或[对正(J)/比例(S)/样式(ST)]： 指定多线的一点

指定下一点： 指定多线的第二点

指定下一点或[放弃(U)]： 指定多线的第三点,可放弃返回到上一点

指定下一点或[闭合(C)/放弃(U)]： 指定多线的下一点,可闭合该多线

【参数说明】

(1) 对正 (J)：设置基准对正位置,包括以下三种(缺省值为上)：

① 上 (T)——以多线的外侧线为基准绘制多线。

② 无 (Z)——以多线的中轴线为基准,即 0 偏差位置绘制多线。

③ 下 (B)——以多线的内侧线为基准绘制多线。

(2) 比例 (S)：设定多线的比例,即两条平行线之间的距离大小。

(3) 样式 (ST)：输入采用的多线样式名,缺省为 STANDARD。

(4) 放弃 (U)：取消最后绘制的一段多线。

【技巧】

按顺时针方向画多线时,多线的外侧为上侧；安逆时针方向画多线时,多线的内侧为上侧。

【实例】

绘制一段封闭的 49 墙多线,如图 3-8 所示。

图 3-8 49 墙实例

操作过程如下。

命令:_mline

当前设置:对正=上,比例=20.00,样式=STANDARD

指定起点或[对正(J)/比例(S)/样式(ST)]： j 输入 j 后回车

输入对正类型[上(T)/无(Z)/下(B)]<无>： z 输入 z 后回车

当前设置:对正=无,比例=0.10,样式=STANDARD

指定起点或[对正(J)/比例(S)/样式(ST)]： s 输入 s 后回车

输入多线比例<20.00>： 0.1 输入 0.1 后回车

当前设置:对正=无,比例=0.10,样式=STANDARD

指定起点或[对正(J)/比例(S)/样式(ST)]: 从 A 点开始绘制

指定下一点: 绘制到 B 点

指定下一点或[放弃(U)]: 绘制到 C 点

指定下一点或[闭合(C)/放弃(U)]: 绘制到 D 点

指定下一点或[闭合(C)/放弃(U)]: c 输入 c(闭合)后回车

如图 3-8 所示。

【注意】

① 多线的线型、颜色、线宽、偏移等特性由"修改多线样式"控制,修改它只能用"多线编辑"命令。

② 多线命令不能绘制弧形多线,它只能绘制由直线段组成的多线,它的多条平行线是一个完整的整体,也可以用"分解"命令分解成直线。

五、绘制多边形

绘制多边形除了用 LINE 和 PLINE 命令定点绘制外,还可以用 PLOYGON 命令很方便地绘制正多边形。

在 AutoCAD 中可以精确绘制边数多达 1024 的正多边形。创建正多边形是绘制正方形、等边三角形和八边形等的简便方式。

【命令】 POLYGON (POL)

【工具栏】

【菜单】 绘图→正多边形

【命令及提示】

命令:polygon

输入边的数目<4>:

指定正多边形的中心点或[边(E)]:

输入选项[内接于圆(I)/外切于圆(C)]<I>:

指定圆的半径:

需要数值距离或第二点。

指定圆的半径:

【参数说明】

① 边的数目:输入正多边形的边数。最大为 1024,最小为 3。

② 中心点:指定绘制的正多边形的中心点。

③ 边(E):采用输入其中一条边的方式产生正多边形。

④ 内接于圆(I):绘制的正多边形内接于随后定义的圆。

⑤ 外切于圆(C):绘制的正多边形外切于随后定义的圆。

⑥ 圆的半径:定义内接圆或外切圆的半径。

【技巧】

① 键入 E，即采用给定边长的两个端点画多边形，系统提示输入边的第一端点和第二端点，这两点不仅确定了边长，还确定了多边形的位置和方向。

② 绘制的正多边形实质上是一条多段线，可以通过分解命令使之分解成单个的线段，然后进行编辑。也可以用 PEDIT 命令对其进行线宽、顶点等方面的修改。

【注意】

① 因为正多边形是一条多段线，所以不能用"中心点"捕捉方式来捕捉一个已存在的多边形的中心。

② 内接于圆方式画多边形是以中心点到多边形顶点的距离确定半径的，而外切于圆方式画多边形则是以中心点到多边形各边的垂直距离来确定半径的，同样的半径，两种方式绘制出的正多边形大小不相等。

【实例】

用 POLYGON 命令绘制如图 3-9（b）、（c）所示的正三边形，圆的半径为 100。

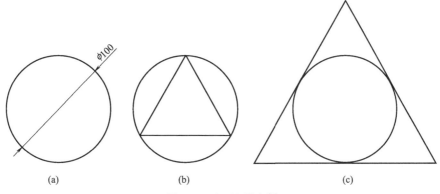

(a)　　　　　　　　　　(b)　　　　　　　　　　(c)

图 3-9　正三边形实例

操作过程如下。

命令：_polygon 输入边的数目＜4＞:3

指定正多边形的中心点或[边(E)]：　　制定中心点

输入选项[内接于圆(I)/外切于圆(C)]＜I＞：　　采用内接于圆方式

指定圆的半径:100　　中心点到顶点的距离为 100

命令：　　结果如图 3-9(b)所示

命令：　POLYGON 输入边的数目＜3＞：　　回车重复命令

指定正多边形的中心点或[边(E)]：　　制定中心点

输入选项[内接于圆(I)/外切于圆(C)]＜C＞:c　　采用外切于圆方式

指定圆的半径:100　　中心点到各边的垂直距离为 100

命令：　　结果如图 3-9(c)所示

六、绘制矩形

RECTANG 命令以指定两个对角点的方式绘制矩形，当两角点形成的边相同时则生成正方形。

【命令】　RECTANG（REC）

【菜单】　绘图→矩形

【工具栏】

【命令及提示】

命令:RECTANG

指定第一个角点或[倒角(C)/标高(E)/圆角(F)/厚度(T)/宽度(W)]:

指定另一个角点:

【参数说明】

① 指定第一个角点：定义矩形的一个顶点。

② 指定另一个角点：定义矩形的另一个角点。

③ 倒角（C）：设定倒角的距离，从而绘制带倒角的矩形。

第一倒角距离——定义第一倒角距离。

第二倒角距离——定义第二倒角距离。

④ 圆角（F）：设定矩形的倒圆角半径，从而绘制带圆角的矩形。

矩形的圆角半径——定义圆角半径。

⑤ 宽度（W）：定义矩形的线条宽度。

⑥ 标高（E）：设定矩形在三维空间中的基面高度。

⑦ 厚度（T）：设定矩形的厚度，即三维空间 z 轴方向的厚度。

【技巧】

选择对角点时，没有方向限制，可以从左到右，也可以从右到左。

【注意】

① 绘制的矩形是一多段线，可以通过分解命令使之分解成单个的线段，同时失去线宽性质。

② 线宽是否填充和系统变量 FILL 的设置有关。

【实例】

绘制一个倒圆角半径为 2 的矩形，矩形线宽为 0.4，如图 3-10 所示。

操作过程如下:

命令:_rectang

指定第一个角点或[倒角(C)/标高(E)/圆角(F)/厚度(T)/宽度(W)]:w   进入设置线宽状态

指定矩形的线宽<0.0000>:0.4   设置矩形的线条宽度为 0.4

图 3-10   倒圆角矩形

指定第一个角点或[倒角(C)/标高(E)/圆角(F)/厚度(T)/宽度(W)]:f   进入圆角设置状态

指定矩形的圆角半径<0.0000>:2   设置倒圆角的半径为 2

指定第一个角点或[倒角(C)/标高(E)/圆角(F)/厚度(T)/宽度(W)]:   指定矩形的第一角点

指定另一个角点: 指定矩形的另一个角点

七、绘制圆弧

圆弧是常见的图形之一，绘制的方法有很多种，它可以通过圆弧命令直接绘制，也可以通过打断圆成圆弧以及倒圆角等方法产生圆弧。

【命令】　ARC（A）

【菜单】　绘制→圆弧

【工具栏】

AutoCAD 中共有 11 种不同的定义圆弧的方式，如图 3-11 所示。

【命令及提示】

命令:arc

指定圆弧的起点或[圆心(C)]:

指定圆弧的第二个点或[圆心(C)/端点(E)]:

指定圆弧的端点:

【参数说明】

如图 3-12 所示。

① 三点：指定圆弧的起点、终点以及圆弧上的任意一点。

② 起点：指定圆弧的起始点。

③ 终点：指定圆弧的终止点。

④ 圆心：指定圆弧的圆心。

⑤ 方向：指定和圆弧起点相切的方向。

⑥ 长度：指定圆弧的弦长。正值绘制小于 180° 的圆弧，负值绘制大于 180° 的圆弧。

图 3-11　定义圆弧菜单

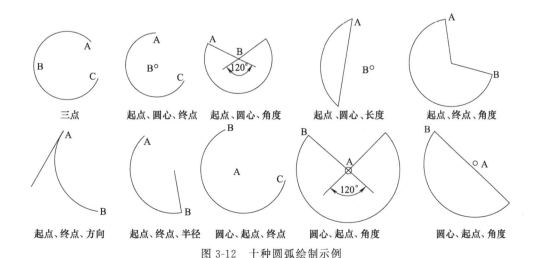

图 3-12　十种圆弧绘制示例

⑦ 角度：指定圆弧包含的角度。顺时针为负，逆时针为正。

⑧ 半径：指定圆弧的半径。按逆时针绘制，正值绘制小于180°的圆弧，负值绘制大于180°的圆弧。

一般绘制圆弧的选项组合如下。

① 三点：通过指定圆弧上的起点、终点和中间任意一点来确定圆弧。

② 起点、圆心：首先输入圆弧的起点和圆心，其余的参数为端点、角度或弦长。如果给定的角度为正值，将按逆时针绘制圆弧。如果为负，将按顺时针绘制圆弧。如果给出正的弦长，则绘制小于180°的圆弧，反之则绘制出大于180°的圆弧。

③ 起点、端点：首先定义圆弧的起点和端点，其余的参数为角度、半径、方向或圆心来绘制圆弧。如果提供角度，则正的角度按逆时针绘制圆弧，负的角度按顺时针绘制圆弧。如果选择半径选项，按照逆时针绘制圆弧，负的半径绘制大于180°的圆弧，正的半径绘制小于180°的圆弧。

④ 圆心、起点：首先输入圆弧的圆心和起点，其余的参数为角度、弦长或端点绘制圆弧。正的角度按逆时针绘制，而负的角度按顺时针绘制。正的弦长绘制小于180°的圆弧，负的弦长绘制大于180°的圆弧。

⑤ 连续：在开始绘制圆弧时如果不输入点，而是键入回车或空格，则采用连续的圆弧绘制方式。所谓的连续，指该圆弧的起点为上一个圆弧的终点或上一个直线的终点，同时所绘圆弧和已有的直线或圆弧相切。

【技巧】

① 输入圆心角为正，圆弧按逆时针方向绘制，反之则按顺时针方向绘制。

② 可以增大系统变量 VIEWRES 的值，该值越大，则圆弧越光滑。

③ 可以画出圆而难以直接绘制圆弧时可以打断或修剪圆成所需的圆弧。

【注意】

① 获取圆心或其他某点时可以配合对象捕捉方式准确绘制圆弧。

② 在菜单中点取圆弧的绘制方式是明确的，相应的提示不再给出可以选择的参数。而通过按钮或命令行输入绘制圆弧命令时，相应的提示会给出可能的多种参数。

③ ARC 命令不能一次绘制封闭的圆或自身相交的圆弧。定位点相同，而定位顺序不同，绘制出的圆弧不一定相同。

【实例】

画一个如图 3-13 所示的圆弧，弧 DE 半径为 200，为半圆弧，圆弧 BD 半径为 100，∠BCD 为 150°，AB 长为 160，半径为 100。

操作过程如下。

命令：arc

指定圆弧的起点或[圆心(C)]：c

指定圆弧的圆心：　　先选定 DE 弧的圆心

指定圆弧的起点：200　　在水平向右的方向上输入 200，确定 E 点

指定圆弧的端点或[角度(A)/弦长(L)]：a

指定包含角：180　　给圆弧指定一个角度，确定 D 点

命令：　ARC 指定圆弧的起点或[圆心(C)]：　　重复"圆弧"命令，指定 D 点为圆弧起点

图 3-13　绘制圆弧实例

指定圆弧的第二个点或[圆心(C)/端点(E)]:c　　给定一个圆心

指定圆弧的圆心:100　　　在水平向左的方向上输入 100,确定圆心 C

指定圆弧的端点或[角度(A)/弦长(L)]:a

指定包含角:－150　　给圆弧指定一个角度,确定 B 点

命令:_arc 指定圆弧的起点或[圆心(C)]:　　重复"圆弧"命令,指定 B 点为圆弧起点

指定圆弧的第二个点或[圆心(C)/端点(E)]:c

指定圆弧的圆心:100　　　在水平向左的方向上输入 100,确定圆心

指定圆弧的端点或[角度(A)/弦长(L)]:_l 指定弦长:160　　　给定弦 AB 的长度

八、绘制圆和圆环

1. 绘制圆

绘制圆有多种方法可供选择。系统默认的方法是指定圆心和半径。指定圆心和直径或用两点定义直径亦可以创建圆。还可以用三点定义圆的圆周来创建圆。可以创建与三个现有对象相切的圆，或指定半径创建与两个对象相切的圆。

【命令】　CIRCLE（C）

【菜单】　绘图→圆

【工具栏】

AutoCAD 共有六种绘制圆的方式，如图 3-14 所示。

【命令及提示】

命令:_circle

指定圆的圆心或[三点(3P)/两点(2P)/相切、相切、半径(T)]:

【参数说明】

① 圆心：指定圆的圆心。

② 半径（R）：定义圆的半径大小。

③ 直径（D）：定义圆的直径大小。

④ 两点（2P）：指定两点作为圆的一条直径上的两点。

⑤ 三点（3P）：指定三点确定圆。

图 3-14　绘制圆的方式

⑥ 相切、相切、半径：指定与绘制的圆相切的两个元素，接着定义圆的半径。半径值绝对不能小于两元素间的最短距离。

⑦ 相切、相切、相切：这种方式是三点定圆中的特殊情况。要指定和绘制的圆相切的三个元素。

绘制圆一般是先确定圆心，再确定半径或直径来绘制圆。也可以先绘制圆，再通过尺寸标注来绘制中心线，或通过圆心捕捉方式绘制中心线。

【技巧】

① 作圆与直线相切时，圆可以与直线没有明显的切点，只要直线延长后与圆相切就行。

② 指定圆心或其他某点时可以配合对象捕捉方式准确绘圆。

③ 圆的显示分辨率由系统变量 VIEWRES 控制，其值越大，显示的圆越光滑。但 VIE-WRES 的值与出图无关。

【注意】

① 在菜单中点取圆的绘制方式是明确的，相应的提示不再给出可以选择的参数。而通过按钮或命令行输入绘制圆的命令时，相应的提示会给出可能的多种参数。

② CIRCLE 绘制的圆是没有线宽的单线圆，有线宽的圆环可用 DONUT 命令。

③ 圆不能用 PEDIT、EXPLODE 编辑，它本身是一个整体。

【实例】

如图 3-15 所示，先用"圆心、半径"方式绘制一半径为 100 的圆Ⅰ，再画一条直线 AB，然后用"相切、相切、半径"方式绘制以半径为 80 的圆Ⅱ，再用"相切、相切、相切"方式绘制圆Ⅲ。

操作过程如下。

命令:circle

指定圆的圆心或[三点(3P)/两点(2P)/相切、相切、半径(T)]: *指定圆Ⅰ的圆心*

指定圆的半径或[直径(D)]:100   *指定圆Ⅰ的半径*

命令:l LINE 指定第一点：   *指定 A 点*

指定下一点或[放弃(U)]：   *指定 B 点*

指定下一点或[放弃(U)]：   *回车结束"直线"命令*

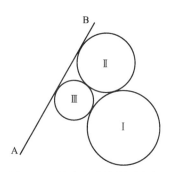

图 3-15　综合方法绘制圆实例

命令:c CIRCLE 指定圆的圆心或[三点(3P)/两点(2P)/相切、相切、半径(T)]:t   *改变绘制圆的方式,进入"相切、相切、半径(T)"方式画圆*

指定对象与圆的第一个切点：   *在圆Ⅰ上捕捉一点*

指定对象与圆的第二个切点：   *在直线上捕捉一点*

指定圆的半径<100.0000>:80   *指定圆Ⅱ的半径*

命令:_circle 指定圆的圆心或[三点(3P)/两点(2P)/相切、相切、半径(T)]:_3p   *改变绘制圆的方式,进而用三点方式画圆*

指定圆上的第一个点：   *在圆Ⅰ上捕捉一点*

指定圆上的第二个点：   *在圆Ⅱ上捕捉一点*

指定圆上的第三个点：   *在直线上捕捉一点*

2. 绘制圆环

圆环是一种可以填充的同心的圆，实际上它是有一定宽度的闭合多段线。其内径可以是 0，也可以和外径相等。

【命令】　DONUT（DO）

【菜单】　绘图→圆环

【命令及提示】

命令:DONUT

指定圆环的内径<10.0000>：

指定圆环的外径<20.0000>：

指定圆环的中心点或<退出>：

【参数说明】

① 内径：定义圆环的内圈直径。

② 外径：定义圆环的外圈直径。

③ 中心点：指定圆环的圆心位置。

④ 退出：结束圆环绘制，否则可以连续绘制同样的圆环。

【技巧】

① 圆环是由宽弧线段组成的闭合多段线构成的。可改变系统变量 FILL 的当前设置来决定圆环内的填充图案。

② 要使圆环成为填充圆，可以指定圆环的内径为零。

【实例】

设置不同的内径绘制如图 3-16 所示的圆环，圆环外径均为 200。

$r=R/2$ $\qquad$ $R=r$ $\qquad$ $r=0$

图 3-16　绘制不同内径的圆环实例

操作过程如下。

命令：_donut

指定圆环的内径 ＜10.0000＞：50　　　*设置圆环的内径为 50*

指定圆环的外径 ＜20.0000＞：100　　　*设置圆环的外径为 100*

指定圆环的中心点或 ＜退出＞：　　*指定圆环的中心点*

指定圆环的中心点或 ＜退出＞：

命令：DONUT

指定圆环的内径 ＜50.0000＞：100　　　*设置圆环的内径为 100*

指定圆环的外径 ＜100.0000＞：　　*不改变圆环的外径值*

指定圆环的中心点或 ＜退出＞：　　*指定圆环的中心点*

指定圆环的中心点或 ＜退出＞：

命令：DONUT

指定圆环的内径 ＜100.0000＞：0　　　*设置圆环的内径为 0*

指定圆环的外径 ＜100.0000＞：　　*不改变圆环的外径值*

指定圆环的中心点或 ＜退出＞：　　*指定圆环的中心点*

九、修订云线

【命令】 REVCLOUD（U）

【菜单】 绘图→修订云线

【工具栏】

【命令及提示】

最小弧长：0.5000 最大弧长：0.5000

指定起点或 [弧长(A) /对象(O) /样式(S)] ＜对象＞：拖动以绘制修订云线、输入选项或按 Enter 键沿云线路径引导十字光标…

当开始直线和结束直线相接时，命令行上显示以下信息。

云线完成

生成的对象是多段线。

【参数说明】

① 弧长：指定云线中弧线的长度。最大弧长不能大于最小弧长的三倍。

② 对象：指定要转换为云线的闭合对象。

图 3-17　修订云线实例

反转方向［是（Y）/否（N）］：输入 y 以反转云线中的弧线方向，或按 ENTER 键保留弧线的原样。

③ 样式：指定修订云线的样式。

【实例】

绘制如图 3-17 所示的一条云线。

操作过程如下。

命令：_revcloud 回车

最小弧长：20　最大弧长：30

指定起点或［弧长(A)/对象(O)］＜对象＞：

沿云线路径引导十字光标…

修订云线完成。

【注意】

REVCLOUD 在系统注册表中存储上一次使用的圆弧长度。当程序和使用不同比例因子的图形一起使用时，用 DIMSCALE 乘以此值以保持统一。

十、绘制样条曲线

样条曲线即非均匀有理 B 样条曲线（NURBS），样条曲线使用拟合点或控制点进行定义。默认情况下，拟合点与样条曲线重合，而控制点定义控制框。

【命令】 SPLINE（SPL）

【工具栏】

【菜单】 绘图→样条曲线→拟合点或控制点

当使用控制顶点创建样条曲线时，指定的点显示它们之间的临时线，从而形成确定样条曲线形状的控制多边形。使用拟合点创建样条曲线时，生成的曲线通过指定的点，并受曲线中数学节点间距的影响。如图 3-18 所示，左侧的样条曲线将沿着控制多边形显示控制顶点，

图 3-18　不同定义的样条曲线

而右侧的样条曲线显示拟合点。

十一、绘制椭圆和椭圆弧

1. 绘制椭圆

绘制椭圆比较简单，和绘制正多边形一样，系统自动计算各点数据。椭圆的形是由定义椭圆的长度和宽度的两个轴来确定的。较长的轴为长轴，较短的轴为短轴。

【命令】 ELLIPSE

【菜单】 绘制→椭圆

【工具栏】

【命令及提示】

命令：_ellipse

指定椭圆的轴端点或［圆弧(A)/中心点(C)］：

指定轴的另一个端点：

指定另一条半轴长度或［旋转(R)］：

【参数说明】

① 端点：指定椭圆轴的端点。

② 中心点：指定椭圆的中心点。

③ 半轴长度：指定半轴的长度。

④ 旋转（R）：指定一轴相对于另一轴的旋转角度。

【技巧】

① 椭圆绘制好后，可以根据椭圆弧所包含的角度来确定椭圆弧。

② 采用旋转方式画的椭圆，其形状最终由其长轴的旋转角度决定，旋转角度的范围。

【注意】

① 在 0°～89.4°之间，若旋转角度为 0°，将绘制圆；若角度为 45°，将成为一个从视角上看上去呈 45°的椭圆，旋转角度的最大值为 89.4°，大于此角度后，命令无效。

② "椭圆"命令绘制的椭圆是一个整体，不能用"分解"和"编辑多段线"等命令修改。

【实例】

绘制如图 3-19 所示的两个椭圆，椭圆Ⅰ的长轴为 200，短半轴为 80；椭圆Ⅱ的长轴为 200，短轴相对于长轴的旋转角度为 45°。

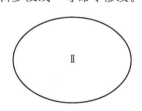

图 3-19 绘制椭圆实例

操作过程如下。

命令：_ellipse

指定椭圆的轴端点或［圆弧(A)/中心点(C)］： *指定椭圆长轴的一个端点*

指定轴的另一个端点：200 *指定椭圆长轴长,确定另一端点*

指定另一条半轴长度或［旋转(R)］：80   指定椭圆的短半轴长

命令：_ellipse

指定椭圆的轴端点或［圆弧(A)/中心点(C)］：   指定椭圆长轴的一个端点

指定轴的另一个端点：200   指定椭圆长轴长,确定另一端点

指定另一条半轴长度或［旋转(R)］：r   通过旋转确定短半轴长

指定绕长轴旋转的角度：45   指定短半轴相对于长轴的旋转角度为45°

2. 绘制椭圆弧

绘制椭圆弧时，除了输入必要的参数来确定母圆外，还需要输入椭圆弧的起始角度和终止角度。绘制椭圆弧是绘制椭圆中的一种特殊情况。

【命令】 ELLIPSE

【菜单】 绘制→椭圆→圆弧

【工具栏】

椭圆弧
创建椭圆弧
ELLIPSE
按 F1 键获得更多帮助

【命令及提示】

命令：_ellipse

指定椭圆的轴端点或［圆弧(A)/中心点(C)］：_a

指定椭圆弧的轴端点或［中心点(C)］：

指定轴的另一个端点：

指定另一条半轴长度或［旋转(R)］：

指定起始角度或［参数(P)］：30

指定终止角度或［参数(P)/包含角度(I)］：270

【参数说明】

① 指定起始角度或［参数(P)］：输入起始角度。从 x 轴负向按逆时针旋转为正。

② 指定终止角度或［参数(P)/包含角度(I)］：输入终止角度或输入椭圆包含的角度。

【实例】

如图 3-20 所示，绘制一个起始角度为 30°，终止角度为 270°的椭圆弧。

操作过程如下。

命令：_ellipse

指定椭圆的轴端点或［圆弧(A)/中心点(C)］：_a

指定椭圆弧的轴端点或［中心点(C)］：   指定椭圆长轴的一个端点

指定轴的另一个端点：   指定椭圆长轴的另一端点

指定另一条半轴长度或［旋转(R)］：   指定椭圆短半轴长

指定起始角度或［参数(P)］：30   指定起始角度为 30°

指定终止角度或［参数(P)/包含角度(I)］：270   指定终止角度为 270°

图 3-20 绘制椭圆弧实例

十二、绘制点

1. 设置点样式

点可以用不同的样式在图纸上显示出来。系统有 20 种不同的点样式供选择。

【命令】 DDPTYPE

【菜单】 格式→点样式

启用点样式命令后，系统将弹出"点样式"对话框，如图 3-21 所示。

【选项及说明】

① 点显示图像：指定用于显示点对象的图像。该点样式存储在 PDMODE 系统变量中。

② 点大小：设置点的显示大小。可以相对于屏幕设置点的大小，也可以用绝对单位设置点的大小。系统将点的显示大小存储在 PDSIZE 系统变量中。

③ 相对于屏幕设置大小：按屏幕尺寸的百分比设置点的显示大小。当进行缩放时，点的显示大小并不改变。

图 3-21 "点样式"对话框

④ 按绝对单位设置大小：按"点大小"下指定的实际单位设置点显示大小。当进行缩放时，系统显示的点的大小随之改变。

2. POINT 命令绘制点

【命令】 POINT（PO）

【菜单】 绘图→点

【工具栏】

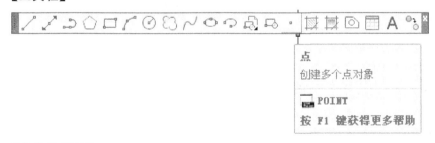

【命令及提示】

命令：_point

当前点模式： PDMODE＝0 PDSIZE＝0.0000

指定点：

指定点的方法很多，常见的有如下四种。

① 用鼠标指定，移动鼠标，在绘图区找到指定点并单击左键，即完成点的输入。

② 绝对坐标，输入方式为：x，y。输入 x 和 y 的时间数值，中间用逗号分开，表示它们相对原点的距离。

③ 相对坐标，输入方式为：@Δx，Δy。@表示用相对坐标输入坐标值，Δx 和 Δy 的值表示该点相对前点的在 x 和 y 方向上的增量。

④ 极坐标，输入方式为：@距离＜方位角。表示从前一点出发，指定到下一点的距离

和方位角（与 x 轴正向的夹角），@符号会自动设置前一点的坐标为（0，0）。

【技巧】

① 捕捉点时，可设置"节点"和"最近点"捕捉模式。

② 除了用"点"命令绘制点外，还可以由"定数等分点"和"定距等分点"命令来放置点。

图 3-22　绘制"点"实例

③ 可以把修改点样式获取的点定义成块，必要时插入使用，这样既获得了特殊符号，还节省作图时间。

【注意】

改变系统变量 PDMODE 和 PDSIZE 的值后，只影响在这以后绘制的点，而已画好的点不会发生改变，只有在用 REGEN 命令或重新打开图形时才会改变。

【实例】

绘制如图 3-22 所示的点，点大小为 15％。

操作过程如下。

命令：ddptype　　*启用 DDPTYPE 命令，在如图 3-22 所示对话框中选择点样式，定义点的大小*
正在重生成模型。

命令：POINT　　*启用 POINT 命令*

当前点模式：PDMODE＝35　PDSIZE＝－15.0000　　*显示当前点的状态*

指定点：　*指定点的位置*

命令：

这样每次只能绘制一个点，若选择"下拉菜单→点→多点"，则可以连续绘制多个点。

3. DIVIDE 命令绘等分点

DIVIDE 命令是在某一图形上以等分长度放置点和图块。被等分的对象可以是直线、圆、圆环、多段线等，等分数目可临时指定。

【命令】　DIVIDE（DIV）

【菜单】　绘图→点→定数等分（如图 3-23 所示）

【命令及提示】

命令：div DIVIDE

选择要定数等分的对象：

输入线段数目或［块(B)］：b

输入要插入的块名：

是否对齐块和对象？［是(Y)/否(N)］＜Y＞：

输入线段数目：

图 3-23　"点"子菜单

【参数说明】

① 对象：选择要定数等分的对象。

② 线段数目：指定等分的数目。

③ 块（B）：给定段数将所选对象分段，并在分隔处放置给定的块。

④ 是否对齐块和对象？［是(Y)/否(N)］＜Y＞：是否将块和对象对齐。如果对齐，

则将块沿选择的对象对齐，必要时会旋转块。如果不对齐，则直接在定数等分点上复制块。

【技巧】

DIVIDE 命令用以等分插入点时，点的形式可以预先定义，也可在插入点后再定义点的大小和形式。

【注意】

DIVIDE 命令生成的点的捕捉模式为节点。它生成的点标记并没有把对象断开，而只是起等分测量作用。

图 3-24　等分样条曲线（1）

【实例】

等分如图 3-24 所示样条曲线，圆由块命令定义，半径为 10。

操作过程如下。

命令：DIVIDE

选择要定数等分的对象：　选择样条曲线

输入线段数目或［块(B)］：b　以插入块的方式等分

输入要插入的块名：yuan　指定要插入的块

是否对齐块和对象？［是(Y)/否(N)］＜Y＞：　默认对齐方式

输入线段数目：40　指定等分数目

4. MEASURE 命令绘等分点

如果要将某条直线、多段线、圆环等按照一定的距离等分，可以直接采用 MEASURE 命令在符合要求的位置上放置点。它与 DIVIDE 命令相比，后者是以给定数目等分所选对象，而前者则是以指定的距离在所选对象上插入点或块，直到余下部分不足一个间距为止。

【命令】　MEASURE（ME）

【菜单】　绘图→点→定距等分

【命令及提示】

命令：_measure

选择要定距等分的对象：

指定线段长度或［块(B)］：b

输入要插入的块名：

是否对齐块和对象？［是(Y)/否(N)］＜Y＞：

指定线段长度：

【参数说明】

① 对象：选择要定距等分的对象。

② 线段长度：指定等分的长度。

③ 块（B）：给定长度将所选对象分段，并在分隔处放置给定的块。

④ 是否对齐块和对象？［是(Y)/否(N)］＜Y＞：是否将块和对象对齐。如果对齐，则将块沿选择的对象对齐，必要时会旋转块。如果不对齐，则直接在定距等分点上复制块。

【技巧】

MEASURE 命令用于定距插点时，点的形式可以预先定义，也可在插入点后再定义点的大小和形式。

图 3-25　等分样条曲线（2）

【注意】

MEASURE 命令并未将实体断开，而只是在相应位置上标注点或块。

【实例】

等分如图 3-25 所示样条曲线，圆由块命令定义，半径为 10。

操作过程如下。

命令：MEASURE

选择要定数等分的对象：　*选择样条曲线*

输入线段数目或 [块(B)]：b　　*以插入块的方式等分*

输入要插入的块名：yuan　　*指定要插入的块*

是否对齐块和对象？[是(Y)/否(N)] <Y>：　　*默认对齐方式*

指定线段长度：20　　*指定等分长度*

十三、绘制徒手线

即使是计算机绘图，同样可以创建一系列徒手绘制的线段。徒手绘制对于创建不规则边界或使用数字化仪追踪非常有用。在徒手绘制之前，指定对象类型（直线、多段线或样条曲线）、增量和公差。

【命令】　SKETCH

【命令及提示】

命令：SKETCH

类型 = 直线　增量 = 0.1000　公差 = 0.5000

指定草图或 [类型(T)/增量(I)/公差(L)]：

【参数说明】

① 指定草图：移动定点设备时，将会绘制指定长度的手画线段。

② 类型（T）：指定手画线的对象类型，分为直线、多段线、样条曲线三种。

③ 增量（I）：定义每条手画直线段的长度。定点设备所移动的距离必须大于增量值，才能生成一条直线。

④ 公差（L）：对于样条曲线，指定样条曲线的曲线布满手画线草图的紧密程度。

图 3-26　绘制徒手线

【实例】

绘制如图 3-26 所示的一组徒手线。

操作过程如下。

命令：SKETCH　　*回车*

类型 = 直线　增量 = 0.1000　公差 = 0.5000

指定草图或 [类型(T)/增量(I)/公差(L)]：t　　*设置手画线的对象类型*

输入草图类型 [直线(L)/多段线(P)/样条曲线(S)] <直线>：s　　*选择样条曲线*

指定草图或 [类型(T)/增量(I)/公差(L)]：　　*回车*

指定草图：　　*按住鼠标左键绘制第一条,回车*

已记录 1 条样条曲线。

命令　回车

命令：SKETCH 类型 = 样条曲线　增量 = 0.1000　公差 = 0.5000

指定草图或［类型(T)/增量(I)/公差(L)］：　回车

指定草图：　按住鼠标左键绘制第二条,回车

已记录 1 条样条曲线。

命令：　回车

命令：SKETCH 类型 = 样条曲线　增量 = 0.1000　公差 = 0.5000

指定草图或［类型(T)/增量(I)/公差(L)］：　回车

指定草图：　按住鼠标左键绘制第三条,回车

已记录 1 条样条曲线。

命令：

【注意】

如果在绘制徒手线时要使用捕捉或正交等模式，必须通过键盘上的功能键进行切换，不得使用状态栏进行切换。如果捕捉设置大于记录增量，捕捉设置将代替记录增量，反之，记录增量将取代捕捉设置。

十四、绘制螺旋线

此命令可以创建二维螺旋或三维弹簧。

【命令】　HELIX

【菜单】　绘图→螺旋

【命令及提示】

命令：_Helix

圈数 = 3.0000　扭曲 = CCW

指定底面的中心点：

指定底面半径或［直径(D)］<1.0000>：

指定顶面半径或［直径(D)］<1.0000>：

指定螺旋高度或［轴端点(A)/圈数(T)/圈高(H)/扭曲(W)］<1.0000>：

命令：

【参数说明】

① 指定底面半径或［直径(D)］<1.0000>：指定螺旋底面的直径，最初，默认底面直径设定为 1。执行绘图任务时，底面直径的默认值始终是先前输入的底面直径值。

② 指定顶面半径或［直径(D)］<1.0000>：指定螺旋顶面的直径。指定直径或按 Enter 键指定默认值，顶面直径的默认值始终是底面直径的值。

③ 轴端点（A）：指定螺旋轴的端点位置。轴端点可以位于三维空间的任意位置，轴端点定义了螺旋的长度和方向。

④ 圈数（T）：指定螺旋的圈（旋转）数。螺旋的圈数不能超过 500。最初，圈数的默认值为 3。执行绘图任务时，圈数的默认值始终是先前输入的圈数值。

⑤ 圈高（H）：指定螺旋内一个完整圈的高度。当指定圈高值时，螺旋中的圈将相应地自动更新。如果已指定螺旋的圈数，则不能输入圈高的值。

⑥ 扭曲（W）：指定以顺时针（CW）方向还是逆时针方向（CCW）绘制螺旋。螺旋扭曲的默认值是逆时针。

【实例】

绘制如图 3-27 所示的一组螺旋线，底面半径为 10，顶面半径为 5，螺旋高度为 10，圈数为 5。

操作过程如下。

命令：_Helix

圈数 = 3.0000   扭曲 = CCW

指定底面的中心点： *在屏幕上指定*

指定底面半径或［直径(D)］＜1.0000＞:10   *输入 10 按回车结束*

指定顶面半径或［直径(D)］＜10＞:5   *输入 5 按回车结束*

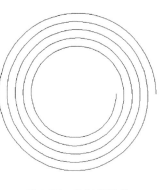

图 3-27　绘制螺旋线

指定螺旋高度或［轴端点(A)/圈数(T)/圈高(H)/扭曲(W)］＜1.0000＞:T   *选择圈数*

输入圈数 ＜3.0000＞:5   *输入 5 圈*

指定螺旋高度或［轴端点(A)/圈数(T)/圈高(H)/扭曲(W)］＜1.0000＞:h   *选择高度*

指定圈间距 ＜2.0000＞:5   *输入圈间距 5*

命令：

第二节　将尺寸转换为坐标值

利用 AutoCAD 绘图，要根据坐标值确定点的位置。但在绘制工程图时已知的是尺寸，这就要求用户首先要将尺寸转换为点的坐标值。

一、建立用户坐标系转换尺寸

如图 3-28 所示的图样，如果我们能够使该图中的中心线 X 和 Y 成为坐标系的 x 轴和 y 轴，图中的尺寸就可以直接转换为坐标值。Auto-CAD 中世界坐标系（WCS）的坐标原点是固定的，用户不能改变。但 AutoCAD 允许用户建立自己的坐标系（UCS），允许用户将 UCS 的坐标原点放于任何位置，坐标轴可以倾斜任意角度。

1. 建立正交坐标系转换尺寸

这里所说的正交坐标系，是指 x、y 坐标轴分别处于水平、垂直方向的用户坐标系。建立这种用户坐标系的方法非常简单，操作过程是键入命令"ucs"，系统提示：

图 3-28　尺寸分析

当前 UCS 名称：*世界*

输入选项［新建(N)/移动(M)/正交(G)/上一个(P)/恢复(R)/保存(S)/删除(D)/应用(A)/?/世界(W)］＜世界＞:

提示第一行说明当前坐标系是世界坐标系，第二行是用户可以选择执行的命令选项。此命令提供的可选项很多，在此键入"N"，执行新建选项建立新坐标系。系统又会提示：

指定新 UCS 的原点或［Z 轴(ZA)/三点(3)/对象(OB)/面(F)/视图(V)/X/Y/Z］＜0,0,0＞:

用户只要输入要建坐标系的原点就建立了一个新坐标系。

只要将新建立的用户坐标系的 x、y 轴放在尺寸基准上，尺寸的起点与坐标值的起点相同，尺寸值就是坐标值。

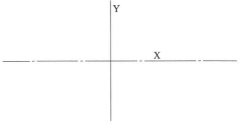

图 3-29　新建正交用户坐标系示例

【实例】

新建正交用户坐标系，如图 3-29 所示。

操作过程如下。

命令：UCS　　回车

当前 UCS 名称：*世界*

指定 UCS 的原点或［面(F)/命名(NA)/对象(OB)/上一个(P)/视图(V)/世界(W)/X/Y/Z/Z 轴(ZA)］＜世界＞：　　点取交点作为新坐标系的原点

指定 X 轴上的点或 ＜接受＞：　　点取水平线段上的右边点作为 x 轴方向

指定 XY 平面上的点或 ＜接受＞：　　点取竖直线段上的上边点作为 y 轴方向

命令：

2. 建立倾斜用户坐标系

建立倾斜用户坐标系的方法是执行"ucs"命令后，选择"三点"选项，这三点分别是原点、x 轴上一点和在 x、y 平面内 x、y 坐标都大于 0 的任一点。

图 3-30　新建倾斜用户坐标系示例

【实例】

新建倾斜用户坐标系，如图 3-30 所示。

操作过程如下。

命令：UCS　　回车

当前 UCS 名称：*没有名称*

指定 UCS 的原点或［面(F)/命名(NA)/对象(OB)/上一个(P)/视图(V)/世界(W)/X/Y/Z/Z 轴(ZA)］＜世界＞：　　点取交点作为新坐标系的原点

指定 X 轴上的点或 ＜接受＞：　　点取作为 x 轴方向上的点

指定 XY 平面上的点或 ＜接受＞：　　回车

命令：

二、用广义相对坐标转换尺寸

相对坐标值比较接近于图中标注的尺寸。但相对坐标值要输入点与上一输入点之间的坐标差，这一"要输入点与上一输入点"的限制，使得利用相对坐标画图具有很大的局限性。

AutoCAD 提供了两种用"广义相对坐标"输入点的方法：FROM 捕捉、临时追踪点捕捉。之所以称这两种捕捉方式是用"广义相对坐标"输入点的方法，就是因为运行这两种捕捉方式时，AutoCAD 要求用户临时给定一点作为基准点，然后输入"要输入点"与此点的坐标差。

坐标差又分为两种情况，如图 3-31 所示。

① 两点的 x、y 坐标差都不为零，如图中的 A、C 两点，对这种情况用 FROM 捕捉。

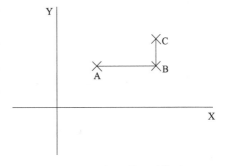

图 3-31　坐标差的两种情况

② 两点的 x、y 坐标差有一个为零，如图中的 A 点和 B 点，B 点和 C 点，对这种情况用临时追踪点捕捉。

1. 利用临时追踪点捕捉作图

如图 3-32 所示，图（b）所示的尺寸 45 就是 A 点与 1 点、A 点与 2 点之间的 y 坐标差，x 坐标差为 0。对这种情况用临时追踪点捕捉更为方便。

例如利用临时追踪点捕捉方法将图（a）画为图（b）。

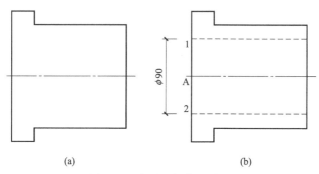

(a)　　　　　　　　　(b)

图 3-32　相对坐标作图分析

① 将虚线层设置为当前层。

② 执行画直线命令。

③ 用临时追踪点捕捉方式捕捉点 1。单击临时追踪点捕捉按钮。

【工具栏】

图 3-33　追踪轨迹图

将光标从 A 点下移一小段距离，系统显示过 A 点的追踪轨迹如图 3-33 所示。此时输入 45 即可确定 1 点，并将 1 点默认为直线的起点。

追踪轨迹是一条很暗的过临时追踪点 A 的虚点线，同时还显示光标中心与基准点沿轨迹线的坐标差。

显示轨迹线以后，用户输入一个数值就确定了要输入点的位置。

2. 利用 FROM 捕捉作图

FROM 捕捉是一种名副其实的输入广义相对坐标作图的方法。所谓 FROM 捕捉，是当执行某一绘图命令需要输入一点时，调用 FROM 捕捉，由用户给定一点作为计算相对坐标的基准点，然后再输入"要输入点"与基准点之间的相对坐标差，即广义相对坐标值，来确定输入点。

FROM 捕捉与临时追踪点捕捉的区别有 3 点：

① FROM 捕捉适合于基准点与要输入点之间 x、y 坐标差都不为 0 的情况。而临时追踪点捕捉适合于基准点与要输入点之间 x、y 坐标差有一个为 0 的情况。

② 调用 FROM 捕捉以后，要通过输入广义相对坐标值来定位要输入点。调用临时追踪以后，要通过输入一个距离值来确定要输入点。

③ FROM 捕捉具有临时追踪点捕捉的功能。

绘制图中的矩形时，就可以调用 FROM 捕捉，捕捉 A 点为基准点，再输入 B 点与 A 点的相对坐标值，如图 3-34 所示。

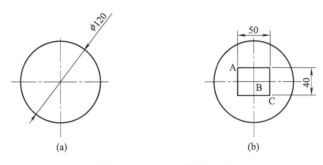

图 3-34　FROM 捕捉例图

三、延长捕捉

延长捕捉是 AutoCAD 提供给用户的一种避开坐标值输入，通过输入长度进行作图的方法，它可以使用户将已经画好的直线段、圆弧等图元延长一定的长度。

例如，在画中心线时，如果直接输入中心线的端点坐标值要通过转换计算，才能求出各端点的坐标值。有了延长捕捉，我们就可以先用中点捕捉画到轮廓线，然后再用延长捕捉将中心线延长 2~5mm，如图 3-35 所示。

图 3-35　延长捕捉例图

四、平行捕捉

平行捕捉是 AutoCAD 提供给用户的又一种避开坐标值输入，通过输入长度进行作图的方法，用户可以通过输入长度画一条与已经画出的直线平行的直线。

例如在画如图 3-36 所示的线段 CD 时，如果直接输入 C 点坐标值，要通过复杂的转换计算，才能求出 C 点的坐标值。有了平行捕捉，我们就可以直接输入长度画 CD 直线。

五、极角追踪

极角追踪是 AutoCAD 提供给用户的又一种避

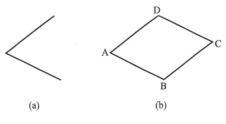

图 3-36　平行捕捉例图

开坐标值输入，通过输入长度进行作图的方法。

所谓极角追踪，是执行某一绘图命令需要输入一点值，调用极角追踪，AutoCAD 可以根据用户事先设置的角度间隔，将要输入的点定位在某一极角上，用户只需输入相对极半径就确定了点的位置。

1. 设置追踪角度间隔

① 执行菜单命令"工具/草图设置"，显示"草图设置"对话框，单击"极轴追踪"选项卡使其显示在最前面，如图 3-37 所示。

图 3-37 "草图设置"对话框

② 从"增量角"下拉列表中选择角度增量。角度增量可以选择也可以自己输入。

③ 单击确定完成设置。

2. 启动/关闭极角追踪

启动关闭极角追踪可以用如下三种方法。

① 单击屏幕下方状态栏上的极轴按钮，即启动了极轴追踪。再单击就关闭了极轴追踪，这是最常用的一种方法。

② 按 F10 键在启动与关闭之间切换。

③ 启动极轴追踪的另一种方法是在上述极轴追踪的选项卡中，单击"极轴追踪"选中此项。

第三节　图块及属性

块是由多个元素组成的一个整体的对象。在绘制图形过程中，使用块可以大量简化绘图中重复的工作，提高工作效率。

一、块的创建

在使用块之前必须先创建块。块的创建有两种方法，这两种方法创建块的区别主要在于用 BLOCK 创建块是保存在图形中，而用 WBLOCK 写块则是保存在硬盘中。也就是说，前者其他图形无法引用，而只能在创建图形中引用；后者则不然，既然存在硬盘中，则其他图形可以引用。

1. 用 BLOCK 创建块

【命令】 BLOCK

【快捷键】 B

【菜单】 绘图→块→创建

【工具栏】

块的创建首先要画出一个想创建的图形来，然后再执行块的命令，执行块命令后会弹出如图 3-38 所示的对话框。

图 3-38 "块定义"对话框

下面详细地介绍一下各项的含义。

（1）名称 和事物的称呼一样，就是给块先起一个名字，以便在以后使用的过程中能够识别出来。名称最多可以包含 255 个字符，包括字母、数字、空格，以及操作系统或程序未作他用的任何特殊字符。

块名称及块定义保存在当前图形中。

（2）基点 定义块的基点，默认值是（0，0，0）。该基点在插入块时作为插入的基准点。所以在选择时一定要注意，选择一个便于插入的点。按" 拾取点(K) "按钮，就可以拾取到基点的坐标了。

（3）对象 指定新块中要包含的对象，以及创建块之后如何处理这些对象，是保留还是删除选定的对象或者是将它们转换成块实例。

① 选择对象(T)：点击后返回绘图屏幕，要求用户选择屏幕上的图形作为块中包含的对象。

② ：点击后会弹出"快速选择"对话框。用户可以通过快速选择对话框来设定块中包含的对象。

③ 保留：保留未选择的对象不变，即不变成块。

④ 转换为块：在选择了组成块的对象后，将被选择的对象转换成块。该项为缺省设置。

⑤ 删除：在选择了组成块的对象后，将被选择的对象删除。但所作块依然存在。

（4）方式　指定块的行为。

① 注释性：指定块为注释性。单击信息图标以了解有关注释性对象的详细信息。

② 使块方向与布局匹配：指定在图纸空间视口中块参照的方向与布局的方向匹配。如果未选择"注释性"选项，则该选项不可用。

③ 按统一比例缩放：指定是否阻止块参照不按统一比例缩放。

④ 允许分解：指定块参照是否可以被分解。

（5）设置　指定块的设置。

① 块单位：指定块参照插入单位。

② 超链接：打开"插入超链接"对话框，可以使用该对话框将某个超链接与块定义相关联。

（6）说明　对创建的块进行简要的说明。

（7）在块编辑器中打开　单击"确定"后，在块编辑器中打开当前的块定义。

2. 用 WBLOCK 写块

【命令】　WBLOCK

【快捷键】　W

在执行写块的命令后，会弹出如图 3-39 所示的对话框。

图 3-39　"写块"对话框

下面详细地介绍一下各项的含义。

（1）源

① 块：选择该项后，点击右侧的下拉列表可以选择已经定义好的块来将其写入硬盘。

② 整个图形：无需选择对象，会将整个图形作为块的形式写入硬盘。

③ 对象：其含义同前所述。

（2）目标

① 文件名和路径：选择要将该图形保存在什么位置。缺省设置是在安装 AutoCAD 的目录下。最好是更改，以便以后再使用方便。

② "文件名"和"插入单位"同前。

【实例】

用上述两种方法创建一个如图 3-40 所示的 37 墙上的 1800 窗的块。

首先用 BLOCK 做块，具体操作步骤如下。

① 首先做出 1800 窗的图形，比例为 1∶1，便于以后插入时使用。

② 在命令提示行下输入"B"，回车。弹出如图 3-38 所示对话框。

③ 在名称中写入"371800"。

④ 点击"拾取点"，选择窗的坐下角点为基点。

⑤ 点击"选择对象"，框选作出的窗的图形。

⑥ 在"说明"中写入说明。

⑦ 点击"确定"按钮即可，结果如图 3-41 所示。

图 3-40　371800 窗块

图 3-41　"块定义"对话框

然后用 WBLOCK 做块，块具体操作步骤如下。

① 首先作出 1800 窗的图形，比例为 1∶1，便于以后插入时使用。

② 在命令提示行下输入"W"，回车。弹出如图 3-39 所示对话框。

③ 点击"拾取点"，选择窗的左下角点为基点。

④ 点击"选择对象"，框选作出的窗的图形。

⑤ 在"文件名和路径"处右侧下拉列表中选择一个要存储的位置，并输入文件

图 3-42 "写块"对话框

名 371800。

⑥ 点击"确定"按钮即可,结果如图 3-42 所示。

这样就做好了一个存储在硬盘上的窗的块。在以后作图过程中就会发现,在作图过程中使用存储在硬盘上的块是多么方便。建议将常用的块用 W 方式做块。接下来就看看如何将做出的块插入到一幅图形中。

二、块的插入与编辑

创建块的目的就是引用,下面就看看如何将已经做好的块用到图形中。

【命令】 INSERT

【快捷键】 I

【菜单】 插入→块

【工具栏】

执行块插入命令后,弹出如图 3-43 所示对话框。

图 3-43 "块插入"对话框

该对话框中各项含义如下。

① 名称:下拉列表,选择插入块名,或点击"浏览"在存储位置中选择已经存储的块名。最右边是块的预览。

② 在屏幕上指定:选择该项后,则在屏幕上指定一点作为插入点。

③ 比例：x、y、z 三个坐标方向可以单独指定比例，也可以指定为统一比例。

④ 旋转：可以在屏幕上指定，也可以直接输入角度。详细操作方法见下面的实例。

⑤ 分解：将块插入后分解为一般元素。

【实例】

将前面做好的 1800 的窗插入到如图 3-44 所示的窗洞中。

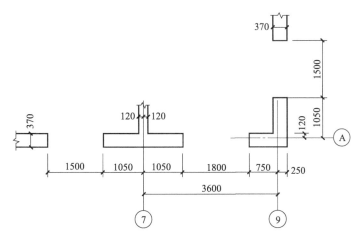

图 3-44　墙中开窗洞示意图

下面就插入 3 个不同的窗来完成本实例，具体操作步骤如下。

① 绘制出如图 3-44 所示的图形，墙为 37 墙。

② 在命令提示行中输入 "I"，回车，弹出如图 3-43 所示对话框。

③ 单击 "浏览"，在保存的路径下找到名称为 "371800" 的块。

④ 点击 "打开" 后返回。

⑤ 点击 "确定" 后，在 "1800" 的窗洞处点击左下角点，作为插入点（捕捉要打开），这样就插入了一个 1800 的窗，如图 3-45 所示。

图 3-45　插入一个 "1800" 的窗

接下来插入一个 "1500" 的窗。

① 回车重复插入命令。

② 在比例中 X 处输入 "15/18"，如图 3-46 所示，其他不更改。

③ 单击确定，然后返回到绘图界面，单击 1500 窗洞的左下角点插入窗。这时 X 方向比

图 3-46　更改图块 X 比例

图 3-47　插入 1500 窗图示

例就更改了，也就是变成了 1500 的窗了，结果如图 3-47 所示。

接下来插入一个竖向的 1500 的窗，完成本练习。

① 回车重复插入命令。

② 在"旋转"处输入"90"，表示插入的块绕插入点逆时针旋转 90°后插入，如图 3-48 所示。

图 3-48　输入角度

③ 单击"确定"，返回绘图状态，捕捉到 1500 竖向窗的右下角点，单击即可插入窗，结果如图 3-49 所示。

图 3-49　插入 1500 竖向窗示意图

这样，就完成了 3 个不同的窗的插入。

三、属性与块结合应用

1. 属性的定义

【命令】　ATTDEF

　　　　DDATTDEF

【菜单】　绘图→块→定义属性

执行该命令后弹出"属性定义"对话框，定义属性模式、属性标记、属性提示、属性值、插入点和属性的文字设置，如图 3-50 所示。

图 3-50　"属性定义"对话框

各项含义如下。

① 模式　通过复选框设定属性的模式。

不可见：正常显示下（attmode＝1），属性值不会显示出来，除非将 ATTDISP＝ON（attmode＝2）。

固定：属性值是一个常数，块插入时不要求输入，也不提供事后的属性值修改。

验证：当插入块时，为求慎重起见，还会再提示一次，验证属性值是否正确。

预设：当插入一个含有预置属性的块时，直接以原属性当初定义的默认值为属性值，不再要求输入，但可以用 ATTEDIT 进行修改。

锁定位置：锁定块参照中属性的位置。解锁后，属性可以相对于使用夹点编辑的块的其他部分移动，并且可以调整多行文字属性的大小。在动态块中，由于属性的位置包括在动作的选择集中，因此必须将其锁定。

多行：指定属性值可以包含多行文字。选定此选项后，可以指定属性的边界宽度。

② 属性　在这里设置属性。

标记：属性的标签，必须输入。小写字母会自动转换为大写字母。

提示：作为输入数据时的提示信息。

默认：指定默认属性值。

③ 插入点　设置属性的插入点。

在屏幕上指定：在屏幕上点取一点作为插入属性的基点位置的 x、y、z 坐标。

X、Y、Z 文本框：在这里可以直接输入其各项值来确定插入点。

④ 文字设置　设定属性文字的对正、文字样式、文字高度和旋转。

对正：在下拉菜单中选择一种对正类型。

文字样式：在已经建立的文字样式中选择一种文字样式。

注释性：指定属性为注释性。如果块是注释性的，则属性将与块的方向相匹配。单击信息图标以了解有关注释性对象的详细信息。

文字高度：既可以点取此按钮回到屏幕上点取两点来确定高度，也可以在文本框内输入高度。

旋转：指定文本的旋转角度。其输入方法同"高度"。

边界宽度：换行至下一行前，指定多行文字属性中一行文字的最大长度。值 0.000 表示对文字行的长度没有限制。此选项不适用于单行文字属性。

⑤ 在上一个属性定义下对齐　如果前面定义过属性，则可用。点取该项，将当前属性定义的点和文字样式继承上一个属性的性质，无需再定义。

【实例】

插入带有属性的定位轴线符号。

操作步骤如下。

① 绘制定位轴线符号：绘制一个直径为 800 的圆。

② 执行块属性命令：弹出"属性定义"对话框，输入如图 3-51 所示内容。

③ 确定插入点：点击"确定"按钮后，在屏幕上确定插入属性"A"的位置，如图3-52所示。

④ 以"WBLOCK"写块，将图形和它的属性标记建立外部块，如图 3-53 所示。

⑤ 单击"拾取点"前面的 按钮，确定插入点的位置，如图 3-54 所示。

图 3-51　"属性定义"对话框

【注意】

在选择基准点时，点取"拾取点"按钮后，为了插入块的方便，在拾取时有一点技巧。当定位轴线在左侧插入时，请在选择时选择右象限点；当定位轴线在右侧插入时，请在选择时选择左象限点；当定位轴线在上侧插入时，请在选择时选择下象限点；当定位轴线在下侧插入时，请在选择时选择上象限点。这里配合定位轴线使用，做出四个方位插入的块，使用起来非常方便。

图 3-52　定位轴线定义类别属性

⑥ 确定完插入点后，又返回到图 3-53 的写块对话框，点取"选取对象"前面的 ⊕ 按

图 3-53　将带有属性的定位轴线做成外部块

钮，系统回到屏幕图形状态，将图形和属性全部选中，如图 3-55 所示。此时系统又重新回到图 3-53 的写块对话框，点击 确定 按钮，即完成带属性的块的定义。

图 3-54 确定"象限点"为块的插入点

图 3-55 属性和图形一起选中

⑦ 插入定位轴线符号：点击下拉菜单"插入"-"块"，弹出如图 3-56 所示对话框。单击 浏览(B)... ，找到刚才定义的块，如图 3-57 所示。单击 打开(O) ，屏幕出现有已定义块名称和预览的"插入"对话框，如图 3-58 所示。

图 3-56 "插入"对话框

图 3-57 "选择图形文件"对话框

图 3-58　有定义块名称和预览的"插入"对话框

单击 确定 按钮，屏幕出现带有插入点的块，如图 3-59 所示。点击鼠标左键确定插入点后，命令栏中出现"输入属性值"提示，如图 3-60 所示，比如想将默认的"A"改为"C"，就用键盘输入"C"，屏幕上的块就变成如图 3-61 所示。

图 3-59　带有插入点的块

```
命令: _insert
指定插入点或 [基点(B)/比例(S)/X/Y/Z/旋转(R)]:
输入属性值
A <A>: C
```

图 3-60　命令栏"输入属性值"提示

图 3-61　改变属性的块

定义带有属性的块时一定要注意：先定义属性，然后再定义块！

2. 属性的编辑

【命令】 eattedit

弹出"增强属性编辑器"，如图 3-62 所示。

图 3-62　"增强属性编辑器"对话框

（1）"属性"选项卡　显示指定给每个属性的标记、提示和值，此对话框只能更改属性值。

① 列出：列出选定的块实例中的属性并显示每个属性的标记、提示和值。

② 值：为选定的属性指定新值。单行文字属性包括一个可插入字段的按钮。单击该按钮时，显示"字段"对话框。多行文字属性包含带有省略号的按钮。使用"文字格式"工具栏和标尺单击以打开"在位文字编辑器"。根据 ATTIPE 系统变量的设置，将显示缩略版或完整版的"文字格式"工具栏。要将一个字段用作该值，请单击鼠标右键，然后单击快捷菜单中的"插入字段"，将显示"字段"对话框。

（2）"文字选项"选项卡　用于定义图形中属性文字的显示方式如图 3-63 所示。

图 3-63　"文字选项"选项卡

① 文字样式：指定属性文字的文字样式。将文字样式的默认值指定给在此对话框中显示的文字特性。

② 对正：指定属性文字的对正方式（左对正、居中对正或右对正）。

③ 高度：指定属性文字的高度。

④ 旋转：指定属性文字的旋转角度。

⑤ 注释性：指定属性为注释性。单击信息图标以了解有关注释性对象的详细信息。

⑥ 反向：指定属性文字是否反向显示。对多行文字属性不可用。

⑦ 倒置：指定属性文字是否倒置显示。对多行文字属性不可用。

⑧ 宽度因子：设置属性文字的字符间距。输入小于 1.0 的值将压缩文字。输入大于 1.0 的值则扩大文字。

⑨ 倾斜角度：指定属性文字自其垂直轴线倾斜的角度。对多行文字属性不可用。

⑩ 边界宽度：换行至下一行前，指定多行文字属性中一行文字的最大长度。值 0.000 表示一行文字的长度没有限制。此选项不适用于单行文字属性。

（3）"特性"选项卡　定义属性所在的图层以及属性文字的线宽、线型和颜色。如果图形使用打印样式，可以使用"特性"选项卡为属性指定打印样式，如图 3-64 所示。

① 图层：指定属性所在图层。

② 线型：指定属性的线型。

③ 颜色：指定属性的颜色。

④ 线宽：指定属性的线宽。如果 LWDISPLAY 系统变量关闭，将不显示对此选项所做的更改。

图 3-64 "特性"选项卡

⑤ 打印样式：指定属性的打印样式。如果当前图形使用颜色相关打印样式，则"打印样式"列表不可用。

第四节　图案填充及编辑

在建筑结构图样中，通常需要用不同的填充图案在剖面图、断面图或某一区域上表示不同的内容。AutoCAD 提供了实现图案填充的方法和定义、编辑图案填充的方法。

一、图案填充

【命令】　BHATCH
【菜单】　绘图→图案填充
【工具栏】

执行 BHATCH 命令后，系统将弹出对话框，"图案填充"选项卡用来定义要应用的填充图案的外观。默认状态下此对话框是折叠的，点击右下角的 ⊙ 按钮，对话框全部展开，如图 3-65 所示。点击 ⊙，又会重新折叠。

1. 类型和图案

指定图案填充的类型、图案、颜色和背景色。

① 类型　即图案填充的类型。包含了"预定义"、"用户定义"和"自定义"三种。"预定义"指该图案已经定义好了，用户直接用即可，预定义图案存储在随程序提供的 acad.pat 或 acadiso.pat 文件中。"用户定义"指使用当前线型定义的图案。"自定义"指定义在其他 PAT 文件中的图案，如 ACAD.PAT。这些文件已添加到搜索路径中。

② 图案　在下拉列表框显示了目前图案的名称。显示选择的 ANSI、ISO 和其他行业标准填充图案。选择"实体"可创建实体填充。只有将"类型"设定为"预定义"，"图案"选项才可用。

图 3-65 "图案填充和渐变色"对话框——"图案填充"选项

点取图案右侧的按钮,系统将弹出"填充图案选项板"对话框,如图 3-66 所示。在该对话框中,可以预览所有预定义图案的图像。

图 3-66 "填充图案选项板"对话框

③ 颜色:使用填充图案和实体填充的指定颜色替代当前颜色。

④ 背景色:为新图案填充对象指定背景色。选择"无"可关闭背景色。

⑤ 样例:显示选定图案的预览图像。单击样例可显示"填充图案选项板"对话框。

⑥ 自定义图案:列出可用的自定义图案。最近使用的自定义图案将出现在列表顶部。只有将"类型"设定为"自定义","自定义图案"选项才可用。单击按钮,显示"填充图案选项板"对话框,在该对话框中可以预览所有自定义图案的图像。

2. 角度和比例

指定选定填充图案的角度和比例。

① 角度:设置填充图案的角度,相对当前 UCS 坐标系的 x 轴。

② 比例:放大或缩小预定义或自定义图案。只有将"类型"设定为"预定义"或"自定义",此选项才可用。

③ 双向:对于用户定义的图案,绘制与原始直线成 90°角的另一组直线,从而构成交叉

线。只有将"类型"设定为"用户定义"，此选项才可用。

④ 相对图纸空间：相对于图纸空间单位缩放填充图案。使用此选项可以按适合于命名布局的比例显示填充图案。该选项仅适用于命名布局。

⑤ 间距：指定用户定义图案中的直线间距。只有将"类型"设定为"用户定义"，此选项才可用。

⑥ ISO 笔宽：基于选定笔宽缩放 ISO 预定义图案。只有将"类型"设定为"预定义"，并将"图案"设定为一种可用的 ISO 图案，此选项才可用。

3. 图案填充原点

控制填充图案生成的起始位置。某些图案填充（例如砖块图案）需要与图案填充边界上的一点对齐。默认情况下，所有图案填充原点都对应于当前的 UCS 原点。

① 使用当前原点：使用存储在 HPORIGIN 系统变量中的图案填充原点。

② 指定的原点：使用以下选项指定新的图案填充原点。

单击以设置新原点：直接指定新的图案填充原点。

默认为边界范围：根据图案填充对象边界的矩形范围计算新原点。可以选择该范围的四个角点及其中心。

存储为默认原点：将新图案填充原点的值存储在 HPORIGIN 系统变量中。

4. "边界"面板

定义图案填充和填充的边界、图案、填充特性和其他参数。

① 拾取点：根据围绕指定点构成封闭区域的现有对象来确定边界，如图 3-67 所示。指定内部点时，可以随时在绘图区域中单击鼠标右键以显示包含多个选项的快捷菜单。

选定内部点   图案填充边界   结果

图 3-67 "拾取点"选择边界

② 选择对象：根据构成封闭区域的选定对象确定边界，如图 3-68 所示。使用"选择对象"选项时，HATCH 不自动检测内部对象。必须选择选定边界内的对象，以按照当前孤岛检测样式填充这些对象。

选定对象   图案填充边界   结果

图 3-68 "选择对象"选择边界

每次单击"选择对象"时，HATCH 将清除上一选择集，如图 3-69 所示。选择对象时，可以随时在绘图区域单击鼠标右键以显示快捷菜单。可以利用此快捷菜单放弃最后一个或所有选定对象、更改选择方式、更改孤岛检测样式或预览图案填充或填充。

选定对象　　　　　　　　选定文字　　　　　　　　结果

图 3-69　"清除上一选择集"选择边界

③ 删除边界：从边界定义中删除之前添加的任何对象。

④ 重新创建边界：围绕选定的图案填充或填充对象创建多段线或面域，并使其与图案填充对象相关联（可选）。

⑤ 查看选择集：在用户定义了边界后，可以通过该按钮来查看选择集。

5. 选项

控制几个常用的图案填充或填充选项。

① 注释性：指定图案填充为注释性。此特性会自动完成缩放注释过程，从而使注释能够以正确的大小在图纸上打印或显示。

② 关联：指定图案填充或填充为关联图案填充。关联的图案填充或填充在用户修改其边界对象时将会更新。

③ 创建独立的图案填充：控制当指定了几个单独的闭合边界时，是创建单个图案填充对象，还是创建多个图案填充对象。

④ 绘图次序：为图案填充或填充指定绘图次序。图案填充可以放在所有其他对象之后、所有其他对象之前、图案填充边界之后或图案填充边界之前。

⑤ 图层：指定将图案填充对象添加到的图层。

⑥ 透明度：设定新图案填充对象的透明度级别，替代默认对象透明度。

⑦ 滑块："图案填充类型"设定为"渐变色"时，此选项指定将某种颜色的明色（选定颜色与白色混合）用于一种颜色的渐变填充。

6. 继承特性

使用选定图案填充对象的图案填充或填充特性对指定的边界进行图案填充或填充。

7. 孤岛

位于图案填充边界内的封闭区域称为孤岛。

① 普通孤岛检测：从外部边界向内填充。如果遇到内部孤岛，填充将关闭，直到遇到孤岛中的另一个孤岛。

② 外部孤岛检测：从外部边界向内填充。此选项仅填充指定的区域，不会影响内部孤岛。

③ 忽略孤岛检测：忽略所有内部的对象，填充图案时将通过这些对象。

④ 无孤岛检测：关闭孤岛检测。

8. 边界保留

有选与不选两个选项。

① 不保留边界：不创建封闭图案填充对象的独立对象。此选项仅在图案填充创建期间可用。

② 保留边界——多段线：创建封闭图案填充对象的多段线。此选项仅在图案填充创建期间可用。

保留边界——面域：创建封闭图案填充对象的面域对象。此选项仅在图案填充创建期间可用。

9. 边界集

指定对象的有限集称为边界集，以便通过创建图案填充时的拾取点进行计算。

① 使用当前视口：从当前视口范围内的所有对象定义边界集。此选项仅在图案填充创建期间可用。

② 使用边界集：从使用"定义边界集"选定的对象定义边界集。此选项仅在图案填充创建期间可用。

10. 允许的间隙

设定将对象用作图案填充边界时可以忽略的最大间隙。默认值为 0，此值指定对象必须是封闭区域而没有间隙。移动切片或按图形单位输入一个值（0～5000），以设定将对象用作图案填充边界时可以忽略的最大间隙。任何小于等于指定值的间隙都将被忽略，并将边界视为封闭。

11. 继承选项

有两个项目。

① 使用当前原点：使用选定图案填充对象（除图案填充原点外）设定图案填充的特性。

② 用源图案填充原点：使用选定图案填充对象（包括图案填充原点）设定图案填充的特性。

二、渐变色填充

【命令】 GRADIENT

【菜单】 绘图→渐变色

【工具栏】

执行 GRADIENT 命令后，系统将弹出对话框。"渐变色"选项卡用来定义要应用的渐变填充的外观。默认状态下此对话框也是折叠的，点击右下角的 ⊙ 按钮，对话框全部展开，如图 3-70 所示。点击 ⊙，又会重新折叠。

1. 颜色

指定是使用单色还是使用双色混合色填充图案填充边界。

① 单色：指定填充是使用一种颜色与指定染色（颜色与白色混合）间的平滑转场还是使用一种颜色与指定着色（颜色与黑色混合）间的平滑转场。

② 双色：指定在两种颜色之间平滑过渡的双色渐变填充。

③ 颜色样例：指定渐变填充的颜色（可以是一种颜色，也可以是两种颜色）。单击"浏览"按钮［…］以显示"选择颜色"对话框，从中可以选择 AutoCAD 颜色索引（ACI）颜色、真彩色或配色系统颜色。

图 3-70 "图案填充和渐变色"对话框——"渐变色"选项

2. 方向

指定渐变色的角度以及其是否对称。

① 居中：指定对称渐变色配置。如果没有选定此选项，渐变填充将朝左上方变化，创建光源在对象左边的图案。

② 角度：指定渐变填充的角度，相对当前 UCS 指定角度。此选项与指定给图案填充的角度互不影响。

【实例】

将图 3-71（a）所示图形填充上图案名为 HONEY 的图案，结果如图 3-71（b）所示。

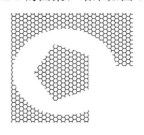

图 3-71 图案填充示例

操作过程如下。

命令：_bhatch

在弹出的边界图案填充对话框中点击样例按钮，在"其他预定义"选项卡中选择名为 HONEY 的图案，如图 3-72 所示。

点击拾取点按钮，在屏幕上五边形内任意点击一点，返回对话框，确定后完成填充。重复此操作，在椭圆和矩形之间任意点击一点，确定后即得如图 3-71（b）所示图形。

图 3-72　选择 HONEY

【技巧】

① 填充图案时应该整体，如果用分解命令将其分解，将会增加图形文件的字节数，因此最好不要分解填充图样。

② 填充图案时，图形的边界必须是封闭的，因此填充前最好用 BOUNDARY 命令生成填充边界。

③ 有时因为填充的区域比较大，系统计算时非常慢且容易出错。对于大面积图案填充时，可先用直线将其划分为几个小块，然后逐一填充。

三、图案填充编辑

【命令】　HATCHEDIT

【菜单】　修改→对象→图案填充

【工具栏】

执行 HATCHEDIT 命令后会要求选择要编辑修改的填充图案，选择完毕后会弹出"图案填充编辑"对话框，如图 3-73 所示。

与"图案填充和渐变色"对话框基本相同，只是其中有一些选项按钮被禁止使用，其他项目均可以更改设置，结果反映在选择的填充图案上。

对关联和不关联的图案的编辑，其中的一些参数如图案类型、比例、角度等的修改基本一致，如果修改影响到边界，其结果不相同。

图 3-73　"图案填充编辑"对话框

图 3-74 表示了用夹点编辑具有关联性的图案填充。操作过程是用夹点把圆的半径放大。

图 3-74　利用夹点编辑具有关联性的图案填充

第四章　基本编辑知识

在绘制道桥工程图时，编辑图形是不可或缺的过程。本章要学习的编辑命令，不仅有较高的智能性，还具有较高的绘图效率。通过编辑功能中的复制、偏移、阵列、镜像等命令可以快速完成相同或相近的图形。配合适当的技巧，可以进一步体会到计算机绘图的优势，快速完成图形绘制。

第一节　构建对象选择集

在进行每一次编辑操作时，都需要选择被操作的对象，也就是要明确对哪个或哪些对象进行编辑，这时需要构建选择集。使用 AutoCAD 的编辑命令时，首先要选择命令，然后再选择单个或多个想编辑的对象或实体（也可以先选择对象或实体，再使用相应的命令），这样才能完成对所选对象或实体的编辑。

一、逐个地选择对象

在选择对象时，矩形拾取框光标放在要选择对象的位置时，选取的对象会以亮度方式显示，单击即可选择对象，如图 4-1 所示。

拾取框的大小由"选项"对话框"选择集"选项卡控制。用户可以选择一个对象，也可以逐个选择多个对象。

图 4-1　点选方式

选择彼此接近或重叠的对象通常是很困难的，如图 4-2 所示的样例显示了拾取框中的两条直线和一个圆。

第一个选定的对象　　　　　第二个选定的对象　　　　　第三个选定的对象

图 4-2　选择彼此接近的对象

如果打开选择集预览，通过将对象滚动到顶端使其亮显，然后按住 Shift 键并连续按空格键，可以在这些对象之间循环。所需对象亮显后，单击鼠标左键以选择该对象。

如果关闭选择集预览，按住 Shift＋空格键并单击以逐个在这些对象之间循环，直到选定所需对象。按 Esc 键关闭循环，按住 Shift 键并再次选择对象，可以将其从当前选择集中删除。

二、窗口方式

在指定两个角点的矩形范围内选取对象，如图 4-3 所示。指定对角点来定义矩形区域，区域背景的颜色将更改，变成透明的。从第一点向对角点拖动光标将确定选择的对象。

（1）窗口选择　从左向右拖动光标，以仅选择完全位于矩形区域中的对象，如图 4-3（a）所示。

（2）窗交选择　从右向左拖动光标，以选择矩形窗口包围的或相交的对象，如图 4-3（b）所示。

图 4-3　窗口方式

使用"窗口选择"选择对象时，通常整个对象都要包含在矩形选择区域中。然而，如果含有非连续（虚线）线型的对象在视口中仅部分可见，并且此线型的所有可见矢量封闭在选择窗口内，则选定整个对象。

三、编组方式

利用此功能可事先将若干对象编成组，这样可以在绘制同一图形的任意时刻编辑该组对象，并且编组将随图形一起保存。在图形作为块或外部参考而插入到其他图形中后，编组仍然有效，但要使用该编组对象，必须将插入的图形分解。

【实例】

将图 4-4（a）中的两个矩形编成"组一"，将圆和椭圆编成"组二"，然后删除两个矩形的编组。

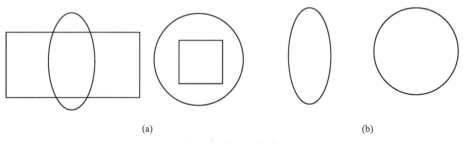

图 4-4　编组及操作

操作步骤如下。

命令:g   弹出对象编组对话框,在编组名后输入"组一",点取新建

选择要编组的对象：   返回编辑屏幕,选取要编组的对象

选择对象：   点取矩形 A

选择对象：   点取矩形 B

选择对象：   回车,返回对象编组对话框,再次重复编组"组二"

选择要编组的对象：   返回编辑屏幕,选取要编组的对象

选择对象：   点取圆 A

选择对象：   点取圆 B

选择对象：   回车,返回对象编组对话框,按回车退出编组对话框

命令：e

选择对象：g

输入编组名：   输入"组一"

选择对象：   回车结束命令

结果如图 4-4（b）所示。

另外，如果在"选择对象"提示下，直接选择某一组中的一个对象，该组中的全部对象则被选中，此时的编组为打开。若想关闭编组，可用"Ctrl＋A"切换。

四、圈围方式

即不规则窗口方式。指定点来定义不规则形状区域，使用窗口多边形选择来选择完全封闭在选择区域中的对象。在"选择对象"提示下键入 wp 后回车，可构造任意不规则多边形，该多边形可以为任意形状，但不能与自身相交或相切，多边形在任何时候都是闭合的。包含在内的对象均被选中，如图 4-5 所示。

结果

图 4-5   不规则窗口方式选择对象

五、圈交方式

即不规则交叉窗口方式使用交叉多边形选择可以选择完全包含于或经过选择区域的对象。在"选择对象"提示下键入 cp 后回车，可构造任意不规则多边形，在此多边形内的对象以及与它相交的对象均被选中，如图 4-6 所示。

六、全选方式

在"选择对象"提示下键入 ALL 后回车，选择模型空间或当前布局中除冻结图层或锁定图层上的对象之外的所有对象。

图 4-6　不规则交叉窗口方式选择对象

七、前一方式

在"选择对象"提示下键入 P 后回车，则将执行当前编辑命令以前最近一次创建的可见对象。对象必须在当前空间（模型空间或图纸空间）中，并且一定不要将对象的图层设定为冻结或关闭状态。

八、最后方式

在"选择对象"提示下键入 L 后回车，选中图形窗口内最后一个创建的对象。

九、栏选方式

也叫围线方式，在"选择对象"提示下键入 F 后回车，可构造一个开放的多点围线，与围线相交的对象均被选择，如图 4-7 所示。栏选方法与圈交方法相似，只是栏选不闭合，并且栏选可以自交。

图 4-7　围线方式选择对象

十、删（扣）除方式

在"选择对象"提示下键入 R 后回车，可以点击一个对象让它退出选择集。删除模式的替换模式是在选择单个对象时按下 Shift 键，或者是使用"自动"选项。

十一、添加方式

又称返回到加入方式，在扣除模式下，即"删除对象"提示下键入 A，回车，Auto-CAD 会提示"选择对象"，这时返回到加入模式。

十二、交替选择对象

如果有两个以上的对象相互重叠在某一个位置，或相互位置非常接近，此时不想全部选择，则可以配合<Ctrl>键来进行选择。

AutoCAD 支持循环选择对象。在选择对象之前，按住<Ctrl>键，再点取需要选择的对象，被选择的对象将被高亮显示。如果显示的不是需要的对象，则可以继续点取，同一位置的其他对象将被依次选中。当选中希望的对象时，松开<Ctrl>键并回车确认即可。

十三、快速选择对象

选择"工具→快速选择"选项，或在命令行中输入 qselect 命令，或单击鼠标右键，在弹出的菜单中选择快速选择选项。系统都会弹出"快速选择"对话框，如图 4-8 所示。

图 4-8　"快速选择"对话框

对话框中各项含义如下。

① 应用到：可以设置本次操作的对象是整个图形或当前选择集。

② 对象类型：指定对象的类型，调整选择的范围。

③ 特性：选择对象的属性，如图层、颜色、线性等。

④ 运算符：选择运算格式。

⑤ 值：设置和特性相匹配的值。可以在特性、运算符和值中设定多个表达式，各条件之间是逻辑"与"的关系。

⑥ 如何应用：

包括在新选择集中——按设定的条件创建新的选择集。

排除在新选择集之外——符合设定条件的对象被排除在选择集之外。

⑦ 附加到当前选择集：如果选中该复选框，表示符合条件的对象被增加到当前选择集中，否则，符合条件的选择集将取代当前的选择集。

十四、子对象

用户可以逐个选择原始形状，这些形状是复合实体的一部分或三维实体上的顶点、边和面。可以选择这些子对象的其中之一，也可以创建多个子对象的选择集。选择集可以包含多种类型的子对象，如图 4-9 所示。

按住 Ctrl 键操作与选择 SELECT 命令的"子对象"选项相同。

图 4-9　子对象

第二节　夹点编辑

夹点又称穴点、关键点，是指图形对象上可以控制对象位置、大小的关键点。比如直线，中点可以控制其位置，两个端点可以控制其长度和位置，所以一条直线有三个夹点。

当在命令提示状态下选择了图形对象时，会在图形对象上显示出蓝色小方框表示的夹点。

部分常见对象的夹点模式如图 4-10 所示。

图 4-10　部分常见对象的夹点模式

在选取图形对象后，选中一个或多个夹点，再单击鼠标右键，系统会弹出屏幕夹点编辑快捷菜单。在菜单中列出了一系列可以进行的编辑项目，用户可以选取相应的菜单命令进行编辑。

一、利用夹点拉伸对象

利用夹点拉伸对象，选中对象的两侧夹点，该夹点和光标一起移动，在目标位置按下鼠标左键，则选取的夹点将会移动到新的位置，如图 4-11 所示。

图 4-11　常见对象的夹点拉伸

二、利用夹点移动对象

利用夹点移动对象，可以选中目标后，单击鼠标右键，在随位菜单中选择"移动"操作。也可以选中某个夹点进行移动，则所选对象随之一起移动，在目标点按下鼠标左键即可，所选对象就移动到新的位置，如图 4-12 所示。

图 4-12　常见对象的夹点移动

三、利用夹点旋转对象

利用夹点可将选定的对象进行旋转。

首先选择对象，出现该对象的夹点，再选择一基点，键入 ROTATE（RO）（单击鼠标右键弹出快捷菜单，从中选择旋转）。

【实例】

利用夹点将如图 4-13（a）所示图形逆时针旋转 30°变成如图 4-13（b）所示。

(a)　　　　　　　　　　　(b)　　　　　　　　　　　(c)

图 4-13　夹点旋转

图 4-14 随位菜单

操作过程如下。

命令： 选定对象 *如图 4-13(c)所示*

将十字光标放到任意夹点上（例如中心夹点），单击鼠标右键，弹出如图 4-14 所示的随位菜单，点击"旋转"，命令行出现如下提示：

命令：_rotate

UCS 当前的正角方向： ANGDIR＝逆时针 ANGBASE＝0

找到 3 个

指定基点： *指定图形旋转的基点(a 中的左下角点)*

指定旋转角度，或［复制(C)/参照(R)］＜0＞:30 *输入旋转角度 30，回车*

命令：

屏幕出现如图 4-13（b）所示图形。

四、利用夹点复制对象

利用夹点可将选定的对象多重复制。

首先选择对象，出现该对象的夹点，再选择一个基点，键入 COPY（CO）（单击鼠标右键弹出快捷菜单，从中选择复制选择）。

【实例】

利用夹点将如图 4-15（a）所示图形再复制三个变成 4-15（b）所示。

(a)　　　　　　　　(b)　　　　　　　　(c)

图 4-15 夹点复制

操作过程如下。

命令:选定对象 *如图 4-15(c)所示*

将十字光标放到任意夹点上(例如中心夹点)，单击鼠标右键,弹出在如图 4-14 所示的随位菜单,点击"复制选择",命令行出现如下提示：

命令:_copy 找到 8 个

当前设置： 复制模式 ＝ 多个

指定基点或［位移(D)/模式(O)］＜位移＞: *指定复制图形的基点(此例为左下角点)*

指定第二个点或［阵列(A)］＜使用第一个点作为位移＞: *原有的为第一复制对象*

指定第二个点或［阵列(A)/退出(E)/放弃(U)］＜退出＞: *点击第二复制对象的基点*

指定第二个点或［阵列(A)/退出(E)/放弃(U)］＜退出＞: *点击第三复制对象的基点*

指定第二个点或 [阵列(A)/退出(E)/放弃(U)] ＜退出＞：　　*点击第四复制对象的基点*
回车
命令：
屏幕出现如图 4-15 (b) 所示图形。

五、利用夹点删除对象

选中对象后，按"delete"键就可。

六、利用夹点的其他操作

选择对象，出现该对象的夹点后，单击鼠标右键弹出快捷菜单，点击"最近的输入"，子菜单列出最近使用过的命令，可以从中选择所要的操作，如图 4-16 所示。

图 4-16　夹点的左后操作菜单

第三节　基本编辑命令与技巧

理论上来说，掌握基本的绘图命令之后，就可以进行二维绘图了。事实上，如果要达到快速精确制图，还必须熟练地掌握基本的编辑命令，因为在二维绘图工作中，大量的工作需要编辑命令来完成。夹点编辑固然简洁，但它的功能不够强大，要完成复杂的编辑任务，基本的编辑命令是不可或缺的。

一、删除对象

删除命令用来将图形中不需要的对象彻底清除干净。

【命令】 ERASE（E）

【菜单】 修改→删除

【工具栏】

【命令及提示】

命令：_erase

选择对象：

【参数说明】

选择对象：选择要删除的对象，可以采用任意的对象选择方式进行选择。

【技巧】

① 如果先选择了对象，在显示了夹点后，可通过 Del 键删除对象。

② 如果先选择了对象，在显示夹点后，可通过"剪切"命令删除对象。

【实例】

删除如图 4-17 所示对象，（a）用删除命令，（b）用直接删除，（c）用剪切命令。

(a)   (b)   (c)

图 4-17　删除对象

操作过程如下。

命令：_erase

选择对象：找到 1 个　　　点击(a)中直线对象

选择对象：　　回车结束对象选择

命令：　　点击对象(b)中圆对象

命令：_. erase 找到 1 个　　　单击 Del 键

命令：　　单击对象(c)中圆弧对象

命令：　　按 Ctrl + X

命令：_cutclip 找到 1 个

二、复制对象

对图形中相同的或相近的对象，不管其复杂程度如何，只要完成一个后，便可以通过复制命令产生若干个与之相同的图形。复制可以减少大量的重复性劳动。

【命令】 COPY（CO）

【菜单】 修改→复制对象

【工具栏】

复制
将对象复制到指定方向上的指定距离处

COPY
按 F1 键获得更多帮助

【命令及提示】

命令：_copy

选择对象：

选择对象：

当前设置： 复制模式 = 多个

指定基点或 [位移(D) /模式(O)] ＜位移＞：

【参数说明】

① 选择对象：选择欲复制的对象。

② 当前设置：复制模式为多个复制。

③ 位移（D）：原对象与目标对象之间的距离。

③ 模式（O）：分为一次复制一个和一次复制多个两种模式，默认为一次复制多个模式。

【技巧】

① 在确定位移时应充分利用诸如对象捕捉、栅格、捕捉和对象捕捉追踪等辅助工具来精确制图。

② 应灵活运用各种对象选择方法来选择要复制的对象。

【实例】

利用多重复制命令复制三个梁断面，如图 4-18 所示。

(a)   (b)

图 4-18　复制对象

操作过程如下。

命令：_copy

选择对象：指定对角点：找到 3 个　　　选中(a)中断面,作为要复制的对象

选择对象：　　*回车,结束选择对象*

当前设置：　复制模式＝多个

指定基点或 [位移(D) /模式(O)] ＜位移＞：　　*指定一个特征点,作为下次的插入点*

指定第二个点或 [阵列(A)] ＜使用第一个点作为位移＞：　　*指定第一个复制的位置点*

指定第二个点或 [阵列(A) /退出(E) /放弃(U)] ＜退出＞：　　*指定第二个复制的位置点*

指定第二个点或 [阵列(A) /退出(E) /放弃(U)] ＜退出＞：　　*指定第三个复制的位置点*

指定第二个点或 [阵列(A) /退出(E) /放弃(U)] ＜退出＞：　　*回车结束复制命令*

命令：

三、镜像

对于对称的图形，可以只绘制一半甚至四分之一，然后通过采用镜像命令产生对称的部分。

【命令】　MIRROR（MI）

【菜单】　修改→镜像

【工具栏】

复制

将对象复制到指定方向上的指定距离处

MIRROR

按 F1 键获得更多帮助

【命令及提示】

命令：MIRROR

选择对象：

选择对象：

指定镜像线的第一点：

指定镜像线的第二点：

是否删除源对象？ [是(Y) /否(N)] ＜N＞：

【参数说明】

① 选择对象：选择欲镜像的对象。

② 指定镜像线的第一点：确定镜像轴线的第一点。

③ 指定镜像线的第二点：确定镜像轴线的第二点。

④ 是否删除源对象？ [是 (Y)/否 (N)] ＜N＞：Y 是删除原对象，N 是保留原对象。

【技巧】

① 对于文字的镜像，可通过 MIRRTEXT 变量控制是否使文字改变方向。如果 MIRRTEXT 变量值等于 0，则文字方向不变；如果 MIRRTEXT 变量值等于 1（默认值），则镜像后文字方向改变。

② 该命令一般用于对称图形，可以只绘制其中的一半甚至是四分之一，然后采用镜像命令来产生其它对称的部分。

【实例】

如图 4-19 所示：生成一个四分之一圆弧，如图 4-19（a）所示，通过镜像命令生成一个完整的圆，如图 4-19（b）所示。

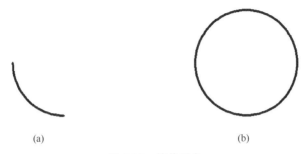

(a)　　　　　　　　　　　　　　　　　(b)

图 4-19　镜像对象

操作过程如下。

命令：_mirror

选择对象：找到 1 个　　　*点取圆弧*

选择对象：　指定镜像线的第一点：指定镜像线的第二点：　　*指定镜像线,点取圆弧的一个端点和圆心*

是否删除源对象？［是(Y) /否(N)］＜N＞：　　*使用默认值,不删除原对象*

命令：　MIRROR　　*重复镜像命令*

选择对象：指定对角点：找到 2 个,总计 2 个　　*用窗口方式选中两段圆弧*

选择对象：　指定镜像线的第一点：指定镜像线的第二点：　　*点取直径的两个端点*

是否删除源对象？［是(Y) /否(N)］＜N＞：　　*使用默认值,不删除原对象*

四、偏移

单一对象可以将其偏移，从而产生复制的对象，可以用来创建同心圆、平行线和平行曲线。偏移时根据偏移距离会重新计算其大小。

【命令】 OFFSET（O）

【菜单】 修改→偏移

【工具栏】

> **偏移**
> 创建同心圆、平行线和等距曲线
>
> OFFSET
> 按 F1 键获得更多帮助

【命令及提示】

命令：_offset

当前设置：删除源＝否　图层＝源　OFFSETGAPTYPE＝0

指定偏移距离或［通过(T) /删除(E) /图层(L)］＜通过＞：

选择要偏移的对象,或［退出(E) /放弃(U)］＜退出＞：

指定要偏移的那一侧上的点,或［退出(E) /多个(M) /放弃(U)］＜退出＞：

【参数说明】

① 指定偏移距离：在距现有对象指定的距离处创建对象，输入偏移距离，该距离可以通过键盘键入，也可以通过点取两个点来定义，如图 4-20 所示。

图 4-20　指定偏移距离偏移对象

② 通过（T）：创建通过指定点的对象，如图 4-21 所示。

图 4-21　通过指定点偏移对象

③ 删除（E）：偏移源对象后将其删除。

④ 图层（L）：确定将偏移对象创建在当前图层上还是源对象所在的图层上。

⑤ 选择要偏移的对象：选择将要偏移的对象。

⑥ 退出（E）：回车则退出偏移命令。

⑦ 放弃（U）：输入"U"，重新选择将要偏移的对象。

⑧ 指定要偏移的那一侧上的点：指定点来确定往哪个方向偏移。

⑨ 退出（E）：退出 OFFSET 命令。

⑩ 多个（M）：输入"多个"偏移模式，将使用当前偏移距离重复进行偏移操作。

⑪ 放弃（U）：恢复前一个偏移。

【技巧】

① 在画相互平行的直线时，只要知道之间的距离，就可以通过偏移命令快速实现。

② 偏移命令一次只能对一个对象进行偏移，但可以偏移多次。

【实例】

将样条曲线、矩形、圆和直线，如图 4-22（a）所示，分别向左、向内和向上偏移 20，再向右、向外或向下偏移 40，如图 4-22（b）所示。

操作过程如下。

命令：_offset

当前设置：删除源＝否　图层＝源　OFFSETGAPTYPE＝0

指定偏移距离或［通过(T)/删除(E)/图层(L)］<5.0000>：20 回车　　*输入 20,作为偏移的距离*

选择要偏移的对象,或［退出(E)/放弃(U)］<退出>：　*选择样条曲线*

指定要偏移的那一侧上的点,或［退出(E)/多个(M)/放弃(U)］<退出>：　*单击样条曲线左边任一点*

选择要偏移的对象,或［退出(E)/放弃(U)］<退出>：　*选择矩形*

指定要偏移的那一侧上的点,或［退出(E)/多个(M)/放弃(U)］<退出>：　*单击矩形内任*

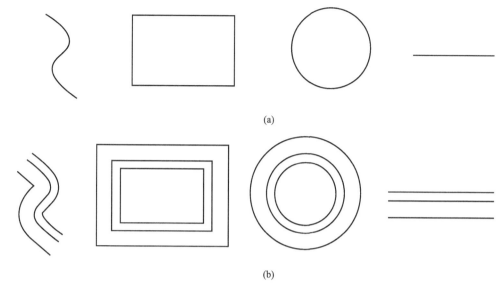

(a)

(b)

图 4-22　偏移样条曲线、矩形、圆和直线

一点

　　选择要偏移的对象,或［退出(E)/放弃(U)］＜退出＞：　选择圆

　　指定要偏移的那一侧上的点,或［退出(E)/多个(M)/放弃(U)］＜退出＞：　单击圆内任

一点

　　选择要偏移的对象,或［退出(E)/放弃(U)］＜退出＞：　选择直线

　　指定要偏移的那一侧上的点,或［退出(E)/多个(M)/放弃(U)］＜退出＞：　单击直线上方

任一点

　　选择要偏移的对象,或［退出(E)/放弃(U)］＜退出＞：　回车　　回车结束偏移命令

　　命令：　OFFSET　回车　　再次回车调入偏移命令

　　当前设置：删除源＝否　图层＝源　OFFSETGAPTYPE＝0

　　指定偏移距离或［通过(T)/删除(E)/图层(L)］＜20.0000＞：40 回车　　输入 40,作为偏移

的距离

　　选择要偏移的对象,或［退出(E)/放弃(U)］＜退出＞：　选择样条曲线

　　指定要偏移的那一侧上的点,或［退出(E)/多个(M)/放弃(U)］＜退出＞：　单击样条曲线

右边任一点

　　选择要偏移的对象,或［退出(E)/放弃(U)］＜退出＞：　选择矩形

　　指定要偏移的那一侧上的点,或［退出(E)/多个(M)/放弃(U)］＜退出＞：　单击矩形外任

一点

　　选择要偏移的对象,或［退出(E)/放弃(U)］＜退出＞：　选择圆

　　指定要偏移的那一侧上的点,或［退出(E)/多个(M)/放弃(U)］＜退出＞：　单击圆外任

一点

　　选择要偏移的对象,或［退出(E)/放弃(U)］＜退出＞：　选择直线

　　指定要偏移的那一侧上的点,或［退出(E)/多个(M)/放弃(U)］＜退出＞：　单击直线下方

任一点

　　选择要偏移的对象,或［退出(E)/放弃(U)］＜退出＞:回车　　回车结束偏移命令

　　命令：

五、阵列

可以在均匀隔开的矩形、环形或路径阵列中多重复制对象。可用于二维或三维图案中。

【命令】 ARRAY（AR）

【菜单】 修改→阵列

1. 矩形阵列

矩形阵列是指将对象按行和列的方式进行排列，如图 4-23 所示。

【工具栏】

图 4-23　矩形阵列

【菜单】 修改→阵列→矩形阵列

创建矩形阵列的步骤如下。

① 命令：_ arrayrect

② 选择要排列的对象，并按 Enter 键。

③ 指定栅格的对角点以设置行数和列数，在定义阵列时会显示预览栅格。

④ 指定栅格的对角点以设置行间距和列间距。

⑤ 按 Enter 键。

【命令及提示】

命令：_arrayrect

选择对象：

选择对象：

类型＝矩形　关联＝是

为项目数指定对角点或［基点(B) /角度(A) /计数(C)］＜计数＞：

输入行数或［表达式(E)］＜4＞：

输入列数或［表达式(E)］＜4＞：

指定对角点以间隔项目或［间距(S)］＜间距＞：

指定行之间的距离或［表达式(E)］＜93.4002＞：

指定列之间的距离或［表达式(E)］＜125.141＞:

按 Enter 键接受或［关联(AS)/基点(B)/行(R)/列(C)/层(L)/退出(X)］＜退出＞:

【参数说明】

① 选择对象：使用对象选择方法选择欲阵列的对象，选择完成后回车结束。

② 项目：指定阵列中的项目数。

③ 计数（C）：分别指定行和列的值。

④ 基点（B）：指定阵列的基点。

⑤ 角度（A）：指定行轴的旋转角度，行和列轴保持相互正交。

⑥ 行数：编辑阵列中的行数和行间距，以及它们之间的增量标高。

⑦ 列数：编辑阵列中的列数和列间距。

⑧ 表达式（E）：使用数学公式或方程式获取的值。

⑨ 关联（AS）：指定是否在阵列中创建项目作为关联阵列对象，或作为独立对象。

⑩ 层（L）：指定层数和层间距。

⑪ 退出（X）：退出命令。

【技巧】

对于特殊的阵列可以通过旋转坐标系来得到，下面的实例即是通过旋转坐标来得到楼梯的剖面图。

2. 环形阵列

围绕中心点或旋转轴在环形阵列中均匀分布复制的对象，如图 4-24 所示。

图 4-24   环形阵列

【菜单】 修改→阵列→环形阵列

创建环形阵列的步骤如下。

① 命令：_ arraypolar

② 选择要排列的对象。

③ 执行以下操作之一：

a. 指定中心点。

b. 指定基点。

c. 输入 a（旋转轴）并指定两个点来定义自定义旋转轴。在定义阵列时显示预览。

④ 指定项目数。

⑤ 指定要填充的角度。

⑥ 按 Enter 键。

也可以通过定义项目间的角度创建阵列。

【命令及提示】

命令：_arraypolar

选择对象：

选择对象：

类型＝极轴   关联＝是

指定阵列的中心点或［基点(B)/旋转轴(A)］:

输入项目数或［项目间角度(A)/表达式(E)］＜3＞:

指定填充角度(+ ＝逆时针、 − ＝顺时针)或［表达式(EX)］＜360＞:

按 Enter 键接受或［关联(AS)/基点(B)/项目(I)/项目间角度(A)/填充角度(F)/行(ROW)/层(L)/旋转项目(ROT)/退出(X)］

＜退出＞：

【参数说明】

① 选择对象：拾取欲阵列的对象。

② 中心点：指定分布阵列项目所围绕的点，旋转轴是当前 UCS 的 z 轴。一般采用系统默认值。

③ 基点（B）：指定阵列的基点。

④ 旋转轴（A）：指定由两个指定点定义的自定义旋转轴。

⑤ 项目：指定阵列中的项目数。

⑥ 项目间角度（A）：指定项目之间的角度。

⑦ 表达式（E）：使用数学公式或方程式获取的值。

⑧ 填充角度：指定阵列中第一个和最后一个项目之间的角度，正值为逆时针阵列，负值为顺时针阵列，可在屏幕上拾取。

⑨ 关联（AS）：指定是否在阵列中创建项目作为关联阵列对象，或作为独立对象。

⑩ 行（ROW）：编辑阵列中的行数和行间距，以及它们之间的增量标高。

⑪ 层（L）：指定阵列中的层数和层间距。

⑫ 旋转项目（ROT）：控制在排列项目时是否旋转项目。

⑬ 退出（X）： 退出命令。

3. 路径阵列

沿路径或部分路径均匀分布复制对象，路径可以是直线、多段线、三维多段线、样条曲线、螺旋、圆弧、圆或椭圆，如图 4-25 所示。

【菜单】 修改→阵列→路径阵列

创建路径阵列的步骤如下。

① 命令：_ arraypath

图 4-25　路径阵列

② 选择要排列的对象，并按 Enter 键。

③ 选择路径曲线：在定义阵列时显示预览。

④（可选）输入 O（方向），然后指定基点，或按 Enter 键将选定路径的端点用作基点。然后指定以下方法之一：

a. 与路径起始方向一致的方向。

b. 普通：对象对齐垂直于路径的起始方向。

⑤ 执行以下操作之一：

a. 指定项目的间距。

b. 输入 d（分割），以沿整个路径长度均匀地分布项目。

c. 输入 t（全部），并指定第一个和最后一个项目之间的总距离。

d. 输入 e（表达式），并定义表达式。

⑥ 按 Enter 键。

六、移动

移动命令可以将一组或一个对象从一个位置移动到另一个位置。

【命令】 MOVE（M）

【菜单】 修改→移动

【工具栏】

移动
将对象在指定方向上移动指定距离

■MOVE
按 F1 键获得更多帮助

【命令及提示】

命令：_move

选择对象：

选择对象：

指定基点或[位移(D)]<位移>：

指定第二个点或 <使用第一个点作为位移>：

【参数说明】

① 选择对象：选择欲移动的对象。

② 指定基点或［位移（D)]<位移>：指定移动的基点或直接输入位移。

指定第二个点或 <使用第一个点作为位移>：如果点取了某点，则指定位移第二点。如果直接回车，则用第一点的数值作为位移移动对象。

图 4-26　移动对象

【技巧】

采用诸如对象捕捉等辅助绘图手段来精确移动对象。

【实例】

将窗户（块）从 2 点移到 3 点，如图 4-26 所示。

操作过程如下。

命令：_move

选择对象：找到 1 个　　选择窗户 1

选择对象：　回车结束对象选择

指定基点或位移：　点取 2 点，作为下次的插入点

指定位移的第二点或 <用第一点作位移>：　点取 3 点,插入窗户

命令：

七、旋转

旋转命令可以将某一对象旋转一个指定角度或参照一对象进行旋转。

【命令】 ROTATE（RO）

【菜单】 修改→旋转

【工具栏】

【命令及提示】

命令：_rotate

UCS 当前的正角方向：ANGDIR＝逆时针　ANGBASE＝0

选择对象：

选择对象：

指定基点：

指定旋转角度,或 [复制(C)/参照(R)] ＜0＞：

命令：

【参数说明】

① 选择对象：选择欲旋转的对象。

② 指定基点：指定旋转的基点。

③ 旋转角度：决定对象绕基点旋转的角度，旋转轴通过指定的基点，并且平行于当前 UCS 的 z 轴。默认旋转角度为 0°（不旋转）。

④ 复制（C）：创建要旋转的选定复制对象。

⑤ 参照（R）：将对象从指定的角度旋转到新的绝对角度，旋转视口对象时，视口的边框仍然保持与绘图区域的边界平行。

【实例】

1. 通过拖动将图示平坡屋面旋转，如图 4-27 所示。

选定的对象　　　　　　　基点和旋转角度　　　　　　结果

图 4-27　拖动旋转

操作过程如下。

命令：_rotate

UCS 当前的正角方向：ANGDIR＝逆时针　　　ANGBASE＝0

选择对象：指定对角点：找到 15 个　　选择平坡屋面(矩形 1～2 范围)

选择对象：　回车结束对象选择

指定基点：　拾取 2 点,作为旋转基点

指定旋转角度,或［复制(C)/参照(R)］<0>:　　拾取 3 点

命令:

2. 使用"参照"选项，旋转对象与绝对角度对齐，如图 4-28 所示。

| 选定对象(1,2) | 基点(3),参照点
(4,5) | 结果 |

图 4-28　参照旋转

操作过程如下。

命令: _rotate

UCS 当前的正角方向: ANGDIR = 逆时针　ANGBASE = 0

选择对象:指定对角点:找到 8 个　　*选择对象(矩形 1~2 范围)*

选择对象:　*回车结束对象选择*

指定基点:　*拾取 3 点,作为旋转基点*

指定旋转角度,或［复制(C)/参照(R)］<0>:R 回车　　*输入 R(参照)并结束选项*

指定参照角 <0>:　指定第二点:　*指定参照点 4、5*

指定新角度或［点(P)］<0>:90 回车　　*输入新角度 90°,回车结束操作*

命令:

八、比例缩放

在绘图过程中经常发现绘制的图形过大或过小。通过比例缩放可以快速实现图形的大小转换，使缩放后对象的比例保持不变。缩放时可以指定一定的比例，也可以参照其他对象进行缩放。

【命令】　SCALE（SC）

【菜单】　修改→比例缩放

【工具栏】

【命令及提示】

命令:SCALE

选择对象:

选择对象：

指定基点：

指定比例因子或［复制(C)/参照(R)］：

【参数说明】

① 选择对象：选择欲比例缩放的对象。

② 指定基点：指定比例缩放的基点。

③ 指定比例因子：按指定的比例放大选定对象的尺寸。大于 1 的比例因子使对象放大。介于 0 和 1 之间的比例因子使对象缩小。还可以拖动光标使对象变大或变小。

④ 复制（C）：创建要缩放的选定复制对象。

⑤ 参照（R）：按参照长度和指定的新长度缩放所选对象。

【实例】

使用比例因子将图示阀块缩小 1 倍，如图 4-29 所示。

| 选定对象 | 按0.5的比例因子
缩放的对象 | 结果 |

图 4-29　比例因子缩放

操作过程如下。

命令：_scale

选择对象：找到 1 个　　*选择阀块 1*

选择对象：　*回车结束对象选择*

指定基点：　*拾取 2 点，作为缩放的基点*

指定比例因子或［复制(C)/参照(R)］：0.5　　*输入比例因子，缩小 1 倍*

命令：

九、拉伸

拉伸是调整图形大小、位置的一种十分灵活的工具。若干对象（例如圆、椭圆和块）无法拉伸。

【命令】　STRETCH

【菜单】　修改→拉伸

【工具栏】

【命令及提示】

命令：_stretch

以交叉窗口或交叉多边形选择要拉伸的对象…

选择对象：指定对角点：

选择对象：

指定基点或［位移(D)］＜位移＞：

指定第二个点或 ＜使用第一个点作为位移＞：

【参数说明】

① 选择对象：只能以交叉窗口或交叉多边形选择要拉伸的对象。

② 指定基点或［位移（D)］＜位移＞：定义位移或指定拉伸基点。

③ 指定第二个点或 ＜使用第一个点作为位移＞：如果第一点定义了基点，则定义第二点来确定位移。

【实例】

将如图 4-30（a）所示六边形拉伸成如图 4-30（b）所示图形。

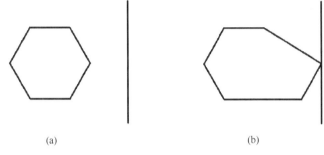

(a)   (b)

图 4-30   拉伸对象

操作过程如下。

命令：_stretch

以交叉窗口或交叉多边形选择要拉伸的对象…

选择对象：指定对角点：找到 1 个   用交叉窗口方式选中六边形

选择对象：   回车结束对象选择

指定基点或［位移(D)］＜位移＞：   拾取六边形最右边的角点

指定第二个点或 ＜使用第一个点作为位移＞：   点取直线的中点

命令：

【注意】

如果选择对象时所选的对象完全包含在窗交窗口中或单独选定对象，此命令就变成了移动功能。

十、拉长

拉长命令可以修改某直线或圆弧的长度或角度。可以指定绝对大小、相对大小、相对百分比大小，甚至可以动态修改其大小。

【命令】 LENGTHEN

【菜单】 修改→拉长

【命令及提示】

命令： LENGTHEN

选择对象或［增量(DE) /百分数(P) /全部(T) /动态(DY)］：de

输入长度增量或［角度(A)］＜0.0000＞：

选择要修改的对象或［放弃(U)］：

【参数说明】

① 选择对象：选择欲拉长的直线或圆弧对象，此时显示该对象的长度或角度。

② 增量（DE）：定义增量大小，正值为增，负值为减。

③ 百分数（P）：定义百分数来拉长对象，类似于缩放的比例。

④ 全部（T）：定义最后的长度或圆弧的角度。

⑤ 动态（DY）：动态拉长对象。

⑥ 输入长度增量或［角度（A）］：输入长度增量或角度增量。

⑦ 选择要修改的对象或［放弃（U）］：点取欲修改的对象，输入 U 则放弃上一步操作。

【实例】

将如图所示直线拉长 100 个单位，如图 4-31 所示。

图 4-31　拉长

操作过程如下。

命令：_lengthen

选择对象或［增量(DE)/百分数(P)/全部(T)/动态(DY)］：de　　选择增量项

输入长度增量或［角度(A)］<0.0000>：100　　输入增加值

选择要修改的对象或［放弃(U)］：　选择要拉长的对象

选择要修改的对象或［放弃(U)］：　回车结束对象选择

十一、修剪

绘图中经常需要修剪图形，将超出的部分去掉，以便使图形对象精确相交。修剪命令是以指定的对象为边界，将要修剪的对象剪去超出的部分。

【命令】　TRIM

【菜单】　修改→修剪

【工具栏】

【命令及提示】

命令：_trim

当前设置：投影＝UCS 边＝无

选择剪切边…

选择对象或 <全部选择>：找到 1 个

选择对象：

选择要修剪的对象,或按住 Shift 键选择要延伸的对象,或

[栏选(F)/窗交(C)/投影(P)/边(E)/删除(R)/放弃(U)]：

【参数说明】

① 选择剪切边…选择对象：提示选择剪切边，选择对象作为剪切边界。

② 选择要修剪的对象：选择欲修剪的对象。

③ 按住 Shift 键选择要延伸的对象：延伸选定对象而不是修剪它们。此选项提供了一种在修剪和延伸之间切换的简便方法。

④ 栏选（F）：选择与选择栏相交的所有对象。选择栏是一系列临时线段，它们是用两个或多个栏选点指定的。选择栏不构成闭合环。

⑤ 窗交（C）：选择矩形区域（由两点确定）内部或与之相交的对象。

⑥ 投影（P）：按投影模式剪切，选择该项后，提示输入投影选项。

⑦ 边（E）：按边的模式剪切，选择该项后，提示输入隐含边延伸模式。确定对象是在另一对象的延长边处进行修剪，还是仅在三维空间中与该对象相交的对象处进行修剪。

a. 延伸：沿自身自然路径延伸剪切边使它与三维空间中的对象相交。

b. 不延伸：指定对象只在三维空间中与其相交的剪切边处修剪。

⑧ 删除（R）：删除选定的对象。此选项提供了一种用来删除不需要的对象的简便方式，而无需退出 TRIM 命令。

⑨ 放弃（U）：放弃上一次延伸操作。

【技巧】

对块中包含的图元或多线等进行操作前，必须先将它们分解，使之失去块、多线的性质才能进行修剪编辑。

【实例】

如图 4-32（a）所示以直线 1、2 为边界，将直线 3、4 剪去，如图 4-32（b）所示。

图 4-32　修剪

操作过程如下。

命令：_trim

当前设置:投影 = UCS,边 = 无

选择剪切边 . . .

选择对象或 ＜全部选择＞：　找到 11 个　　　点取直线 1、2,作为剪切边

选择对象：　回车结束对象选择

选择要修剪的对象,或按住 Shift 键选择要延伸的对象,或

[栏选(F)/窗交(C)/投影(P)/边(E)/删除(R)/放弃(U)]：　e　　选择边选项

输入隐含边延伸模式 [延伸(E)/不延伸(N)] <不延伸>: e　　　让边延伸
选择要修剪的对象,或按住 Shift 键选择要延伸的对象,或
[栏选(F)/窗交(C)/投影(P)/边(E)/删除(R)/放弃(U)]:　　点取 3、4 直线
选择要修剪的对象,或按住 Shift 键选择要延伸的对象,或
[栏选(F)/窗交(C)/投影(P)/边(E)/删除(R)/放弃(U)]:　　回车结束修剪命令
命令:

十二、延伸

延伸是以指定的对象为边界,延伸某对象与之精确相交。

【命令】　EXTEND
【菜单】　修改→延伸
【工具栏】

【命令及提示】
命令: _extend
当前设置:投影 = UCS,边 = 延伸
选择边界的边…
选择对象或 <全部选择>:　指定对角点:
选择对象:
选择要延伸的对象,或按住 Shift 键选择要修剪的对象,或
[栏选(F)/窗交(C)/投影(P)/边(E)/放弃(U)]:

【参数说明】
① 选择边界的边…选择对象:使用选定对象来定义对象延伸到的边界。
② 选择要延伸的对象:选择欲延伸的对象,按 Enter 键结束命令。
③ 按住 Shift 键选择要修剪的对象:将选定对象修剪到最近的边界而不是将其延伸,这是在修剪和延伸之间切换的简便方法。
④ 栏选 (F):选择与选择栏相交的所有对象。选择栏是一系列临时线段,它们是用两个或多个栏选点指定的。选择栏不构成闭合环。
⑤ 窗交 (C):选择矩形区域(由两点确定)内部或与之相交的对象。
⑥ 投影 (P):按投影模式延伸,选择该项后,提示输入投影选项。
⑦ 边 (E):按边的模式延伸,选择该项后,提示输入隐含边延伸模式。
⑧ 放弃 (U):放弃上一次延伸操作。

【实例】
如图 4-33 (a) 所示图形变成如图 4-33 (c) 所示。
操作过程如下。
命令: _extend

选定的边界	选定要延伸的对象	结果
(a)	(b)	(c)

图 4-33　延伸

当前设置：投影＝UCS，边＝延伸

选择边界的边 . . .

选择对象或＜全部选择＞：　指定对角点：　　点取次圆，作为边界的边

选择对象：　　回车结束边界选择

选择要延伸的对象，或按住 Shift 键选择要修剪的对象，或

[栏选(F)/窗交(C)/投影(P)/边(E)/放弃(U)]：　　点取六组轮毂

选择要延伸的对象，或按住 Shift 键选择要修剪的对象，或

[栏选(F)/窗交(C)/投影(P)/边(E)/放弃(U)]：　　回车结束延伸命令

命令：

十三、打断于点

打断于点命令可以将对象一分为二。

【工具栏】

【命令及提示】

命令：BREAK

选择对象：

指定第二个打断点或[第一点(F)]：

命令：

打断于一点命令包含在打断于点命令之中。在打断于点命令中，在选择对象后有一个提示，指定第二个打断点 或 [第一点（F）]：，这个第一点即是"打断于一点"的意思。唯一的区别是使用这个命令打断下来的一段在屏幕上不会消去，保留在屏幕上，它变成一个独立的对象。

【实例】

将图示圆弧在 A 点处打断，如图 4-34 所示。

操作过程如下。

图 4-34 打断于点

命令：_break 选择对象： *选中圆弧*

指定第二个打断点或 [第一点(F)]：f

指定第一个打断点： *在 A 点处点取一点*

指定第二个打断点：@

命令：

十四、打断

打断命令可以将对象一分为二或去掉其中一段减少其长度。

【命令】 BREAK

【菜单】 修改→打断

【工具栏】

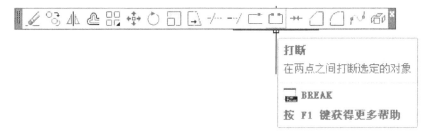

【命令及提示】

命令：_break

选择对象：

指定第二个打断点 或 [第一点(F)]：

【参数说明】

① 选择对象：选择打断的对象。如果在后面的提示中不输入 F 来重新定义第一点，则拾取该对象的点为第一点。

② 指定第二个打断点：拾取打断的第二点。如果输入@指第二点和第一点相同，即将选择对象分成两段。

③ 第一点（F）：输入 F 重新定义第一点。

【技巧】

打断圆或圆弧时拾取点的顺序很重要，因为打断总是逆时针方向删除圆上第一个打断点到第二个打断点之间的部分，所以拾取点时也得按逆时针方向点取。

【实例】

将图示圆打断成一段圆弧，分别如图 4-35 （a）、（b） 所示。

操作过程如下。

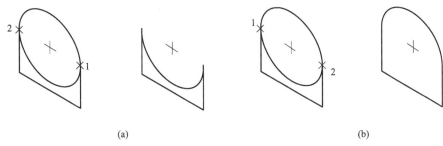

(a)   (b)

图 4-35   打断

结果如图 4-35(a)所示,则操作如下。

命令：_break

选择对象：   在 1 点处选中圆

指定第二个打断点或 [第一点(F)]:点击 2 点

如图 4-35(b)所示结果,则操作如下。

命令：_break

选择对象：   在 1 点处选中圆

指定第二个打断点或 [第一点(F)]:点击 2 点

十五、合并

用于合并线性和弯曲对象的端点，以便创建单个对象。构造线、射线和闭合的对象无法合并。

【命令】 JOIN

【菜单】 修改→合并

【工具栏】

【命令及提示】

命令：JOIN

选择源对象或要一次合并的多个对象：指定对角点：

选择要合并的对象：

【参数说明】

① 源对象：指定可以合并其他对象的单个源对象。按 Enter 键选择源对象以开始选择要合并的对象。以下规则适用于每种类型的源对象。

a. 直线：仅直线对象可以合并到源线。直线对象必须都是共线，但它们之间可以有间隙。

b. 多段线：直线、多段线和圆弧可以合并到源多段线，所有对象必须连续且共面，生成的对象是单条多段线。

c. 三维多段线：所有线性或弯曲对象可以合并到源三维多段线。所有对象必须是连续的，但可以不共面，产生的对象是单条三维多段线或单条样条曲线，分别取决于用户连接到线性对象还是弯曲的对象。

d. 圆弧：只有圆弧可以合并到源圆弧。所有的圆弧对象必须具有相同的半径和中心点，但是它们之间可以有间隙，从源圆弧按逆时针方向合并圆弧，"闭合"选项可将源圆弧转换成圆。

e. 椭圆弧：仅椭圆弧可以合并到源椭圆弧。椭圆弧必须共面且具有相同的主轴和次轴，但是它们之间可以有间隙，从源椭圆弧按逆时针方向合并椭圆弧，"闭合"选项可将源椭圆弧转换为椭圆。

f. 螺旋：所有线性或弯曲对象可以合并到源螺旋。所有对象必须是连续的，但可以不共面，结果对象是单个样条曲线。

g. 样条曲线：所有线性或弯曲对象可以合并到源样条曲线。所有对象必须是连续的，但可以不共面，结果对象是单个样条曲线。

② 一次选择多个要合并的对象：合并多个对象，而无需指定源对象，规则和生成的对象类型如下。

a. 合并共线可产生直线对象，直线的端点之间可以有间隙。

b. 合并具有相同圆心和半径的共面圆弧可产生圆弧或圆对象。圆弧的端点之间可以有间隙。以逆时针方向进行加长。如果合并的圆弧形成完整的圆，会产生圆对象。

c. 将样条曲线、椭圆圆弧或螺旋合并在一起或合并到其他对象可产生样条曲线对象，这些对象可以不共面。

d. 合并共面直线、圆弧、多段线或三维多段线可产生多段线对象。

e. 合并不是弯曲对象的非共面对象可产生三维多段线。

【实例】

将如图 4-36（a）所示两段线段合并成一条，如图 4-36（c）所示。

| (a) | (b) | (c) |

图 4-36　合并线段

操作过程如下。

命令：_join

选择源对象或要一次合并的多个对象:指定对角点:找到 2 个

选择 2 段线段,如图 4-36(b)所示

选择要合并的对象：　　　　　　　　　　　　*回车结束命令*

2 条直线已合并为 1 条直线　　　　　　　　*如图 4-36(c)所示*

命令：

十六、倒角

将按用户选择对象的次序应用指定的距离和角度给对象加倒角。可以倒角直线、多段线、射线和构造线，还可以倒角三维实体和曲面。如果选择网格进行倒角，则可以先将其转换为实体或曲面，然后再完成此操作。

【命令】 CHAMFER

【菜单】 修改→倒角

【工具栏】

【命令及提示】

命令：_chamfer

（"修剪"模式）当前倒角距离 1 = 0.0000,距离 2 = 0.0000

选择第一条直线或［放弃(U)/多段线(P)/距离(D)/角度(A)/修剪(T)/方式(E)/多个(M)］：

选择第二条直线,或按住 Shift 键选择直线以应用角点或［距离(D)/角度(A)/方法(M)］：

【参数说明】

① 第一条直线：选择倒角的第一条直线。

② 第二条直线：选择倒角的第二条直线。

③ 放弃（U）：恢复在命令中执行的上一个操作。

④ 多段线（P）：对多段线倒角。

⑤ 距离（D）：设置倒角距离。

⑥ 角度（A）：通过距离和角度来设置倒角大小。

⑦ 修剪（T）：设定修剪模式。如果为修剪模式，则倒角时自动将不足的补齐，超出的剪掉；如果为不修剪模式，则仅仅增加一倒角，原有图线不变。

⑧ 方式（E）：控制 CHAMFER 使用两个距离还是一个距离和一个角度来创建倒角。

⑨ 多个（M）：为多组对象的边倒角。

⑩ 方法（M）：设定修剪方法为距离或角度。

【技巧】

① 如果将两距离设定为 0 和修剪模式，可以通过倒角命令修齐两直线，而不论这两条不平行直线是否相交或需要延伸才能相交。

② 选择直线时的拾取点对修剪的位置有影响，一般保留拾取点的线段，而超过倒角的线段将自动被修剪。

③ 对多段线倒角时，如果多段线的最后一段和开始点是相连而不封闭，则该多段线的第一个顶点将不会被倒圆角。

【实例】

用两种不同的修剪模式将直线 A 和直线 B 连接起来，距离为 50，角度为 45°，如图 4-37（a）所示。

操作过程如下。

命令：_chamfer

（"修剪"模式）当前倒角距离 1 = 10.0000,距离 2 = 10.0000

(a) 原图   (b) 修剪模式   (c) 不修剪模式

图 4-37　倒角

选择第一条直线或 [放弃(U) /多段线(P) /距离(D) /角度(A) /修剪(T) /方式(E) /多个(M)]：d 回车　进行距离设置

指定第一个倒角距离 <10.0000>：20　　输入第一个倒角距离为 *20*

指定第二个倒角距离 <20.0000>：　　默认第二个倒角距离为 *20*

选择第一条直线或 [放弃(U) /多段线(P) /距离(D) /角度(A) /修剪(T) /方式(E) /多个(M)]：a 回车　进行角度设置

指定第一条直线的倒角长度 <20.0000>：　　回车默认

指定第一条直线的倒角角度 <0>：45　指定角度为 *45°*

选择第一条直线或 [放弃(U) /多段线(P) /距离(D) /角度(A) /修剪(T) /方式(E) /多个(M)]：点取第一条直线

选择第二条直线：　点取第二条直线

结果如图 4-37(b)所示。

命令：_chamfer

("修剪"模式) 当前倒角长度 = 20.0000,角度 = 45

选择第一条直线或 [放弃(U) /多段线(P) /距离(D) /角度(A) /修剪(T) /方式(E) /多个(M)]：t 回车　　进行修剪模式设置

输入修剪模式选项 [修剪(T) /不修剪(N)] <修剪>：n 回车　　设为不修剪模式

选择第一条直线或 [放弃(U) /多段线(P) /距离(D) /角度(A) /修剪(T) /方式(E) /多个(M)]：点取第一条直线

选择第二条直线：　点取第二条直线

结果如图 4-37(c)所示。

十七、圆角

给对象加圆角，可以对圆弧、圆、椭圆、椭圆弧、直线、多段线、射线、样条曲线和构造线执行圆角操作。还可以对三维实体和曲面执行圆角操作。如果选择网格对象执行圆角操作，可以选择在继续进行操作之前将网格转换为实体或曲面。

【命令】　FILLET

【菜单】　修改→圆角

【工具栏】

【命令及提示】

命令：_fillet

当前设置：模式 = 修剪,半径 = 0.0000

选择第一个对象或 [放弃(U)/多段线(P)/半径(R)/修剪(T)/多个(M)]：

选择第二个对象,或按住 Shift 键选择对象以应用角点或 [半径(R)]：

【参数说明】

① 选择第一个对象：选择倒圆角的第一个对象。

② 选择第二个对象：选择倒圆角的第二个对象。

③ 放弃（U）：恢复在命令中执行的上一个操作。

④ 多段线（P）：对多段线进行倒圆角。

⑤ 半径（R）：更改当前半径值，输入的值将成为后续 FILLET 命令的当前半径。修改此值并不影响现有的圆角圆弧。

⑥ 修剪（T）：设定修剪模式。如果设置成修剪模式，则不论两个对象是否相交或不足，均自动进行修剪。如果设定成不修剪，则仅仅增加一条指定半径的圆弧。

⑦ 多个（M）：控制 FILLET 是否将选定的边修剪到圆角圆弧的端点。

【技巧】

① 如果将圆角半径设置为0，则在修剪模式下，点取不平行的两条直线，它们将会自动准确相交。

② 如果为修剪模式，拾取点时应点取要保留的那一部分，让另一段被修剪。

③ 倒圆角命令不仅适用于直线，对圆和圆弧以及直线之间同样可以倒圆角。

④ 对多段线倒圆角时，如果多段线本身是封闭的，则在每一个顶点处自动倒圆角。如果多段线的最后一段和开始点相连而不封闭，则该多段线的第一个顶点将不会被倒圆角。

【实例】

用两种不同的修剪模式将直线 A 和直线 B 连接起来，圆角半径为 50，如图 4-38 （a）所示。

(a) 原图   (b) 修剪模式   (c) 不修剪模式

图 4-38 圆角

操作过程如下。

命令：_fillet

当前模式：模式 = 修剪,半径 = 10.0000

选择第一个对象或[放弃(U)/多段线(P)/半径(R)/修剪(T)/多个(M)]：R 回车　　指定圆角半径

指定圆角半径<10.0000>：50 回车

选择第一个对象或[放弃(U)/多段线(P)/半径(R)/修剪(T)/多个(M)]：　点取直线 A

选择第二个对象：　点取直线 B

命令：

结果如图 4-38(b)所示

命令：_fillet

当前模式：模式 = 修剪,半径 = 10.0000

选择第一个对象或[放弃(U)/多段线(P)/半径(R)/修剪(T)/多个(M)]：R 回车

指定圆角半径<10.0000>：50 回车

选择第一个对象或[放弃(U)/多段线(P)/半径(R)/修剪(T)/多个(M)]：T 回车　　更改修剪模式

输入修剪模式选项[修剪(T)/不修剪(N)]<修剪>：N 回车　　设置为不修剪

选择第一个对象或[放弃(U)/多段线(P)/半径(R)/修剪(T)/多个(M)]：　点取直线 A

选择第二个对象：　点取直线 B

命令：

结果如图 4-38（c）所示

【注意】

对象之间可以有多个圆角存在,一般选择靠近期望的圆角端点的对象倒圆角,选择对象的位置对圆角的影响如图 4-39 所示。

选择点　　　　　　　　　　　　　　　　　结果(半径大于0)

图 4-39　选择对象的位置对圆角的影响

十八、光顾曲线

用于在两条选定直线或曲线之间的间隙中创建样条曲线。选择端点附近的每个对象,生成的样条曲线的形状取决于指定的连续性,选定对象的长度保持不变。有效对象包括直线、圆弧、椭圆弧、螺旋、开放的多段线和开放的样条曲线。

【命令】　BLEND

【菜单】　修改→光顾曲线

【工具栏】

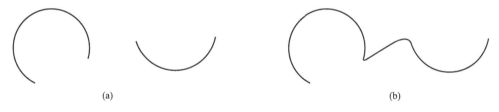

光顺曲线
在两条开放曲线的端点之间创建相切或平滑的样条曲线

BLEND
按 F1 键获得更多帮助

【命令及提示】

命令：_blend

连续性 = 相切

选择第一个对象或［连续性(CON)］：

选择第二个点：

【参数说明】

① 连续性（CON）：在两种过渡类型中指定一种。

a. 相切：创建一条 3 阶样条曲线，在选定对象的端点处具有相切（G1）连续性。

b. 平滑：创建一条 5 阶样条曲线，在选定对象的端点处具有曲率（G2）连续性，如果使用"平滑"选项，请勿将显示从控制点切换为拟合点。此操作将样条曲线更改为 3 阶，这会改变样条曲线的形状。

② 选择第一个对象：选择样条曲线起始端附近的直线或开放的曲线。

③ 选择第二个对象：选择样条曲线末端附近的另一条直线或开放的曲线。

【实例】

在如图 4-40（a）所示的两圆弧中间创建样条曲线，如图 4-40（b）所示。

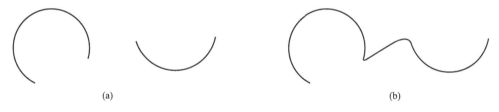

(a)   (b)

图 4-40　光顾曲线

操作过程如下。

命令：_BLEND

连续性 = 相切

选择第一个对象或［连续性(CON)］：　*点击左边圆弧右端点*

选择第二个点：　*点击右边圆弧左端点*

命令：

十九、分解

块、多段线、尺寸和图案填充等对象是一个整体。如果要对其中单一的元素进行编辑，普通的编辑命令无法实现。但如果将这些对象分解成若干个单独的对象，就可以采用普通的编辑命令进行修改了。

【命令】　EXPLODE（X）

【菜单】　修改→分解

【工具栏】

【命令及提示】

命令：_explode

选择对象：

【参数说明】

选择对象：选择要分解的对象，可以是块、多线、多段线等。

【实例】

将一对象分解成元素，如图 4-41 所示。

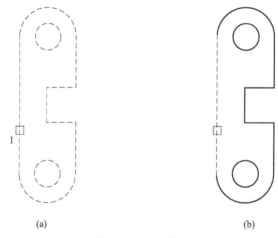

(a)　　　　　　　　　　　　　　　　(b)

图 4-41　分解示例

操作过程如下。

命令：x EXPLODE

选择对象：　*点取对象如图 4-41(a)所示*

找到 1 个

选择对象：　*回车结束命令*

再点取 1 点则如图 4-41（b）所示。

二十、多线编辑

"多线编辑"命令可以对多线的交接、断开、形体进行控制和编辑。由于多线是一个整体，除可以将其作为一个整体编辑外，对其特征能用"多线编辑"命令。

【命令】 MLEDIT

【菜单】 修改→对象→多线

【选项及说明】

启用"多线编辑"命令，弹出"多线编辑工具"对话框，它形象地显示出了多线的编辑方式。点取相应的图形按钮，就选择不同的编辑方式，如图 4-42 所示，以四列显示样例图像。第一列控制交叉的多线，第二列控制 T 形相交的多线，第三列控制角点结合和顶点，第四列控制多线中的打断。

图 4-42 "多线编辑工具"对话框

① 十字闭合：在这类交叉口中，第一条多线保持原样不变，第二条多线被修剪成与第一条多线分离的形状，如图 4-43 所示。

图 4-43 多线编辑——十字闭合

② 十字打开：在这类交叉口中，第一条多线保持原样不变，第二条多线的外边线被修剪到与第一条多线交叉的位置，内侧的线保持原状，如图 4-44 所示。

图 4-44 多线编辑——十字打开

③ 十字合并：在这类交叉口中，第一条多线和第二条多线的所有直线都修剪到交叉部分，如图 4-45 所示。

选定的第一条多线　　　　选定的第二条多线　　　　结果

图 4-45　多线编辑——十字合并

④ T 形闭合：第一条多线被修剪或延长到与第二条多线相接为止，第二条多线保持原样，如图 4-46 所示。

选定的第一条多线　　　　选定的第二条多线　　　　结果

图 4-46　多线编辑——T 形闭合

⑤ T 形打开：第一条多线被修剪或延长到与第二条多线相接为止，第二条多线最外部的线则被修剪到与第一条多线交叉的部分，如图 4-47 所示。

选定的第一条多线　　　　选定的第二条多线　　　　结果

图 4-47　多线编辑——T 形打开

⑥ T 形合并：第一条多线被修剪或延长到与第二条多线相接为止，第二条多线被修剪到与第一条多线交叉的部分，如图 4-48 所示。

选定的第一条多线　　　　选定的第二条多线　　　　结果

图 4-48　多线编辑——T 形合并

⑦ 角点结合：可以使两条多线生成一角连线，即将多线修剪或延伸到它们的交点处，如图 4-49 所示。

⑧ 添加顶点：向多线上添加一个顶点，可以使一个有弯曲的多线产生与"Straightening out" 相同的效果，如图 4-50 所示。

选定的第一条多线　　　　　选定的第二条多线　　　　　结果

图 4-49　多线编辑——角点结合

选定多线　　　　　　　　结果

图 4-50　多线编辑——添加顶点

⑨ 删除顶点：从多线上删除一个顶点，如图 4-51 所示。

选定多线　　　　　　　　结果

图 4-51　多线编辑——删除顶点

⑩ 单个剪切：在选定多线元素中创建可见打断，通过两个拾取点引入多线中的一条线的可见间断，如图 4-52 所示。

选定的第一条多线　　　　选定的第二点　　　　结果

图 4-52　多线编辑——单个剪切

⑪ 全部剪切：通过两个拾取点引入多线的所有线上的可见间断，如图 4-53 所示。

选定的第一条多线　　　　选定的第二点　　　　结果

图 4-53　多线编辑——全部剪切

⑫ 全部接合：将已被剪切的多线线段重新接合起来。除去平行多线中在两个拾取点间的所有间断，但它不能用来把两个单独的多线连接成一体。

【技巧】

在对多线进行修改时，依次点取两条多线的顺序一定是先点一条多线的外侧，再点另一条多线的内侧。

【实例】

将如图 4-54（a）所示多线修改成如图 4-54（b）所示的形式。

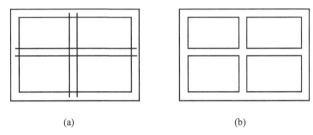

(a)   (b)

图 4-54　多线编辑

操作过程如下。

① 命令：MLEDIT　　*调出"多线编辑"对话框*

② 选择开放式 T 形交叉按钮，依次对上、下、左、右四个交叉口进行修改。

③ 选择开放式十字交叉按钮，对中间的交叉口进行修改。

二十一、编辑多段线

多段线是一个对象，可以采用多段线专用的编辑命令来编辑。编辑多段线，可以修改其宽度、开口或封闭、增减顶点数、样条化、直线化和拉直等。编辑多段线的常见用途包含合并二维多段线、将线条和圆弧转换为二维多段线以及将多段线转换为近似 B 样条曲线的曲线（拟合多段线）。

【命令】　PEDIT（PE）

【菜单】　修改→对象→多段线

【工具栏】

【命令及提示】

命令：PEDIT

选择多段线或 [多条(M)]：

输入选项 [闭合(C)/合并(J)/宽度(W)/编辑顶点(E)/拟合(F)/样条曲线(S)/非曲线化(D)/线型生成(L)/反转(R)/放弃(U)]：

【参数说明】

① 选择多段线或 [多条（M）]：选择欲编辑的多段线，可以输入 M 选择多条多段线进

行编辑。如果选择的不是多段线，系统会提示是否将其转换为多段线，输入 Y 则将普通线条转换成多段线。

② 闭合（C）/打开（O）：选择打开，则将最后一条封闭该多段线的线条删除，形成不封口的多段线；选择闭合，则将该多段线首尾相连，形成封闭的多段线。

③ 合并（J）：将和多段线端点相连的其他直线、圆弧、多段线合并成一条多段线。该多段线必须是开口的。

④ 宽度（W）：设置该多段线的全程宽度。对于其中某一条线段的宽度，可以通过顶点编辑来修改。

⑤ 编辑顶点（E）：对多段线的各个顶点进行单独的编辑。

　　下一个（N）——选择下一个顶点。

　　上一个（P）——选择上一个顶点。

　　打断（B）——将多段线一分为二，或是删除顶点处的一条线段。

　　插入（I）——在标记处插入一个顶点。

　　移动（M）——移动顶点到新的位置。

　　重生成（R）——重新生成多段线以观察编辑后的效果。

　　拉直（S）——删除所选顶点间的所有顶点，用一条直线替代。

　　切向（T）——在当前标记顶点处设置切向方向以控制切向拟合。

　　宽度（W）——设置每一单独线段的宽度。

　　退出（X）——退出顶点编辑，回到 PEDIT 命令提示下。

⑥ 拟合（F）：产生通过多段线所有顶点、彼此相切的各圆弧段组成的光滑曲线。

⑦ 样条曲线（S）：产生通过多段线首末顶点，其形状和走向由多段线其余顶点控制的样条曲线，其类型由系统变量来确定。

⑧ 非曲线化（D）：取消拟合或取消曲线化，回到直线状态。

⑨ 线型生成（L）：控制多段线在顶点处的线型。

⑩ 放弃（U）：取消最后的编辑。

【技巧】

① 用 PEDIT 命令可以对矩形、正多边形、图案填充等命令产生的边界进行修改。

② 可用合并命令将未闭合的圆弧闭合成圆。

③ 在选择多段线的提示下输入 M，可同时选择多条多段线、多段线形体或可变为多段线的形体进行调整编辑。

【注意】

① 修改线宽后，要用重生成命令（REGEN）才能看到改变效果。

② 拟合选项不能控制多段线的曲线拟合方式，但可用顶点编辑中的移动和切向选项来控制。

【实例】

如图所示，将由直线和圆弧组成的图形合并成多段线，并将其宽度设置为 0.5，拟合成样条曲线，如图 4-55（a）所示。

操作过程如下。

命令：PEDIT

选择多段线或［多条(M)］：　　点击其中一条直线

选定的对象不是多段线

是否将其转换为多段线？<Y>　　先要把直线和圆弧转换为多段线

输入选项［闭合(C)/合并(J)/宽度(W)/编辑顶点(E)/拟合(F)/样条曲线(S)/非曲线化(D)/线型生成(L)/放弃(U)］：j　执行合并选项

(a)　　　　　　　　　　　　　　　　　　　　　　　(b)

图 4-55　多段线编辑

选择对象：找到 1 个　　*点击第一条直线*

选择对象：找到 1 个,总计 2 个　　*点击第二条直线*

选择对象：找到 1 个,总计 3 个　　*点击第三条直线*

选择对象：找到 1 个,总计 4 个　　*点击第四条直线*

选择对象：找到 1 个,总计 5 个　　*点击圆弧*

选择对象：　*回车结束选择对象*

4 条线段已添加到多段线　*系统提示已将四条线段转换为多段线*

输入选项［闭合(C)/合并(J)/宽度(W)/编辑顶点(E)/拟合(F)/样条曲线(S)/非曲线化(D)/线型生成(L)/放弃(U)］：w　*执行线宽选项*

指定所有线段的新宽度：0.5　*指定线宽为 0.5*

输入选项［闭合(C)/合并(J)/宽度(W)/编辑顶点(E)/拟合(F)/样条曲线(S)/非曲线化(D)/线型生成(L)/放弃(U)］：f　*执行拟合选项*

输入选项［闭合(C)/合并(J)/宽度(W)/编辑顶点(E)/拟合(F)/样条曲线(S)/非曲线化(D)/线型生成(L)/放弃(U)］：　*回车结束命令,结果如图 4-55(b)所示*

二十二、编辑样条曲线

样条曲线可以通过 SPLINEDIT 命令来编辑其数据点或通过点、修改样条曲线的参数或将样条拟合多段线转换为样条曲线。

【命令】　SPLINEDIT

【工具栏】

【菜单】　修改→对象→样条曲线

【命令及提示】

命令：_splinedit

选择样条曲线：

输入选项 [闭合(C)/合并(J)/拟合数据(F)/编辑顶点(E)/转换为多段线(P)/反转(R)/放弃(U)/退出(X)] <退出>：

【参数说明】

① 选择样条曲线：选择欲编辑的样条曲线。如果选择的样条曲线是用 SPLINE 命令创建的，则以夹点的颜色显示拟合点。如果选择的样条曲线是用 PLINE 创建的，则以夹点的颜色显示控制点。

② 闭合（C）/打开（O）：如果选定样条曲线为闭合，则"闭合"选项变为"打开"。

a. 闭合。闭合开放的样条曲线，使其在端点处切向连续。如果样条曲线的起点和端点相同，"闭合"选项使其在两点处都切向连续。

b. 打开。打开闭合的样条曲线。如果样条曲线的起点和端点相同，则"打开"选项使样条曲线返回到原状态，即起点和端点保持不变，但失去切向连续性。

③ 合并（J）：将选定的样条曲线与其他样条曲线、直线、多段线和圆弧在重合端点处合并，以形成一个较大的样条曲线。对象在连接点处使用扭折连接在一起（C0 连续性）。

④ 拟合数据（F）：选择该项后提示输入拟合数据选项如下。

a. 添加。在样条曲线中增加拟合点。选择拟合点之后，系统将亮显该点和下一点，并将新拟合点置于高亮显示的点之间。在开放的样条曲线上选择最后一点只高亮显示该点，并且系统将新拟合点添加到最后一点之后。在开放的样条曲线上选择第一点，可以选择将新拟合点放置在第一点之前或之后。

b. 闭合/打开。闭合开放的样条曲线，使其在端点处切向连续（平滑）。如果样条曲线的起点和端点相同，"闭合"选项使其在两点处都切向连续。打开闭合的样条曲线，如果样条曲线的起点和端点相同，则"打开"选项使样条曲线返回到原状态，即起点和端点保持不变，但失去切向连续（平滑）性。

c. 删除。从样条曲线中删除拟合点并且用其余点重新拟合样条曲线。

d. 移动。把拟合点移动到新位置。

e. 清理。从图形数据库中删除样条曲线的拟合数据。清理样条曲线的拟合数据后，系统重新显示不包括"拟合数据"选项的 SPLINEDIT 主提示。

f. 相切。编辑样条曲线的起点和端点切向。

g. 公差。修改拟合当前样条曲线的公差。根据新公差以现有点重新定义样条曲线。

h. 退出。退出拟合数据设置，返回控制点编辑状态。

⑤ 编辑顶点（E）：使用选项编辑控制框数据。

⑥ 转换为多段线（P）：将样条曲线转换为多段线，精度值决定生成的多段线与样条曲线的接近程度，有效值为介于 0～99 之间的任意整数。

⑦ 反转（R）：反转样条曲线的方向，始末点互换。此选项主要适用于第三方应用程序。

⑧ 放弃（U）：取消上一编辑操作。

⑨ 退出（X）：返回到命令提示。

二十三、特性编辑

1. 特性匹配

如果要将选定对象的特性应用于其他对象上，通过特性匹配命令可以快速实现。可应用的特性类型包含颜色、图层、线型、线型比例、线宽、打印样式、透明度和其他指定的特性。

【命令】 MATCHPROP

【菜单】 修改→特性匹配

【工具栏】

【命令及提示】

命令：MATCHPROP

选择源对象：

当前活动设置： 颜色 图层 线型 线型比例 线宽 透明度 厚度 打印样式 标注 文字 图案填充 多段线 视口 表格材质 阴影显示 多重引线

选择目标对象或［设置(S)］：

【参数说明】

① 选择源对象：该对象的全部或部分特性是要被复制的特性。

② 选择目标对象：该对象的全部或部分特性是要改动的特性。

③ 设置（S）：设置复制的特性，输入该参数后，将弹出"特性设置"对话框，如图4-56所示。

图 4-56 "特性设置"对话框

在该对话框中，包含了不同的特性复选框，可以选择其中的部分或全部特性作为要复制的特性，其中灰色的是不可选中的特性。

【实例】

将图 4-57 中矩形的特性除颜色外改成圆的特性。

操作过程如下。

命令：'_matchprop

选择源对象： *点取圆*

当前活动设置： 颜色 图层 线型 线型比例 线宽 透明度 厚度 打印样式 标注 文字 图案填充 多段线 视口 表格材质 阴影显示 多重引线

选择目标对象或 [设置(S)]：s *在弹出的对话框中将颜色复选框取消*

(a) 原图   (b) 修改   (c) 结果

图 4-57 特性匹配

当前活动设置： 颜色 图层 线型 线型比例 线宽 透明度 厚度 打印样式 标注 文字 图案填充 多段线 视口 表格材质 阴影显示 多重引线

选择目标对象或 [设置(S)]： *点取矩形*

选择目标对象或 [设置(S)]： *回车结束特性修改*

命令：

2. 特性修改

特性修改有 CHPROP 和 CHANGE 两个命令，两个命令中的 P 参数功能基本相同。可以修改所选对象的颜色、图层、线型、位置等特性。

（1）CHPROP 命令

【命令及提示】

命令：CHPROP

选择对象：找到 1 个

选择对象：

输入要更改的特性 [颜色(C) /图层(LA) /线型(LT) /线型比例(S) /线宽(LW) /厚度(T) /透明度(TR) /材质(M) /注释性(A)]：

【参数说明】

① 选择对象：选择要修改特性的对象。

② 颜色 （C）：修改颜色，如要修改为红色，可输入 Red。

③ 图层 （LA）：修改图层，可将其置入已设置的一个图层。

④ 线型 （LT）：修改线条的线型。

⑤ 线型比例 （S）：修改线型比例。

⑥ 线宽 （LW）：修改线宽。

⑦ 厚度 （T）：修改厚度。

⑧ 透明度 （TR）：更改选定对象的透明度级别，将透明度设定为 ByLayer 或 ByBlock，或输入 0～90 之间的值。

⑨ 材质 （M）：如果附着材质，将会更改选定对象的材质。

⑩ 注释性 （A）：修改选定对象的注释性特性。

【实例】

修改某对象的颜色。

操作过程如下。

命令：chprop

选择对象：找到 1 个　　　点取要修改的对象

选择对象：　　回车结束对象选择

输入要更改的特性［颜色(C)/图层(LA)/线型(LT)/线型比例(S)/线宽(LW)/厚度(T)/透明度(TR)/材质(M)/注释性(A)］：c　　进入颜色修改

输入新颜色＜随层＞：red　　输入目标颜色

输入要更改的特性［颜色(C)/图层(LA)/线型(LT)/线型比例(S)/线宽(LW)/厚度(T)/透明度(TR)/材质(M)/注释性(A)］：　　回车结束特性修改

（2）CHANGE 命令

【命令及提示】

命令：change

选择对象：找到 1 个

选择对象：

指定修改点或［特性(P)］：p

输入要更改的特性［颜色(C)/标高(E)/图层(LA)/线型(LT)/线型比例(S)/线宽(LW)/厚度(T)/透明度(TR)/材质(M)/注释性(A)］：

【参数说明】

① 选择对象：选择要修改特性的对象。

② 指定修改点：指定修改点，该修改点对不同的对象有不同的含义。

③ 特性（P）：进入特性修改，操作同如 CHPROP 命令。

不同对象的修改有不同的含义：

a. 直线。将离修改点较近的点移到修改点上，修改后的点受到某些绘图环境设置（如正交模式）的影响。

b. 圆。使圆通过修改点。如果回车，则提示输入新的半径。

c. 块。将块的插入点改到修改点，并提示输入旋转角度。

d. 属性。将属性定义改到修改点，提示输入新的属性定义的类型、高度、旋转角度、标签、提示及缺省值等。

e. 文字。将文字的基点改到修改点，提示输入新的文本类型、高度、旋转角度和字串内容等。

【实例】

将图示圆修改其半径使之通过 A 点，并将宽度改为 1，如图 4-58 所示。

(a) 原图　　　　　　(b) 修改半径　　　　　　(c) 修改线宽

图 4-58　特性修改

操作过程如下。

命令：change

选择对象：找到 1 个　　选中圆为修改对象

选择对象：　指定修改点或［特性(P)］：　　忽略特性修改,直接修改点

指定新的圆半径＜不修改＞：　　捕捉到 A 点

结果如图 4-58 (b) 所示

命令：　CHANGE　　重复命令

选择对象：找到 1 个　　选中圆为修改对象

选择对象：　指定修改点或［特性(P)］：p　　进行特性修改

输入要更改的特性［颜色(C)/标高(E)/图层(LA)/线型(LT)/线型比例(S)/线宽(LW)/厚度(T)/透明度(TR)/材质(M)/注释性(A)］：1w　　进行线宽修改

输入新线宽＜随层＞：1　　设定线宽的值为 1

输入要更改的特性［颜色(C)/标高(E)/图层(LA)/线型(LT)/线型比例(S)/线宽(LW)/厚度(T)/透明度(TR)/材质(M)/注释性(A)］：　　回车结束命令

命令：　＜线宽 开＞　　点击状态栏上的线宽按钮 ＋,显示线宽

结果如图 4-58(c)所示

第五章　文本、表格及查询

第一节　文本标注及编辑

道路桥梁等工程图样中除了具有相关的一系列图形外，还要有相关的文字。如标题栏、绘图说明、钢筋材料表等内容。AutoCAD 为文字样式的设置、文字的注写、特殊文字的注写及文本编辑等提供了专门的命令。

一、设置文字样式

在不同的场合要使用到不同的文字样式，因此设置不同的文字样式是文字注写的首要任务。字型是具有大小、字体、倾斜度、文本方向等特性的文本样式。每种字型使用特定的字体，字体可预先设置其大小、倾斜度、文本方向、宽高比例因子等特性。当设置好文字样式后，可以利用该文字样式和相关的文字注写命令注写文字。

【命令】　STYLE（ST）

【菜单】　格式→文字样式

【工具栏】

执行该命令后，系统将弹出"文字样式"对话框，如图 5-1 所示。

在该对话框中，可以新建文字样式或修改已有的文字样式。该对话框包含了样式、预览、字体、大小、效果等区域。

（1）当前文字样式　列出当前文字样式，默认为"standard"。

（2）样式　显示图形中的样式列表，样式名前的 🔺 图标指示样式是注释性的。样式名最长可达 255 个字符，名称中可包含字母、数字和特殊字符，如美元符号（$）、下划线（ _ ）和连字符（ _ ）等。

（3）样式列表过滤器　显示当前文字样式，点取下拉列表框可以选择已创建的文字样式。点取相应的文字样式后，该文字样式的其他选项也显示出来。

（4）预览　显示随着字体的更改和效果的修改而动态更改的样例文字。

（5）字体　更改样式的字体，如果更改现有文字样式的方向或字体文件，当图形重生成时所有具有该样式的文字对象都将使用新值。

图 5-1　"文字样式"对话框

① 字体名：列出 Fonts 文件夹中所有注册的 TrueType 字体和所有编译的形（SHX）字体的字体族名。从列表中选择名称后，该程序将读取指定字体的文件。除非文件已经由另一个文字样式使用，否则将自动加载该文件的字符定义。可以定义使用同样字体的多个样式。

② 字体样式：指定字体格式，比如斜体、粗体或者常规字体，选定"使用大字体"后，该选项变为"大字体"，用于选择大字体文件。

③ 使用大字体：指定亚洲语言的大字体文件，只有 SHX 文件可以创建"大字体"。

（6）大小　更改文字的大小。

① 注释性：指定文字为注释性。单击信息图标以了解有关注释性对象的详细信息。

② 使文字方向与布局匹配：指定图纸空间视口中的文字方向与布局方向匹配，如果清除注释性选项，则该选项不可用。

③ 高度或图纸文字高度：根据输入的值设置文字高度，输入大于 0.0 的高度将自动为此样式设置文字高度，如果输入 0.0，则文字高度将默认为上次使用的文字高度，或使用存储在图形样板文件中的值。在相同的高度设置下，TrueType 字体显示的高度可能会小于 SHX 字体。如果选择了注释性选项，则输入的值将设置图纸空间中的文字高度。

（7）效果　修改字体的特性，例如高度、宽度因子、倾斜角以及是否颠倒显示、反向或垂直对齐。

① 颠倒：以水平线作为镜像轴线的垂直镜像效果。

② 反向：以垂直线作为镜像轴线的垂直镜像效果。

③ 垂直：在垂直方向上书写文字。显示垂直对齐的字符，只有在选定字体支持双向时"垂直"才可用。TrueType 字体的垂直定位不可用。

④ 宽度因子：设置文字的宽和高的比例。

⑤ 倾斜角度：设置文字的倾斜角度，正值向右倾斜，负值向左倾斜，角度范围在 $-85°\sim$ 85°之间。

（8）置为当前　将在"样式"下选定的样式设定为当前。

（9）新建　显示"新建文字样式"对话框并自动为当前设置提供名称"样式 n"（其中

n 为所提供样式的编号）。可以采用默认值或在该框中输入名称，然后选择"确定"使新样式名使用当前样式设置。

（10）删除　删除未使用文字样式。

（11）应用　将对话框中所做的样式更改应用到当前样式和图形中具有当前样式的文字。

【实例】

设置"道桥 CAD 制图"文字样式。

操作过程如下。

① 在命令行中输入 STYLE(ST)，弹出如图 5-1 所示"文字样式"对话框。

② 点击"新建"按钮，输入"道桥 CAD 制图"，按回车确定，如图 5-2 所示。

图 5-2　新建文字样式

③ 将字体名改为"仿宋 GB 2312"，字体样式不变，文字高度为 0；设置宽度比例为 0.7，如图 5-3 所示。

如图 5-3　"文字样式"对话框

④ 回车完成"道桥 CAD 制图"文字样式的设置。

【技巧】

对于同一字体可以使用不同的高度。这要求在设置文字样式时高度为 0，只有这样才可以手动地调整文字高度。

如图 5-4 所示，表示了几种不同设置的文字样式效果。

图 5-4　文字样式效果

二、书写文字

文字书写命令分为单行文本输入 TEXT、DTEXT 命令和多行文本输入 MTEXT 命令。另外还可以将外部文本输入到 AutoCAD 中。

1. 单行文本输入

在 AutoCAD 中，TEXT 或 DTEXT 命令功能相同，都可以用来输入单行文本。使用单行文字创建一行或多行文字，每行文字都是独立的对象，可对其进行重定位、调整格式或进行其他修改。

【命令】　TEXT

　　　　　DTEXT（DT）

【菜单】　绘图→文字→单行文字

【命令及提示】

命令：TEXT(DTEXT)

当前文字样式："道桥 CAD 制图" 文字高度：2.5000 注释性：否 对正： 左

指定文字的起点或［对正(J)/样式(S)］：

指定高度 ＜2.5000＞：

指定文字的旋转角度 ＜0＞：

(输入文字)

【参数说明】

① 起点：指定文字对象的起点，缺省情况下对正点为左对齐。如果前面输入过文本，此处以回车相应起点提示，则跳过随后的高度和旋转角度的提示，直接提示输入文字，此时使用前面设定好的参数，同时起点自动定义为最后绘制的文本的下一行。

② 对正（J）：输入对正参数，在出现的提示中可以选择文字对正选项，如图 5-5 所示。

【注意】　左对齐是默认选项。要左对齐文字，不必在"对正"提示下输入选项。

③ 样式（S）：选择该选项，出现如下提示：

输入样式名——输入随后书写文字的样式名称。

? ——如果不清楚已经设定的样式，键入"?"则在命令窗口列表显示已经设定的样式。

【实例】

注写如图 5-6 所示文字。

操作过程如下。

命令：_text

当前文字样式："道桥 CAD 制图" 文字高度：2.5000 注释性：否　对正：左

指定文字的起点或［对正(J)/样式(S)］：　　*指定文字左下角点*

指定高度 ＜2.5000＞：20　　*指定文字的高度为 20*

指定文字的旋转角度 ＜0＞：回车　　*不旋转文字*

道桥工程 CAD 制图　回车　　*输入第一行文字*

化学工业出版社　　*输入第二行文字*

命令：　*回车结束命令*

【技巧】

① 在系统提示输入字型名时，输入"?"，将会列出当前字型的字体、高度等字型参数。

② TEXT 命令允许在输入一段文本后，退出此命令去做别的工作，然后又进入此命令继续前面的文字注写工作，特征是上次最后输入的文本会显亮，且字高、角度等文本特性承袭上次的设定。

图 5-5　文字对正

图 5-6　注写文字

2. 多行文字输入

在 AutoCAD 中可以一次输入多行文本，而且可以设定其中的不同文字具有不同的字体或样式、颜色、高度等特性。可以输入一些特殊字符，并可以输入堆叠式分数，设置不同的行距，进行文本的查找与替换，导入外部文件等。多行文字对象和输入的文本文件最大为 256KB。

【命令】　MTEXT（T）

【工具栏】

【菜单】　绘图→文字→多行文字

【命令及提示】

命令：_mtext

当前文字样式："道桥 CAD 制图"　文字高度：20　注释性：否

指定第一角点：

指定对角点或 [高度(H) /对正(J) /行距(L) /旋转(R) /样式(S) /宽度(W) /栏(C)]：

【参数说明】

① 指定第一角点：定义多行文本输入范围的一个角点。

② 指定对角点：定义多行文本输入范围的另一个角点。

③ 高度（H）：用于设定矩形范围的高度。出现如下提示。

　　指定高度<>——定义高度。

④ 对正（J）：设置对正样式。出现如下提示：

　　　　左上（TL）——左上角对齐。

　　　　中上（TC）——中上对齐。

　　　　右上（TR）——右上角对齐。

　　　　左中（ML）——左侧中间对齐。

　　　　正中（MC）——正中对齐。

　　　　右中（MR）——右侧中间对齐。

　　　　左下（BL）——左下角对齐。

　　　　中下（BC）——中间下方对齐。

　　　　右下（BR）——右下角对齐。

⑤ 行距（L）：设置行距类型，出现如下提示：

　　　　至少（A）——确定行间距的最下值。回车出现输入行距比例或间距提示。

　　　　输入行距比例或间距——输入行距或比例。

　　　　精确（E）——精确确定行距。

⑥ 旋转（R）：指定旋转角度。

　　　　指定旋转角度——输入旋转角度。

⑦ 样式（S）：指定文字样式。

　　　　输入样式名或 [?] ——输入已定义的文字样式名，输入？则列表显示已定义的文字样式。

⑧ 宽度（W）：定义矩形宽度。

　　　　指定宽度——输入宽度或直接点取一点来确定宽度。

⑨ 栏（C）：显示用于设置栏的选项，例如类型、列数、高度、宽度及栏间距大小。

指定对角点或　126.9061　336°

图 5-7　指定多行文字的对角点

在指定了矩形的两个角点后，如图 5-7 所示，系统将弹出"在位文字编辑器"对话框，输入文字的内容即可，如图 5-8 所示。"在位文字编辑器"对话框中可以对文字的样式、大小、颜色等进行修改。

图 5-8　　在位文字编辑器中输入文字

3. 特殊文字的书写

在 AutoCAD 中有些字符是无法通过键盘输入的，这些字符为特殊字符。特殊字符主要包括上划线、下划线、度符号（°）、直径符号、正负号等。在前面介绍多行文本输入文字时已经介绍了特殊字符的输入方式之一，在单行文字输入中，必须采用特定的编码来进行。

表 5-1 列出了以上几种特殊字符的代码，其大小可通用。

表 5-1　特殊字符的代码

代　码	对应字符
％％o	上划线
％％u	下划线
％％d	度
％％c	直径
％％p	正负号
％％％	百分号
％％nnn	ASCIInnn 码对应的字符

三、编辑文本

在 AutoCAD 中同样可以对已经输入的文字进行编辑修改。根据选择的文字对象是单行文本还是多行文本的不同，弹出相应的对话框来修改文字。如果采用特性编辑器，还可以同时修改文字的其他特性。

【命令】　DDEDIT

【菜单】　修改→对象→文字
【工具栏】

执行文字编辑命令后，首先要求选择欲修改编辑的文字，如果选择的对象是单行文字，则直接在屏幕上修改即可。如果选择的对象是多行文字，则弹出"在位文字编辑器"对话框，操作和输入多行文字与前面介绍相同。

此外，还可以选择"比例"、"对正"选项更改相应选项。

四、查找与替换文本

对文字内容进行编辑时，如果当前输入的文本较多，可以通过使用 AutoCAD 中的查找与替换功能轻松查找和替换文字。

【命令】 FIND

【菜单】 编辑→查找

【工具栏】

打开"查找和替换"对话框，按折叠按钮 后全部展开，如图 5-9 所示。

图 5-9 "查找和替换"对话框

该对话框指定要查找、替换或选择的文字和控制搜索的范围及结果。对话框包含了查找内容、替换为、查找位置、搜索选项和文字类型等区域。

（1）查找内容 指定要查找的字符串，输入包含任意通配符的文字字符串，或从列表中选择最近使用过的六个字符串的其中之一。

（2）替换为 指定用于替换找到文字的字符串。输入字符串，或从列表中最近使用过的六个字符串中选择一个。

（3）查找位置 指定是搜索整个图形、当前布局还是搜索当前选定的对象。如果已选一个对象，则默认值为"所选对象"。如果未选择对象，则默认值为"整个图形"。可以用

"选择对象"按钮临时关闭该对话框,并创建或修改选择集。

(4)"选择对象" ⯐ 按钮 暂时关闭对话框,允许用户在图形中选择对象。按 Enter 键返回该对话框。选择对象时,默认情况下"查找位置"将显示"所选对象"。

(5)列出结果 在显示位置(模型或图纸空间)、对象类型和文字的表格中列出结果,可以按列对生成的表格进行排序。

(6)搜索选项 定义要查找的对象和文字的类型。

① 区分大小写:将"查找"中的文字的大小写包括为搜索条件的一部分。

② 全字匹配:仅查找与"查找"中的文字完全匹配的文字。例如,如果选择"全字匹配",然后搜索"Front Door",则 FIND 找不到文字字符串"Front Doormat"。

③ 使用通配符:可以在搜索中使用通配符。

④ 搜索外部参照:在搜索结果中包括外部参照文件中的文字。

⑤ 搜索块:在搜索结果中包括块中的文字。

⑥ 忽略隐藏项:在搜索结果中忽略隐藏项。隐藏项包括已冻结或关闭的图层上的文字、以不可见模式创建的块属性中的文字以及动态块内处于可见状态的文字。

⑦ 区分变音符号:在搜索结果中区分变音符号标记或重音。

⑧ 区分半/全角:在搜索结果中区分半角和全角字符。

(7)文字类型 指定要包括在搜索中的文字对象的类型。默认情况下,选定所有选项。

① 块属性值:在搜索结果中包括块属性文字值。

② 标注/引线文字:在搜索结果中包括标注和引线对象文字。

③ 单行/多行文字:在搜索结果中包括文字对象(例如单行和多行文字)。

④ 表格文字:在搜索结果中包括在 AutoCAD 表格单元中找到的文字。

⑤ 超链接说明:在搜索结果中包括在超链接说明中找到的文字。

⑥ 超链接:在搜索结果中包括超链接 URL。

【实例】

如图 5-10(a)所示文字替换为如图 5-10(b)所示。

AUTOCAD建筑丛书   AutoCAD建筑丛书

(a)   (b)

图 5-10 文字替换

操作过程如下。

① 在命令行输入 FIND 或选择下拉菜单"编辑"→"查找",打开如图 5-9 所示的"查找和替换"对话框。在"查找内容"中输入"AUTO",在"替换为"中输入"Auto",如图 5-11 所示。

图 5-11 输入查找和替换的文字

② 单击 全部替换(A)，弹出如图 5-12 所示的完成提示，单击 确定 ，系统又返回到
"查找和替换"对话框，单击 完成 即可。

图 5-12　查找和替换完成提示

第二节　表格及编辑

建筑结构图样中常常要绘制各类表格。在 AutoCAD 的较低版本中，用户只能通过各种
命令来绘制表格。在较高版本中，可以通过插入表格的方法快速、准确地完成表格的绘制，
也可以用专门的命令编辑表格。

一、设置表格样式

设置当前表格样式，以及创建、修改和删除表格样式。

【命令】　TABLESTYLE

【菜单】　格式→表格样式

执行该命令后，系统将弹出"表格样式"对话框，如图 5-13 所示。

图 5-13　"表格样式"对话框

① 当前表格样式：显示应用于所创建表格的表格样式的名称。

② 样式：显示表格样式列表。当前样式被亮显。

③ 列出：控制"样式"列表的内容。

④ 预览：显示"样式"列表中选定样式的预览图像。

⑤ 置为当前：将"样式"列表中选定的表格样式设定为当前样式。所有新表格都将使用此表格样式创建。

⑥ 新建：显示"创建新的表格样式"对话框，如图 5-14 所示。从中可以定义新的表格样式，比如"道桥 CAD 制图"。单击 继续 ，又弹出"新建表格样式"对话框，如图 5-15所示。在此可以定义新的表格样式。

⑦ 修改：显示"修改表格样式"对话框，如图 5-16 所示，从中可以修改表格样式。

⑧ 删除：删除"样式"列表中选定的表格样式，不能删除图形中正在使用的样式。

图 5-14 "创建新的表格样式"对话框

图 5-15 新建表格样式

图 5-15 和图 5-16 所示的样式是一样的：定义新的表格样式或修改现有表格样式。

① 起始表格：用户可以在图形中指定一个表格用作样例来设置此表格样式的格式，选择表格后，可以指定要从该表格复制到表格样式的结构和内容。使用"删除表格"图标，可以将表格从当前指定的表格样式中删除。

② 常规：表格方向用来设置表格方向。"向下"将创建由上而下读取的表格。"向上"将创建由下而上读取的表格。

a. 向下：标题行和列标题行位于表格的顶部。单击"插入行"并单击"下"时，将在当前行的下面插入新行。

b. 向上：标题行和列标题行位于表格的底部。单击"插入行"并单击"上"时，将在当前行的上面插入新行。

图 5-16 "修改表格样式"——"常规"选项卡

③ 预览：显示当前表格样式设置效果的样例。

④ 单元样式：定义新的单元样式或修改现有单元样式，可以创建任意数量的单元样式。

a."常规"选项卡：如图 5-16 所示，可以指定单元的背景色、设置表格单元中文字的对正和对齐方式、为表格中的"数据"、"列标题"或"标题"行设置数据类型和格式等。

b."文字"选项卡：如图 5-17 所示，列出了可用的文本样式，点击"文字"按钮在"文字"选项卡中可以创建或修改文字样式，设定文字高度、颜色、角度等。

图 5-17 "修改表格样式"——"文字"选项卡

c.“边框”选项卡：如图 5-18 所示，通过单击边界按钮，可设置将要应用于指定边界的线宽、线型、颜色、双线以及控制单元边框的外观等。

图 5-18 "修改表格样式"——"边框"选项卡

⑤ 单元样式预览：显示当前表格样式设置效果的样例。

二、插入表格

表格是在行和列中包含数据的复合对象，完成表格样式设定后，即可根据设置的表格样式创建表格，并在表格在输入相应的表格内容，还可以将表格链接至 Microsoft Excel 电子表格中的数据。

【命令】 TABLE

【菜单】 绘图→表格

【工具栏】

系统将弹出"插入表格"对话框，在此可以创建空的表格对象，如图 5-19 所示。

（1）表格样式 在要从中创建表格的当前图形中选择表格样式。通过单击下拉列表旁边的按钮，用户可以创建新的表格样式。

（2）插入选项 指定插入表格的方式。

① 从空表格开始：创建可以手动填充数据的空表格。

② 自数据链接：从外部电子表格中的数据创建表格。

③ 自图形中的对象数据（数据提取）：启动"数据提取"向导。

（3）预览 控制是否显示预览。如果从空表格开始，则预览将显示表格样式的样例。如果创建表格链接，则预览将显示结果表格。处理大型表格时，清除此选项以提高性能。

图 5-19　"插入表格"对话框

（4）插入方式　指定表格位置。

① 指定插入点：指定表格左上角的位置。可以使用定点设备，也可以在命令提示下输入坐标值。如果表格样式将表格的方向设定为由下而上读取，则插入点位于表格的左下角。

② 指定窗口：指定表格的大小和位置。可以使用定点设备，也可以在命令提示下输入坐标值。选定此选项时，行数、列数、列宽和行高取决于窗口的大小以及列和行设置。

（5）列和行设置　设置列和行的数目和大小。

① 列图标：表示列。

② 行图标：表示行。

③ 列数：指定列数。选定"指定窗口"选项并指定列宽时，"自动"选项将被选定，且列数由表格的宽度控制。如果已指定包含起始表格的表格样式，则可以选择要添加到此起始表格的其他列的数量。

④ 列宽：指定列的宽度。选定"指定窗口"选项并指定列数时，则选定了"自动"选项，且列宽由表格的宽度控制。最小列宽为一个字符。

⑤ 数据行数：指定行数。选定"指定窗口"选项并指定行高时，则选定了"自动"选项，且行数由表格的高度控制。带有标题行和表格头行的表格样式最少应有三行。最小行高为一个文字行。如果已指定包含起始表格的表格样式，则可以选择要添加到此起始表格的其他数据行的数量。

⑥ 行高：按照行数指定行高。文字行高基于文字高度和单元边距，这两项均在表格样式中设置。选定"指定窗口"选项并指定行数时，则选定了"自动"选项，且行高由表格的高度控制。

（6）设置单元样式　对于那些不包含起始表格的表格样式，请指定新表格中行的单元格式。

① 第一行单元样式：指定表格中第一行的单元样式。默认情况下，使用标题单元样式。

② 第二行单元样式：指定表格中第二行的单元样式。默认情况下，使用表头单元样式。

③ 所有其他行单元样式：指定表格中所有其他行的单元样式。默认情况下，使用数据

单元样式。

【实例】

创建一个样式为"桥面各点标高表"的十行六列表格，行高为 20 行，列宽为 60，如图 5-20 所示。

图 5-20 "钢筋用量表"表格

操作过程如下。

① 在命令行输入 table 或单击下拉菜单"绘图"→"表格"或单击"绘图"工具栏上的按钮 ，弹出如图 5-19 所示的"插入表格"对话框。

② 点击"插入表格"对话框中"表格样式"按钮 ，弹出如图 5-13 所示的"表格样式"对话框。

③ 点击"表格样式"对话框中的 新建(N)... 按钮，弹出"创建新表格样式"对话框，将新样式命名"桥面各点标高表"，如图 5-21 所示。

④ 点击"创建新表格样式"对话框中的 继续 按钮，弹出的"新建表格样式"对话框，分别将"数据"、"表头"、"标题"文字高度改为 10，如图 5-22 所示。

图 5-21 "桥面各点标高表"样式

图 5-22 在"新建表格样式"对话框中修改参数

⑤ 单击"新建表格样式"对话框中的 确定 按钮，回到"表格样式"对话框中，单击 **置为当前(U)** 按钮，再单击 关闭 按钮，回到"插入表格"对话框中。

⑥ 在"插入表格"对话框中设置题目要求的各项参数，如图 5-23 所示。

图 5-23 在"插入表格"对话框中修改参数

⑦ 单击"插入表格"对话框中的 确定 按钮，屏幕出现带有插入点的表格，在屏幕上指定插入后点击鼠标左键，弹出"文字格式编辑器"，如图 5-24 所示，单击 确定 按钮，完成操作。

图 5-24 文字格式编辑器

【注意】

如果在"文字格式编辑器"中输入文字，如图 5-25 所示，然后再单击 确定 按钮，即完成了默认表格标题的文字书写，如图 5-26 所示。

图 5-25 "文字格式编辑器"中输入文字

三、编辑表格

表格创建完成后，用户可以单击该表格上的任意网格线以选中该表格，然后修改该表格。

① 在命令行输入 TABLEDIT 命令

图 5-26 有标题的表格

操作过程如下。

命令：TABLEDIT 回车   调入*编辑表格命令*

拾取表格单元：   在屏幕上点击要编辑的单元格

屏幕出现如图 5-24 所示的"文字格式编辑器"，可以编辑。

② 用鼠标左键直接双击表格，也出现"文字格式编辑器"，可以编辑。

③ 用鼠标左键直接单击表格，出现如图5-27所示的"表格编辑器"，可以编辑表格的各项参数，比如宽度、高度、合并、打断等。

表格呈编辑状态后，即可移动光标在表格之间进行切换，对任意表格单元进行编辑，然后单击 **确定** 按钮，完成编辑处理。

图 5-27   "表格编辑器"编辑表格

第三节 对象查询

查询命令提供了在绘图或编辑过程中的下列功能：了解对象的数据信息，计算某表达式的值，计算距离、面积、质量特性，识别点的坐标等。

一、距离

通过距离命令可以直接查询屏幕上两点之间的距离、和 xy 平面的夹角、在 xy 平面中的倾角以及 x、y、z 方向上的增量。

【命令】 MEASUREGEOM

【菜单】 工具→查询→距离

【工具栏】

距离
测量两点之间或多段线上的距离

MEASUREGEOM
按 F1 键获得更多帮助

【命令及提示】

1. 直接用键盘输入命令"DIST"

命令：DIST

指定第一点：

指定第二个点或［多个点(M)］：

2. 单击菜单或命令按钮▭▭：

命令：_MEASUREGEOM

输入选项［距离(D)/半径(R)/角度(A)/面积(AR)/体积(V)]＜距离＞：

【参数说明】

（1）距离（D）　测量指定点之间的距离。

　　　多个点（M）：计算基于现有直线段和当前橡皮带线的最新总距离。总长将随光标移动进行更新，并显示在工具提示中。如果输入 Arc、Length 或 Undo，将显示用于选择多段线的选项。

（2）半径（R）　测量指定圆弧或圆的半径和直径。

（3）角度（A）　测量指定圆弧、圆、直线或顶点的角度。

① 圆弧：测量圆弧的角度。

② 圆：测量圆中指定的角度。角度会随光标的移动进行更新。

③ 直线：测量两条直线之间的角度。

④ 顶点：测量顶点的角度。

（4）面积（AR）　测量对象或定义区域的面积和周长，但无法计算自交对象的面积。

① 指定角点：计算由指定点所定义的面积和周长。如果输入"圆弧"、"长度"或"放弃"，将显示用于选择多段线的选项。

② 增加面积：打开"加"模式，并在定义区域时即时保持总面积。可以使用"增加面积"选项计算各个定义区域和对象的面积、各个定义区域和对象的周长、所有定义区域和对象的总面积和所有定义区域和对象的总周长。

③ 减少面积：从总面积中减去指定的面积。命令提示下和工具提示中将显示总面积和周长。

（5）体积（V）　测量对象或定义区域的体积。

① 对象：测量对象或定义区域的体积。可以选择三维实体或二维对象。如果选择二维对象，则必须指定该对象的高度。如果通过指定点来定义对象，则必须至少指定三个点才能定义多边形，所有点必须位于与当前 UCS 的 xy 平面平行的平面上。如果未闭合多边形，则将计算面积，就如同输入的第一个点和最后一个点之间存在一条直线。如果输入 Arc、Length 或 Undo，将显示用于选择多段线的选项。

② 增加体积：打开"加"模式，并在定义区域时保存最新总体积。

③ 减去体积：打开"减"模式，并从总体积中减去指定体积。

【实例】

查询如图 5-28 所示图形中 A 点到 B 点之间的距离。

操作过程如下。

命令：DIST

指定第一点：　　点取 A 点

指定第二个点或［多个点(M)］：　　点取 B 点

距离 = 444.2556,XY 平面中的倾角 = 349, 与 XY 平面的夹角 = 0

X 增量 = 436.3677, Y 增量 = -83.3443, Z

增量 = 0.0000

命令：

图 5-28 测量两点间的距离

二、半径

【命令】 MEASUREGEOM

【菜单】 工具→查询→半径

【工具栏】

【实例】

查询如图 5-28 所示图形中圆的直径。

操作过程如下。

命令：_MEASUREGEOM

输入选项 [距离(D)/半径(R)/角度(A)/面积(AR)/体积(V)] ＜距离＞：_radius   选择半径

选择圆弧或圆：   选择要度量的圆

半径 = 158.4309

直径 = 316.8619

输入选项 [距离(D)/半径(R)/角度(A)/面积(AR)/体积(V)/退出(X)] ＜半径＞：   按 ESC 结束

命令：

三、角度

【命令】 MEASUREGEOM

【菜单】 工具→查询→角度

【工具栏】

【实例】

查询如图 5-29 所示图形中 β 角的大小。

操作过程如下。

命令：_MEASUREGEOM

输入选项〔距离(D) /半径(R) /角度(A) /面积(AR) /体积(V)〕＜距离＞：_angle　　*选择角度*

选择圆弧、圆、直线或 ＜指定顶点＞：　　*指定角度的起点*

选择第二条直线：　　*指定角度的终点*

角度 = 50°　　*自动测量并显示角度值*

输入选项〔距离(D) /半径(R) /角度(A) /面积(AR) /体积(V) /退出(X)〕＜角度＞：　　*按 ESC 结束*

命令：

图 5-29　测量角度

四、面积

【命令】 MEASUREGEOM

【菜单】 工具→查询→面积

【工具栏】

【实例】

查询如图 5-29 所示图形面积的大小。

操作过程如下。

命令：_MEASUREGEOM

输入选项〔距离(D) /半径(R) /角度(A) /面积(AR) /体积(V)〕＜距离＞：_area　　*选择面积*

指定第一个角点或〔对象(O) /增加面积(A) /减少面积(S) /退出(X)〕＜对象(O)＞：　　*指定图形的一个角点*

指定下一个点或〔圆弧(A) /长度(L) /放弃(U)〕：　　*(按顺时针或逆时针方向)依次指定第二点*

指定下一个点或〔圆弧(A) /长度(L) /放弃(U)〕：　　*(按顺时针或逆时针方向)依次指定第三点*

指定下一个点或〔圆弧(A) /长度(L) /放弃(U) /总计(T)〕＜总计＞：　　*(按顺时针或逆时针方向)依次指定第四点*

指定下一个点或〔圆弧(A) /长度(L) /放弃(U) /总计(T)〕＜总计＞：　　*(按顺时针或逆时针方向)依次指定第五点*

指定下一个点或〔圆弧(A) /长度(L) /放弃(U) /总计(T)〕＜总计＞：　　*(按顺时针或逆时针方向)依次指定第六点*

指定下一个点或〔圆弧(A) /长度(L) /放弃(U) /总计(T)〕＜总计＞：　　*回车*

区域 = 44977.8307,周长 = 1079.7607　　*自动测量并显示面积值*

输入选项〔距离(D) /半径(R) /角度(A) /面积(AR) /体积(V) /退出(X)〕＜面积＞：　　*按 ESC 结束*

五、体积

【命令】 MEASUREGEOM

【菜单】 工具→查询→体积

【工具栏】

【实例】

查询如图 5-30 所示截面的三棱柱体积的大小,三棱柱高度为 100。

操作过程如下。

命令:_MEASUREGEOM

输入选项 [距离(D) /半径(R) /角度(A) /面积(AR) /体积
(V)] <距离>:_volume   选择体积

指定第一个角点或 [对象(O) /增加体积(A) /减去体积

图 5-30   测量体积

(S) /退出(X)] <对象(O)>:   指定截面的第一角点

指定下一个点或 [圆弧(A) /长度(L) /放弃(U)]:   指定截面的第二角点

指定下一个点或 [圆弧(A) /长度(L) /放弃(U)]:   指定截面的第三角点

指定下一个点或 [圆弧(A) /长度(L) /放弃(U) /总计(T)] <总计>:   回车

指定高度:100   输入高度数值

体积 = 985545.3688   自动测量并显示体积值

输入选项 [距离(D) /半径(R) /角度(A) /面积(AR) /体积(V) /退出(X)] <体积>:   按 ESC 结束

命令:

六、体积面域/质量特性

【命令】 MASSPROP

【菜单】 工具→查询→面域/质量特性

【工具栏】

【实例】

查询如图 5-30 所示三角形截面质量特性。

【注意】

MASSPROP 是计算面域或三维实体的质量特性,所以一般的平面图形先要转换成面域才能查询质量特性。

　　操作过程如下。

　　命令：_region　　*调用"面域"命令*

　　选择对象：找到 1 个　　*指定三角形第一个角点*

　　选择对象：找到 1 个,总计 2 个　　*指定三角形第二个角点*

　　选择对象：找到 1 个,总计 3 个　　*指定三角形第三个角点*

　　选择对象：　　*回车*

　　已提取 1 个环。

　　已创建 1 个面域。　　*系统提示面域创建完成*

　　命令：

　　命令：_massprop　　*调用"面域/质量特性"命令*

　　选择对象：找到 1 个　　*单击刚创建的面域*

　　选择对象：　　*回车后出现文本窗口显示以下信息*

　　--------------- 面域 ---------------

　　面积：　　　　　　　　　　9855.4537

　　周长：　　　　　　　　　　516.1199

　　边界框：　　　　　　X：2090.4378　　--　　2319.6585

　　　　　　　　　　　　Y：1143.9343　　--　　1229.9252

　　质心：　　　　　　　X：2201.2155

　　　　　　　　　　　　Y：1201.2616

　　惯性矩：　　　　　　X：14225758199.5598

　　　　　　　　　　　　Y：47774766570.5352

　　惯性积：　　　　　　XY：26060682869.9642

　　旋转半径：　　　　　X：1201.4326

　　　　　　　　　　　　Y：2201.7144

　　主力矩与质心的 X-Y 方向：

　　　　　　　　　　I：4032009.3335 沿 [0.9995 0.0307]

　　　　　　　　　　J：21665125.1313 沿 [-0.0307 0.9995]

　　是否将分析结果写入文件？[是(Y)/否(N)]＜否＞：　　*回车(不写入操作)*

　　列表显示可以将选择的图形对象的类型、所在空间、图层、大小、位置等特性在文本窗口中显示。

七、列表

【命令】　LIST

【菜单】　工具→查询→列表

【工具栏】

【命令及提示】

命令：_list

选择对象：

【参数说明】

选择对象：选择欲查询的对象。

【实例】

查询如图 5-31 所示两直线是否相交。

操作过程如下。

命令：_list　调用"列表"命令

选择对象：找到 1 个　选择一条直线

选择对象：找到 1 个,总计 2 个　选择另一条直线

选择对象：　回车后出现文本窗口显示以下信息

图 5-31　两直线

　　　　　直线　　图层：0

　　　　　空间：模型空间

　　　　　线宽：0.30 毫米

　　　　　　句柄 = 272

　　　　自点, X = 2105.2444　Y = 1223.6026　Z = 0.0000

　　　　到点, X = 2297.9243　Y = 1317.0215　Z = 0.0000

长度 = 214.1323,在 XY 平面中的角度 = 26

　　　　　增量 X = 192.6799,增量 Y = 93.4189,增量 Z = 0.0000

　　　　　直线　　图层：0

　　　　　空间：模型空间

　　　　　线宽：0.30 毫米

　　　　　　句柄 = 273

　　　　自点, X = 2131.7314　Y = 1326.8823　Z = 0.0000

　　　　到点, X = 2312.4662　Y = 1203.8809　Z = 0.0000

长度 = 218.6194,在 XY 平面中的角度 = 326

　　　　　增量 X = 180.7348,增量 Y = - 123.0015,增量 Z = 0.0000

结果显示两直线在同一个平面上，所以相交。

八、点坐标

【命令】　ID

【菜单】　工具→查询→点坐标

【工具栏】

【命令及提示】

命令：´_id

指定点：

【参数说明】

指定点：点取欲查其坐标的点。

【实例】

查询如图 5-31 所示两条直线交点的坐标。

操作过程如下。

命令：´_id　　*调用"点坐标"命令*

指定点：　*点击两条直线交点*

X = 2209. 3336　　Y = 1274. 0692　　Z = 0. 0000

命令：

九、时间

时间命令可以显示图形的编辑时间，最后一次修改时间等信息。

【命令】　TIME

【菜单】　工具→查询→时间

【命令及提示】

命令：´_time

执行该命令后，将在文本窗口显示当前时间、图形编辑次数、创建时间、上次更新时间、累计编辑时间、经过计时器时间、下次自动保存时间等信息，并出现以下提示：

输入选项[显示(D)开(ON)/关(OFF)/重置(R)]：

【参数说明】

① 显示（D）：显示以上信息。

② 开（ON）：打开计时器。

③ 关（OFF）：关闭计时器。

④ 重置（R）：将计时器重置为零。

十、状态

状态命令可以显示图形的显示范围、绘图功能、参数设置、磁盘空间利用情况等信息。

【命令】　STATUS

【菜单】　工具→查询→状态

【命令及提示】

命令：status

随即显示该文件中的对象个数、图形界限、显示范围、基点、捕捉分辨率、栅格间距、当前图层、当前颜色、当前线型、当前线宽、打印样式、当前标高、厚度、填充模式、栅格显示模式、正交模式、快速文字模式、捕捉模式、对象捕捉模式、可用图形文件磁盘空间、可用临时磁盘空间、可用物理内存、可用交换文件空间等信息。

十一、设置变量

变量在 AutoCAD 中扮演着十分重要的角色，变量值的不同直接影响着系统的运行方式和结果，熟悉系统变量是精通使用 AutoCAD 的前提。显示或修改系统变量可以通过 SET-VAR 命令进行，也可以直接在命令提示后键入变量名称。通过在命令的执行过程中输入的参数或在对话框中设定的结果，都可以直接修改相应的系统变量。

【命令】 SETVAR

【菜单】 工具→查询→设置变量

【命令及提示】

命令：´_setvar

输入变量名或[?]：?

输入要列出的变量＜＊＞：

【参数说明】

① 变量名：输入变量名即可以查询该变量的设定值。

② ?：输入问号"?"，则出现"输入要列出的变量＜＊＞'的提示。直接回车后，将分页列表显示所有变量及其设定值。

第六章 尺寸标注及打印输出

第一节 尺寸标注

尺寸标注是向图形中添加测量注释的过程，是工程图样的重要组成部分。由于尺寸标注命令可以自动测量并标注图形，因此绘制的图形应力求准确，并善于运用目标捕捉、网点、正交、辅助线等辅助定位工具。

一、标注组成

一个完整的尺寸标注通常是由尺寸线、尺寸界线、起止符号和尺寸数字组成。另外，还可能包含公差、单位等内容，如图 6-1 所示。

图 6-1 尺寸的组成与标注示例

① 尺寸线：表示被注线段的长度。用细实线绘制，不能用其他图线代替。尺寸线应与被注长度平行，且不宜超出尺寸界线。每道尺寸线之间的距离一般为 7mm，如图 6-1（b）所示。

② 尺寸界线：用细实线绘制，表示被注尺寸的范围。一般应与被注长度垂直，其一端应离开图样轮廓线不小于 2mm，另一端宜超出尺寸线 2～3mm ，如图 6-1（a）所示。必要时，图样轮廓线可用作尺寸界线，如图 6-1（b）所示的 240 和 3360。

③ 起止符号：一般应用中粗斜短线或箭头绘制，如果用中粗斜短线绘制，其倾斜方向与尺寸界线应成顺时针 45°角，高度（h）宜为 2～3mm，如图 6-1（a）所示。

系统提供了各种起止符号供用户选择，如图 6-2 所示。

④ 尺寸数字：表示被注尺寸的实际大小，它与绘图所选用的比例和绘图的准确程度无关。图样上的尺寸应以尺寸数字为准，不得从图上直接量取。除标高和总平面图以 m（米）为单位外，其他一律以 mm（毫米）为单位，图样上的尺寸数字不再注写单位。同一张图样

图 6-2　起止符号形式

中，尺寸数字的大小应一致。

⑤ 引出线：引出线是一条用来引出注释参数或说明的实线。

在一般情况下，AutoCAD 都将一个尺寸作为一个图块，即尺寸线、尺寸界线、起止符号和尺寸数字不是单独的实体，而是共同构成一个图块。因此通过对尺寸标注的拉伸，尺寸数字将相应地发生变化。同样，当尺寸样式发生变化时，以该样式为基础的尺寸标注也相应变化。尺寸标注的这种特性被称为尺寸的关联性。AutoCAD 通过系统变量 DIMASO 来控制尺寸是否关联。当 DIMASO＝0 时，所标注尺寸不具有关联性，也就是说，尺寸线、尺寸界线、起止符号和尺寸数字是各自独立的实体，此时拉伸尺寸标注，标注文字不再发生变化。

除了通过系统变量控制尺寸标注的关联性外，也可用 Expolde 命令炸开尺寸标注的关联性。

如果用 Ddedit 命令编辑尺寸文字，修改过的尺寸文本将不再具有关联性。

尺寸标注的类型有线性标注、对齐标注、坐标标注、直径标注、半径标注、角度标注、基线标注、连续标注、引线标注和圆心标注等。

各种尺寸标注类型如图 6-3 所示。

二、标注的规则

尺寸标注必须满足相应的技术标准。

1. 尺寸标注的基本规则

① 图形对象的大小以尺寸数值所表示的大小为准，与图形绘制的精度和输出时的精度无关。

② 一般情况下，采用毫米为单位时不需注写单位，否则应该明确注写尺寸所用单位。

③ 尺寸标注所用字符的大小和格

图 6-3　尺寸标注类型

式必须满足国家标准。在同一图形中，同一类终端应该相同，尺寸数字大小应该相同，尺寸间隔应该相同。

④ 尺寸数字和图形重合时，必须将图线断开。如果图线不边于断开来表示对象时，应该调整尺寸标注的位置。

2. AutoCAD 中尺寸标注的其他规则

一般情况下，为了便于尺寸标注的统一和绘图的方便，在 AutoCAD 中尺寸标注时应该遵守以下规则。

① 为尺寸标注建立专用的图层。建立专用的图层，可以控制尺寸的显示和隐藏，和其他的图线可以迅速分开，便于修改、浏览。

② 为尺寸文本建立专门的文字样式。对照国家标准，应该设定好字符的高度、宽高比、

倾斜角度等。

③ 设定好尺寸标注样式。按照国家标准，创建系列尺寸标注样式，内容包含直线和终端、文字样式、调整对齐特性、单位、尺寸精度、公差格式和比例因子等。

④ 保存尺寸格式，必要时使用替代标注样式。

⑤ 采用1：1比例绘图。由于尺寸标注时可以让 AutoCAD 自动测量尺寸大小，所以采用1：1比例绘图，绘图时无需换算，在标注尺寸时也无需再键入尺寸大小。如果最后统一修改了绘图比例，相应应该修改尺寸标注的全局比例因子。

⑥ 标注尺寸时应该充分利用对象捕捉功能准确标注尺寸，可以获得正确的尺寸数值。尺寸标注为了便于修改，尺寸标注应该设定成关联的。

⑦ 在标注尺寸时，为了减小其他图线的干扰，应该将不必要的图层关闭，如剖面线层等。

三、设置标注样式

不同的图纸需要采用不同的尺寸标注格式。设置尺寸标注格式的目的就在于保证图形实体的各个尺寸采用一致的形式、风格。尺寸保证格式可以控制尺寸线、尺寸界线、标注文字和尺寸箭头的设置，它是一组变量的集合。通过修改这些变量的值，可以更改尺寸标注格式，以适合不同的设计人员。

一般情况下，尺寸标注的流程如下：

① 设置尺寸标注图层。

② 设置供尺寸标注用的文字样式。

③ 设置尺寸标注样式。

④ 标注尺寸。

⑤ 修改调整尺寸标注。

应该设定好符合国家标准的尺寸标注格式，然后再进行尺寸标注。

【命令】 DIMSTYLE

【菜单】 格式→标注样式

标注→标注样式

【工具栏】

启用"标注样式"命令后，系统将弹出"标注样式管理器"对话框，如图6-4所示。

【选项及说明】

① 当前标注样式：显示当前标注样式的名称。默认标注样式为标准。当前样式将应用于所创建的标注。

图 6-4 "标注样式管理器"对话框

② 样式：列出图形中的标注样式，当前样式被亮显。在列表中单击鼠标右键可显示快捷菜单及选项，可用于设定当前标注样式、重命名样式和删除样式。不能删除当前样式或当前图形使用的样式。样式名前的 ⚠ 图标指示样式是注释性。不能对外部参照的标注样式进行更改、重命名和设置成当前标注样式，但是可以基于该标注样式创建新的标注样式。"列表"中的选定项目控制显示的标注样式。

③ 列出：在"样式"列表中控制样式显示。如果要查看图形中所有的标注样式，请选择"所有样式"。如果只希望查看图形中标注当前使用的标注样式，请选择"正在使用的样式"。

④ 不列出外部参照中的样式：如果选择此选项，在"样式"列表中将不显示外部参照图形的标注样式。

⑤ 预览：显示"样式"列表中选定样式的图示。

⑥ 说明：说明"样式"列表中与当前样式相关的选定样式。如果说明超出给定的空间，可以单击窗格并使用箭头键向下滚动。

⑦ 置为当前：将在"样式"下选定的标注样式设定为当前标注样式。当前样式将应用于所创建的标注。

⑧ 新建：显示"创建新标注样式"对话框，从中可以定义新的标注样式。单击 新建 (N)... 按钮，弹出对话框，如图 6-5 所示。

图 6-5 "创建新标注样式"对话框

图 6-6 标注样式选择

这时可以在"新样式名"后键入要创建的标注样式的名称,比如"道桥 CAD 制图";在基础样式后的下拉列表框中可以选择一种已有的样式作为该新样式的基础样式;点击"用于"下的下拉列表框,可以选择适用该新样式的标注类型,如图 6-6 所示。

单击"创建新标注样式"对话框中的 **继续** 按钮,将弹出"新建标注样式"对话框,如图 6-7 所示。

图 6-7 "新建标注样式"对话框

⑨ 修改:显示"修改标注样式"对话框,从中可以修改标注样式。对话框选项与"新建标注样式"对话框中的选项相同。

⑩ 替代:显示"替代当前样式"对话框,从中可以设定标注样式的临时替代值。对话框选项与"新建标注样式"对话框中的选项相同。替代将作为未保存的更改结果显示在"样式"列表中的标注样式下。

⑪ 比较:单击 **比较(C)...** 显示"比较标注样式"对话框,从中可以比较两个标注样式或列出一个标注样式的所有特性,如图 6-8 所示。

图 6-8 "比较标注样式"对话框

⑫ 关闭：关闭"标注样式管理器"对话框。

⑬ 帮助：显示"Autodesk Exchange"中有关"标注样式管理器"对话框的解释说明，如图 6-9 所示。

图 6-9　Autodesk Exchange

1. 线

此选项卡可以设定尺寸线、尺寸界线、箭头和圆心标记的格式和特性，如图 6-10 所示。

图 6-10　"线"选项卡

（1）尺寸线　设定尺寸线的特性。

① 颜色：显示并设定尺寸线的颜色。如果单击"选择颜色"（在"颜色"列表的底部），将显示"选择颜色"对话框，也可以输入颜色名或颜色号，可以从 255 种 AutoCAD 颜色索

引（ACI）颜色、真彩色和配色系统颜色中选择颜色。

②线型：设定尺寸线的线型。

③线宽：设定尺寸线的线宽。

④超出标记：指定当箭头使用倾斜、建筑标记、积分和无标记时尺寸线超过尺寸界线的距离。

⑤基线间距：设定基线标注的尺寸线之间的距离，输入距离。

⑥隐藏：不显示尺寸线。"尺寸线 1"不显示第一条尺寸线，"尺寸线 2"不显示第二条尺寸线。

尺寸线的说明如图 6-11 所示。

图 6-11　尺寸线选项说明

（2）尺寸界线　控制尺寸界线的外观。

①颜色：设定尺寸界线的颜色。如果单击"选择颜色"（在"颜色"列表的底部），将显示"选择颜色"对话框，也可以输入颜色名或颜色号。可以从 255 种 AutoCAD 颜色索引（ACI）颜色、真彩色和配色系统颜色中选择颜色。

②尺寸界线 1 的线型：设定第一条尺寸界线的线型。

③尺寸界线 2 的线型：设定第二条尺寸界线的线型。

④线宽：设定尺寸界线的线宽。

⑤隐藏：不显示尺寸界线。"尺寸界线 1"不显示第一条尺寸界线，"尺寸界线 2"不显示第二条尺寸界线。

⑥超出尺寸线：指定尺寸界线超出尺寸线的距离。

⑦起点偏移量：设定自图形中定义标注的点到尺寸界线的偏移距离。

⑧固定长度的尺寸界线：启用固定长度的尺寸界线。

⑨长度：设定尺寸界线的总长度，起始于尺寸线，直到标注原点。

尺寸界线的说明如图 6-12 所示。

图 6-12　尺寸界线说明

（3）预览　显示样例标注图像，它可显示对标注样式设置所做更改的效果。

2. 符号和箭头

此选项卡用来设定箭头、圆心标记、弧长符号和折弯半径标注的格式和位置，如图6-13

所示。

图 6-13 "符号和箭头"选项卡

（1）箭头　控制标注箭头的外观。

① 第一个：设定第一条尺寸线的箭头，当更改第一个箭头的类型时，第二个箭头将自动更改以同第一个箭头相匹配。单击▶实心闭合 的倒三角，列出各种箭头形式，如图 6-14 所示。

② 第二个：设定第二条尺寸线的箭头。

③ 引线：设定引线箭头。

④ 箭头大小：显示和设定箭头的大小。

图 6-14 "符号和箭头"选项卡——显示箭头形式

（2）圆心标记　设置要使用的圆心标记或直线的类型。

① 无：不创建圆心标记或中心线。该值在 DIMCEN 系统变量中存储为 0（零）。

② 标记：创建圆心标记。在 DIMCEN 系统变量中，圆心标记的大小存储为正值。

③ 直线：创建中心线。中心线的大小在 DIMCEN 系统变量中存储为负值。

④ 大小：显示和设定圆心标记或中心线的大小。如果类型为标记，则指标记的长度大小；如果类型为直线，则指中间的标注长度以及直线超出圆或圆弧轮廓线的长度。

圆心标记的两种不同类型如图 6-15 所示。

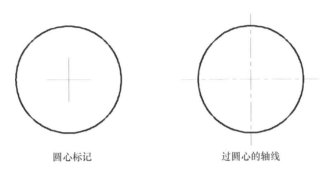

圆心标记　　　　　　　　过圆心的轴线

图 6-15　圆心标记类型

（3）折断标注　控制折断标注的间隙宽度。

折断大小：显示和设定用于折断标注的间隙大小。

（4）弧长符号　控制弧长标注中圆弧符号的显示。

① 标注文字的前缀：将弧长符号放置在标注文字之前。

② 标注文字的上方：将弧长符号放置在标注文字的上方。

③ 无：不显示弧长符号。

（5）半径折弯标注　控制折弯（Z 字型）半径标注的显示，折弯半径标注通常在圆或圆弧的圆心位于页面外部时创建，如图 6-16 所示。折弯角度为确定折弯半径标注中，尺寸线的横向线段的角度。

图 6-16　半径折弯标注

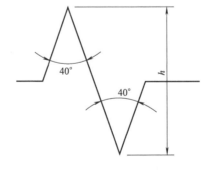

图 6-17　线性折弯标注

（6）线性折弯标注　控制线性标注折弯的显示。当标注不能精确表示实际尺寸时，通常将折弯线添加到线性标注中，一般实际尺寸比所需值小，如图 6-17 所示。折弯高度因子是通过形成折弯角度的两个顶点之间的距离所确定的。

（7）预览　显示样例标注图像，它可显示对标注样式设置所做更改的效果。

3. 文字

此选项卡用来设定标注文字的格式、放置和对齐，如图 6-18 所示。

图 6-18 "文字"选项卡

（1）文字外观 控制标注文字的格式和大小。

① 文字样式：列出可用的文本样式。

②"文字样式"按钮：显示"文字样式"对话框，从中可以创建或修改文字样式。

③ 文字颜色：设定标注文字的颜色。如果单击"选择颜色"（在"颜色"列表的底部），将显示"选择颜色"对话框。也可以输入颜色名或颜色号，可以从 255 种 AutoCAD 颜色索引（ACI）颜色、真彩色和配色系统颜色中选择颜色。

④ 填充颜色：设定标注中文字背景的颜色。如果单击"选择颜色"（在"颜色"列表的底部），将显示"选择颜色"对话框。也可以输入颜色名或颜色号，可以从 255 种 AutoCAD 颜色索引（ACI）颜色、真彩色和配色系统颜色中选择颜色。

⑤ 文字高度：设定当前标注文字样式的高度。在文本框中输入值。如果在"文字样式"中将文字高度设定为固定值（即文字样式高度大于 0），则该高度将替代此处设定的文字高度。如果要使用在"文字"选项卡上设定的高度，请确保"文字样式"中的文字高度设定为 0。

⑥ 分数高度比例：设定相对于标注文字的分数比例。仅当在"主单位"选项卡上选择"分数"作为"单位格式"时，此选项才可用。在此处输入的值乘以文字高度，可确定标注分数相对于标注文字的高度。

⑦ 绘制文字边框：如果选择此选项，将在标注文字周围绘制一个边框。选择此选项会将存储在 DIMGAP 系统变量中的值更改为负值。

（2）文字位置 控制标注文字的位置。

① 垂直：控制标注文字相对尺寸线的垂直位置。垂直位置选项包括：

置中：将标注文字放在尺寸线的两部分中间。

上方：将标注文字放在尺寸线上方。从尺寸线到文字的最低基线的距离就是当前的文字间距。

外部：将标注文字放在尺寸线上远离第一个定义点的一边。

JIS：按照日本工业标准（JIS）放置标注文字。

下方：将标注文字放在尺寸线下方。从尺寸线到文字的最低基线的距离就是当前的文字间距。

显示效果如图 6-19 所示。

② 水平：控制标注文字在尺寸线上相对于尺寸界线的水平位置。水平位置选项包括：

置中：将标注文字沿尺寸线放在两条尺寸界线的中间。

第一条尺寸界线：沿尺寸线与第一条尺寸界线左对正。尺寸界线与标注文字的距离是箭头大小加上文字间距之和的两倍。请参见"箭头"和"从尺寸线偏移"。

图 6-19　文字垂直位置说明

第二条尺寸界线：沿尺寸线与第二条尺寸界线右对正。尺寸界线与标注文字的距离是箭头大小加上文字间距之和的两倍。请参见"箭头"和"从尺寸线偏移"。

显示效果如图 6-20 所示。

③ 观察方向：控制标注文字的观察方向。"观察方向"包括以下选项：

从左到右：按从左到右阅读的方式放置文字。

从右到左：按从右到左阅读的方式放置文字。

④ 从尺寸线偏移：设定当前文字间距，文字间距是指当尺寸线断开以容纳标注文字时标注文字周围的距离，此值也用作尺寸线段所需的最小长度。当生成的线段至少与文字间距同样长时，才会将文字放置在尺寸界线内侧。当箭头、标注文字以及页边距有足够的空间容纳文字间距时，才将尺寸线上方或下方的文字置于内侧，如图 6-21 所示。

图 6-20　文字水平位置说明　　　　　图 6-21　尺寸线偏移说明

（3）文字对齐　控制标注文字放在尺寸界线外边或里边时的方向是保持水平还是与尺寸界线平行。

① 水平：水平放置文字。

② 与尺寸线对齐：文字与尺寸线对齐。

③ ISO 标准：当文字在尺寸界线内时，文字与尺寸线对齐。当文字在尺寸界线外时，文字水平排列。

（4）预览　显示样例标注图像，它可显示对标注样式设置所做更改的效果。

4. 调整

此选项卡可以控制标注文字、箭头、引线和尺寸线的放置，如图 6-22 所示。

图 6-22　"调整"选项卡

（1）调整选项　控制基于尺寸界线之间可用空间的文字和箭头的位置，如果有足够大的空间，文字和箭头都将放在尺寸界线内。否则，将按照"调整"选项放置文字和箭头。

① 文字或箭头（最佳效果）：按照最佳效果将文字或箭头移动到尺寸界线外。

当尺寸界线间的距离足够放置文字和箭头时，文字和箭头都放在尺寸界线内。否则，将按照最佳效果移动文字或箭头。

当尺寸界线间的距离仅够容纳文字时，将文字放在尺寸界线内，而箭头放在尺寸界线外。

当尺寸界线间的距离仅够容纳箭头时，将箭头放在尺寸界线内，而文字放在尺寸界线外。

当尺寸界线间的距离既不够放文字又不够放箭头时，文字和箭头都放在尺寸界线外。

② 箭头：先将箭头移动到尺寸界线外，然后移动文字。

当尺寸界线间的距离足够放置文字和箭头时，文字和箭头都放在尺寸界线内。

当尺寸界线间的距离仅够放下箭头时，将箭头放在尺寸界线内，而文字放在尺寸界线外。

当尺寸界线间的距离不足以放下箭头时，文字和箭头都放在尺寸界线外。

③ 文字：先将文字移动到尺寸界线外，然后移动箭头。

当尺寸界线间的距离足够放置文字和箭头时，文字和箭头都放在尺寸界线内。

当尺寸界线间的距离仅能容纳文字时，将文字放在尺寸界线内，而箭头放在尺寸界线外。

当尺寸界线间距离不足以放下文字时，文字和箭头都放在尺寸界线外。

④ 文字和箭头：当尺寸界线间距离不足以放下文字和箭头时，文字和箭头都移到尺寸界线外。

⑤ 文字始终保持在尺寸界线之间：始终将文字放在尺寸界线之间。

⑥ 若箭头不能放在尺寸界线内，则将其消除：如果尺寸界线内没有足够的空间，则不显示箭头。

图 6-23 表示了调整选项的不同设置效果，

图 6-23　调整选项效果

（2）文字位置　设定标注文字从默认位置（由标注样式定义的位置）移动时标注文字的位置。

① 尺寸线旁边：如果选定，只要移动标注文字尺寸线就会随之移动。

② 尺寸线上方，带引线：如果选定，移动文字时尺寸线不会移动。如果将文字从尺寸线上移开，将创建一条连接文字和尺寸线的引线。当文字非常靠近尺寸线时，将省略引线。

③ 尺寸线上方，不带引线：如果选定，移动文字时尺寸线不会移动。远离尺寸线的文字不与带引线的尺寸线相连。

文字位置设置的效果如图 6-24 所示。

图 6-24　文字位置设置效果

（3）标注特征比例　设定全局标注比例值或图纸空间比例。

① 注释性：指定标注为注释性。单击信息图标以了解有关注释性对象的详细信息。

② 将标注缩放到布局：根据当前模型空间视口和图纸空间之间的比例确定比例因子。

③ 使用全局比例：为所有标注样式设定一个比例，这些设置指定了大小、距离或间距，包括文字和箭头大小。该缩放比例并不更改标注的测量值。

（4）优化　提供用于放置标注文字的其他选项。

① 手动放置文字：忽略所有水平对正设置并把文字放在"尺寸线位置"提示下指定的位置。

② 在尺寸线之间绘制尺寸线：即使箭头放在测量点之外，也在测量点之间绘制尺寸线。

（5）预览　显示样例标注图像，它可显示对标注样式设置所做更改的效果。

5. 主单位

此选项卡用来设定主标注单位的格式和精度，并设定标注文字的前缀和后缀，如图6-25所示。

（1）线性标注　设定线性标注的格式和精度。

① 单位格式：设定除角度之外所有标注类型的当前单位格式。

② 精度：显示和设定标注文字中的小数位数。

图 6-25 "主单位"选项卡

③ 分数格式：设定分数格式。

④ 小数分隔符：设定用于十进制格式的分隔符。

⑤ 舍入：为除"角度"之外的所有标注类型设置标注测量值的舍入规则。如果输入 0.25，则所有标注距离都以 0.25 为单位进行舍入。如果输入 1.0，则所有标注距离都将舍入为最接近的整数。小数点后显示的位数取决于"精度"设置。

⑥ 前缀：在标注文字中包含前缀。可以输入文字或使用控制代码显示特殊符号。例如，输入控制代码％％c 显示直径符号。当输入前缀时，将覆盖在直径和半径等标注中使用的任何默认前缀。

⑦ 后缀：在标注文字中包含后缀。可以输入文字或使用控制代码显示特殊符号。

（2）测量单位比例　定义线性比例选项，主要应用于传统图形。

① 比例因子：设置线性标注测量值的比例因子。建议不要更改此值的默认值 1.00。例如，如果输入 2，则 1 英寸直线的尺寸将显示为 2 英寸。该值不应用到角度标注，也不应用到舍入值或者正负公差值。

② 仅应用到布局标注：仅将测量比例因子应用于在布局视口中创建的标注。除非使用非关联标注，否则，该设置应保持取消复选状态。

（3）消零　控制是否禁止输出前导零和后续零以及零英尺和零英寸部分。

① 前导：不输出所有十进制标注中的前导零。例如，0.5000 变为 .5000。选择前导以启用小于一个单位的标注距离的显示（以辅单位为单位）。

② 辅单位因子：将辅单位的数量设定为一个单位。它用于在距离小于一个单位时以辅单位为单位计算标注距离。例如，如果后缀为 m 而辅单位后缀为以 cm 显示，则输入 100。

③ 辅单位后缀：在标注值子单位中包含后缀。可以输入文字或使用控制代码显示特殊符号。例如，输入 cm 可将 .96m 显示为 96cm。

④ 后续：不输出所有十进制标注的后续零。例如，12.5000 变成 12.5，30.0000 变成 30。

⑤ 0 英尺：如果长度小于一英尺，则消除英尺-英寸标注中的英尺部分。例如，$0'-61/2''$

变成 $6 1/2''$。

⑥ 0 英寸：如果长度为整英尺数，则消除英尺-英寸标注中的英寸部分。例如，$1'$-$0''$变为 $1'$。

（4）角度标注　显示和设定角度标注的当前角度格式。

① 单位格式：设定角度单位格式。

② 精度：设定角度标注的小数位数。

（5）消零　控制是否禁止输出前导零和后续零。

① 前导：禁止输出角度十进制标注中的前导零。例如，0.5000 变成 .5000。也可以显示小于一个单位的标注距离（以辅单位为单位）。

② 后续：禁止输出角度十进制标注中的后续零。例如，12.5000 变成 12.5，30.0000 变成 30。

（6）预览　显示样例标注图像，它可显示对标注样式设置所做更改的效果。

6. 换算单位

此选项卡用来指定标注测量值中换算单位的显示并设定其格式和精度，如图 6-26 所示。

图 6-26　"换算单位"选项卡

（1）显示换算单位　向标注文字添加换算测量单位。将 DIMALT 系统变量设定为 1。

（2）换算单位　显示和设定除角度之外所有标注类型的当前换算单位格式。

① 单位格式：设定换算单位的单位格式。

② 精度：设定换算单位中的小数位数。

③ 换算单位倍数：指定一个倍数，作为主单位和换算单位之间的转换因子使用。例如，要将英寸转换为毫米，请输入 25.4。此值对角度标注没有影响，而且不会应用于舍入值或者正、负公差值。

④ 舍入精度：设定除角度之外所有标注类型的换算单位的舍入规则。如果输入 0.25，则所有标注测量值都以 0.25 为单位进行舍入。如果输入 1.0，则所有标注测量值都将舍入为最接近的整数。小数点后显示的位数取决于"精度"设置。

⑤ 前缀：在换算标注文字中包含前缀。可以输入文字或使用控制代码显示特殊符号。

例如，输入控制代码%%c 显示直径符号。

⑥ 后缀：在换算标注文字中包含后缀。可以输入文字或使用控制代码显示特殊符号。在标注文字中输入 cm 的结果如图例所示，输入的后缀将替代所有默认后缀。

（3）消零　控制是否禁止输出前导零和后续零以及零英尺和零英寸部分。

① 前导：不输出所有十进制标注中的前导零。例如，0.5000 变成 .5000。

② 辅单位因子：将辅单位的数量设定为一个单位，它用于在距离小于一个单位时以辅单位为单位计算标注距离。例如，如果后缀为 m 而辅单位后缀为以 cm 显示，则输入 100。

③ 辅单位后缀：在标注值辅单位中包含后缀，可以输入文字或使用控制代码显示特殊符号。例如，输入 cm 可将 .96m 显示为 96cm。

④ 后续：不输出所有十进制标注的后续零。例如，12.5000 变成 12.5，30.0000 变成 30。

⑤ 0 英尺：如果长度小于一英尺，则消除英尺-英寸标注中的英尺部分。例如，0′-61/2″ 变成 61/2″。

⑥ 0 英寸：如果长度为整英尺数，则消除英尺-英寸标注中的英寸部分。例如，1′-0″ 变为 1′。

（4）位置　控制标注文字中换算单位的位置。

① 主值后：将换算单位放在标注文字中的主单位之后。

② 主值下：将换算单位放在标注文字中的主单位下面。

（5）预览　显示样例标注图像，它可显示对标注样式设置所做更改的效果。

7. 公差

此选项卡用来指定标注文字中公差的显示及格式，如图 6-27 所示。

图 6-27　"公差"选项卡

（1）公差格式　控制公差格式。

① 方式：设定计算公差的方法。

② 精度：设定小数位数。

③ 上偏差：设定最大公差或上偏差。如果在"方式"中选择"对称"，则此值将用于公差。

④ 下偏差：设定最小公差或下偏差。

⑤ 高度比例：设定公差文字的当前高度。计算出的公差高度与主标注文字高度的比例存储在 DIMTFAC 系统变量中。

⑥ 垂直位置：控制对称公差和极限公差的文字对正。

（2）公差对齐　堆叠时，控制上偏差值和下偏差值的对齐。

① 对齐小数分隔符：通过值的小数分割符堆叠值。

② 对齐运算符：通过值的运算符堆叠值。

（3）消零　控制是否禁止输出前导零和后续零以及零英尺和零英寸部分。

① 前导：不输出所有十进制标注中的前导零。例如，0.5000 变成 .5000。

② 后续：不输出所有十进制标注中的后续零。例如，12.5000 变成 12.5，30.0000 变成 30。

③ 0 英尺：如果长度小于 1 英尺，则消除英尺-英寸标注中的英尺部分。例如，$0'\text{-}61/2''$ 变成 $61/2''$。

④ 0 英寸：如果长度为整英尺数，则消除英尺-英寸标注中的英寸部分。例如，$1'\text{-}0''$ 变为 $1'$。

（4）换算单位公差　设定换算公差单位的格式。

精度：显示和设定小数位数。

（5）消零　控制是否禁止输出前导零和后续零以及零英尺和零英寸部分。

① 前导：不输出所有十进制标注中的前导零。例如，0.5000 变成 .5000。

② 后续：不输出所有十进制标注中的后续零。例如，12.5000 变成 12.5，30.0000 变成 30。

③ 0 英尺：如果长度小于 1 英尺，则消除英尺-英寸标注中的英尺部分。例如，$0'\text{-}61/2''$ 变成 $61/2''$。

④ 0 英寸：如果长度为整英尺数，则消除英尺-英寸标注中的英寸部分。例如，$1'\text{-}0''$ 变为 $1'$。

（6）预览　显示样例标注图像，它可显示对标注样式设置所做更改的效果。

四、尺寸标注

在设定好标注样式后，即可以采用设定好的标注样式进行尺寸标注。按照所标注的对象不同，可以将尺寸分成长度尺寸、半径、直径、坐标、指引线、圆心标记等，按照尺寸形式的不同，可以将尺寸分成水平、垂直、对齐、连续、基线等。

1. 线性尺寸标注

线性尺寸标注指两点之间的水平或垂直距离，也可以是旋转一定角度的直线尺寸。定义两点可以通过指定两点、选择一直线或圆弧识别两个端点的对象来确定。

【命令】 DIMLINEAR

【菜单】 标注→线性

【工具栏】

线性
创建线性标注

DIMLINEAR

按 F1 键获得更多帮助

【命令及提示】

命令:_dimlinear

指定第一条尺寸界线原点或<选择对象>：

指定第二条尺寸界线原点：

指定尺寸线位置或

[多行文字(M)/文字(T)/角度(A)/水平(H)/垂直(V)/旋转(R)]：

标注文字 = XX

【参数说明】

① 指定第一条尺寸界线原点：定义第一条尺寸界线的位置，如果直接回车，则出现选择对象的提示。

② 指定第二条尺寸界线原点：定义第二条尺寸界线的位置。

③ 选择对象：选择对象来定义线性尺寸的大小。

④ 指定尺寸线位置：指定尺寸线的位置。

⑤ 多行文字（M）：打开多行文本编辑器，用户可以通过多行文字编辑器来编辑注写的文字。测量的数值用"<>"来表示，用户可以将其删除，也可以在其前后增加其他文字。

⑥ 文字（T）：单行输入文字，测量值同样在"<>"中。

⑦ 角度（A）：设定文字的倾斜角度。

⑧ 水平（H）：强制标注两点间的水平尺寸。

⑨ 垂直（V）：强制标注两点间的垂直尺寸。

⑩ 旋转（R）：设定一旋转角度来标注该方向的尺寸。

图 6-28 线性标注

【实例】

用线性标注命令标注如图 6-28 所示图形。

操作过程如下。

命令:_dimlinear

指定第一条尺寸界线原点或<选择对象>： 拾取 A 点

指定第二条尺寸界线原点： 拾取 B 点

指定尺寸线位置或[多行文字(M)/文字(T)/角度(A)/水平(H)/垂直(V)/旋转(R)]： 指定尺寸线位置

标注文字 = 40

命令:DIMLINEAR 重复线性标注命令

指定第一条尺寸界线原点或<选择对象>： 拾取 B 点

指定第二条尺寸界线原点： 拾取 C 点

指定尺寸线位置或[多行文字(M)/文字(T)/角度(A)/水平(H)/垂直(V)/旋转(R)]：　指定尺寸线位置

标注文字=30

命令:DIMLINEAR　　重复线性标注命令

指定第一条尺寸界线原点或＜选择对象＞：　拾取 C 点

指定第二条尺寸界线原点：　拾取 A 点

指定尺寸线位置或[多行文字(M)/文字(T)/角度(A)/水平(H)/垂直(V)/旋转(R)]：r　输入 R,进行尺寸线旋转

指定尺寸线的角度＜0＞:37　　输入旋转角度

指定尺寸线位置或[多行文字(M)/文字(T)/角度(A)/水平(H)/垂直(V)/旋转(R)]：　指定尺寸线位置

标注文字=50

2. 对齐尺寸标注

【命令】　DIMALIGNED

【菜单】　标注→对齐

【工具栏】

【命令及提示】

命令:_dimaligned

指定第一条尺寸界线原点或＜选择对象＞：

指定第二条尺寸界线原点：

指定尺寸线位置或

[多行文字(M)/文字(T)/角度(A)]：

标注文字=XX

【参数说明】

① 指定第一条尺寸界线原点：定义第一条尺寸界线的位置，如果直接回车，则出现选择对象的提示。

② 指定第二条尺寸界线原点：定义第二条尺寸界线的位置。

③ 选择对象：选择对象来定义线性尺寸的大小。

④ 指定尺寸线位置：指定尺寸线的位置。

⑤ 多行文字（M）：通过多行文字编辑器来编辑注写的文字。

⑥ 文字（T）：单行输入文字。

⑦ 角度（A）：设定文字的倾斜角度。

【实例】

用对齐标注命令标注如图 6-29 所示三角形的 AC 边。

操作过程如下。

命令:_dimaligned

图 6-29　对齐标注

指定第一条尺寸界线原点或<选择对象>: 拾取 A 点

指定第二条尺寸界线原点: 拾取 B 点

指定尺寸线位置或[多行文字(M)/文字(T)/角度(A)]: 指定尺寸线位置

标注文字 = 50

命令:

3. 弧长尺寸标注

【命令】 DIMARC

【菜单】 标注→弧长

【工具栏】

【命令及提示】

命令:_dimarc

选择弧线段或多段线圆弧段:

指定弧长标注位置或[多行文字(M)/文字(T)/角度(A)/部分(P)/引线(L)]:

标注文字 = XX

【参数说明】

① 弧长标注位置: 指定尺寸线的位置并确定尺寸界线的方向。

② 多行文字(M): 通过多行文字编辑器来编辑注写的文字。

③ 文字(T): 单行输入文字。

④ 角度(A): 设定文字的倾斜角度。

⑤ 部分(P): 缩短弧长标注的长度。

⑥ 引线(L): 添加引线对象。仅当圆弧(或圆弧段)大于 90°时才会显示此选项。引线是按径向绘制的,指向所标注圆弧的圆心。

⑦ 无引线: 创建引线之前取消"引线"选项,要删除引线,请删除弧长标注,然后重新创建不带引线选项的弧长标注。

【实例】

用弧长标注命令标注如图 6-30 所示圆弧。

操作过程如下。

命令:_dimarc

选择弧线段或多段线圆弧段: 选择要标注的圆弧

指定弧长标注位置或[多行文字(M)/文字(T)/角度(A)/部分(P)/引线(L)]: 确定标注位置

图 6-30 弧长标注

标注文字 = 198.11

命令:

4. 坐标尺寸标注

【命令】 DIMORDINATE

【菜单】 标注→坐标

【命令及提示】

命令:_dimordinate

指定点坐标:

指定引线端点或[X基准(X)/Y基准(Y)/多行文字(M)/文字(T)/角度(A)]:

标注文字 = XX

【参数说明】

① 指定点坐标:指定需要标注坐标的点。

② 指定引线端点:指定坐标标注中引线的端点。

③ X 基准（X）:强制标注 x 坐标。

④ Y 基准（Y）:强制标注 y 坐标。

⑤ 多行文字（M）:通过多行文字编辑器来编辑注写的文字。

⑥ 文字（T）:单行输入文字。

⑦ 角度（A）:设定文字的倾斜角度。

【实例】

标注如图 6-31 所示 A 点的 x 坐标和 C 点的 y 坐标。

操作过程如下。

命令:_dimordinate

指定点坐标:　　点取 A 点

指定引线端点或[X 基准(X)/Y 基准(Y)/多行文字
(M)/文字(T)/角度(A)]:x　　强制标注 x 坐标

指定引线端点或[X 基准(X)/Y　基准(Y)/多行文字
(M)/文字(T)/角度(A)]:　　指定引线端点

标注文字 = 200

命令:　DIMORDINATE　　重复命令

指定点坐标:　　点取 C 点

图 6-31　坐标标注

指定引线端点或[X 基准(X)/Y 基准(Y)/多行文字(M)/文字(T)/角度(A)]:y　　强制标注 y 坐标

指定引线端点或[X 基准(X)/Y　基准(Y)/多行文字(M)/文字(T)/角度(A)]:　　指定引线端点

标注文字 = 150

5. 半径尺寸标注

【命令】　DIMRADIUS

【菜单】　标注→半径

【工具栏】

【命令及提示】

命令:_dimradius

选择圆弧或圆:

标注文字 = XX

指定尺寸线位置或[多行文字(M)/文字(T)/角度(A)]:

【参数说明】

① 选择圆弧或圆:选择要标注半径的圆或圆弧。

② 指定尺寸线的位置:指定尺寸线的位置。

③ 多行文字（M）:通过多行文字编辑器来编辑注写的文字。

④ 文字（T）:单行输入文字。

⑤ 角度（A）:设定文字的倾斜角度。

【实例】

标注如图 6-32 所示圆弧半径。

操作过程如下。

命令:_dimradius

选择圆弧或圆:　点取圆弧

标注文字 = 5　系统自动算出圆弧半径

图 6-32　半径标注

指定尺寸线位置或[多行文字(M)/文字(T)/角度(A)]:　指定尺寸线位置

6. 折弯标注

【命令】　DIMJOGGED

【菜单】　标注→折弯

【工具栏】

折弯

创建圆和圆弧的折弯标注

DIMJOGGED

按 F1 键获得更多帮助

【命令及提示】

命令:_dimjogged

选择圆弧或圆:

指定图示中心位置:

标注文字 = XX

指定尺寸线位置或[多行文字(M)/文字(T)/角度(A)]:

指定折弯位置:

【参数说明】

① 选择圆弧或圆:选择要标注半径的圆弧或圆。

② 指定图示中心位置:指定点。

③ 多行文字（M）:通过多行文字编辑器来编辑注写的文字。

④ 文字（T）:单行输入文字。

⑤ 角度（A）:设定文字的倾斜角度。

⑥ 指定折弯位置:指定折弯的中点,折弯的横向角度由"标注样式管理器"确定。

7. 直径尺寸标注

【命令】 DIMDIAMETER

【菜单】 标注→直径

【工具栏】

【命令及提示】

命令:_dimdiameter

选择圆弧或圆:

标注文字＝XX

指定尺寸线位置或[多行文字(M)/文字(T)/角度(A)]:

【参数说明】

① 选择圆弧或圆:选择要标注直径的圆或圆弧。

② 指定尺寸线位置:指定尺寸线的位置。

③ 多行文字（M）:通过多行文字编辑器来编辑注写的文字。

④ 文字（T）:单行输入文字。

⑤ 角度（A）:设定文字的倾斜角度。

【实例】

标注如图 6-33 所示圆弧直径。

操作过程如下。

命令:_dimdiameter

选择圆弧或圆: *点取圆弧*

标注文字＝8 *系统自动算出圆弧直径*

指定尺寸线位置或[多行文字(M)/文字(T)/角度(A)]: *指定尺寸线位置*

图 6-33 直径标注

8. 角度标注

【命令】 DIMANGULAR

【菜单】 标注→角度

【工具栏】

【命令及提示】

命令:_dimangular

选择圆弧、圆、直线或<指定顶点>:

指定标注弧线位置或[多行文字(M)/文字(T)/角度(A)]:

标注文字 = XX

【参数说明】

① 选择圆弧、圆、直线或＜指定顶点＞：选择角度标注的对象。如果直接回车，则为指定顶点标注角度。

② 指定顶点：通过指定角度的顶点和两个端点来确定角度。

③ 指定标注弧线位置：指定圆弧尺寸线的位置。

④ 多行文字（M）：通过多行文字编辑器来编辑注写的文字。

⑤ 文字（T）：单行输入文字。

⑥ 角度（A）：设定文字的倾斜角度。

【实例】

用角度标注命令标注如图 6-34 所示两直线的角度。

操作过程如下。

命令：_dimangular

选择圆弧、圆、直线或＜指定顶点＞：　指定一直线

选择第二条直线：　指定另一直线

指定标注弧线位置或[多行文字(M)/文字(T)/角度(A)]：　指定标注弧线位置

图 6-34　角度标注

标注文字 = 135

命令：　DIMANGULAR　　重复角度标注命令

选择圆弧、圆、直线或＜指定顶点＞：　指定一直线

选择第二条直线：　指定另一直线

指定标注弧线位置或[多行文字(M)/文字(T)/角度(A)]：　指定标注弧线位置

标注文字 = 45

9. 快速尺寸标注

【命令】　QDIM

【菜单】　标注→快速标注

【工具栏】

【命令及提示】

命令：_qdim

关联标注优先级 = 端点

选择要标注的几何图形：

选择要标注的几何图形：

指定尺寸线位置或[连续(C)/并列(S)/基线(B)/坐标(O)/半径(R)/直径(D)/基准点(P)/编辑(E)/设置(T)]＜连续＞：

【参数说明】

① 选择要标注的几何图形：选择要标注的对象。如果选择的对象不单一，在标注某种

尺寸时，将忽略不可标注的对象。

② 指定尺寸线位置：定义尺寸线的位置。

③ 连续（C）：采用连续方式标注所选图形。

④ 并列（S）：采用并列方式标注所选图形。

⑤ 基线（B）：采用基线方式标注所选图形。

⑥ 坐标（O）：采用坐标方式标注所选图形。

⑦ 半径（R）：对所选圆或圆弧标注半径。

⑧ 直径（D）：对所选圆或圆弧标注直径。

⑨ 基准点（P）：设定坐标标注或基线标注的基准点。

⑩ 编辑（E）：对标注点进行编辑。

⑪ 设置（T）：为指定尺寸界线原点设置默认对象捕捉。

【实例】

使用快速标注命令标注如图 6-35 所示图形。

操作过程如下。

命令：QDIM

选择要标注的几何图形:指定对角点:找到 5 个
利用窗口方式将所有线段选中

图 6-35　快速标注

选择要标注的几何图形：　　回车结束对象选择

指定尺寸线位置或[连续(C)/并列(S)/基线(B)/坐标(O)/半径(R)/直径(D)/基准点(P)/编辑
(E)/设置(T)]<连续>：　　指定尺寸线位置

10. 基线尺寸标注

【命令】　DIMBASELINE

【菜单】　标注→基线

【工具栏】

【命令及提示】

命令:_dimbaseline

选择基准标注：

指定第二条尺寸界线原点或[放弃(U)/选择(S)]<选择>：

标注文字＝XX

【参数说明】

① 选择基准标注：选择基线标注的基准位置，后面的尺寸以此为基准进行标注。如果上一
个命令进行了线性尺寸标注，则不出现该提示，除非在随后的参数中输入了"选择"项。

② 指定第二条尺寸界线原点：定义第二条尺寸界线的位置，第一条尺寸界线由基准确定。

③ 放弃（U）：放弃上一个基线尺寸标注。

④ 选择（S）：选择基线标注基准。

【实例】

用基线标注命令标注如图 6-36 所示图形。

图 6-36 基线标注

操作过程如下。

命令：_dimbaseline

指定第二条尺寸界线原点或[放弃(U)/选择(S)]＜选择＞：　　*点取 C 点*

标注文字＝900

指定第二条尺寸界线原点或[放弃(U)/选择(S)]＜选择＞：　　*点取 D 点*

标注文字＝1500

指定第二条尺寸界线原点或[放弃(U)/选择(S)]＜选择＞：　　*点取 E 点*

标注文字＝2500

指定第二条尺寸界线原点或[放弃(U)/选择(S)]＜选择＞：　　*回车结束选择*

选择基准标注：　　*回车结束命令*

11. 连续尺寸标注

【命令】　DIMCONTINUE

【菜单】　标注→连续

【工具栏】

【命令及提示】

命令：_dimcontinue

选择基准标注：

指定第二条尺寸界线原点或[放弃(U)/选择(S)]＜选择＞：

标注文字＝XX

【参数说明】

① 选择基准标注：选择以线性标注为连续标注的基准位置。如果上一个命令进行了线性尺寸标注，则不出现该提示，自动以上一个线性标注为基准位置。除非在随后的参数中输入了"选择"项。

② 指定第二条尺寸界线原点：定义第二条尺寸界线的位置，第一条尺寸界线由基准确定。

③ 放弃（U）：放弃上一个基线尺寸标注。

④ 选择（S）：重新选择一线性尺寸为连续标注的基准。

【实例】

用连续标注命令标注如图 6-37 所示图形。

图 6-37　连续标注

操作过程如下。

命令:_dimbaseline

选择基准标注:　　点取 AB 段标注

指定第二条尺寸界线原点或[放弃(U)/选择(S)]<选择>:　　拾取 C 点

标注文字 = 400

指定第二条尺寸界线原点或[放弃(U)/选择(S)]<选择>:　　拾取 D 点

标注文字 = 600

指定第二条尺寸界线原点或[放弃(U)/选择(S)]<选择>:　　拾取 E 点

标注文字 = 1000

指定第二条尺寸界线原点或[放弃(U)/选择(S)]<选择>:　　回车结束选择

选择基准标注:　　回车结束命令

12. 等距标注

【命令】 DIMSPACE

【菜单】 标注→标注间距

【工具栏】

【命令及提示】

命令:_DIMSPACE

选择基准标注:

选择要产生间距的标注:

选择要产生间距的标注:

选择要产生间距的标注:

输入值或[自动(A)]<自动>:

【参数说明】

① 选择基准标注:选择平行线性标注或角度标注。

② 选择要产生间距的标注:根据基准标注指定要等间距放置的平行线性标注或角度标注。选择要进行调整的所有标注后,按 Enter 键。

③ 输入值:输入间距值,将间距值应用于从基准标注中选择的标注。例如,如果输入值 0.5000,则所有选定标注将以 0.5000 的距离隔开。可以使用间距值 0（零）将选定的线性标注和角度标注的标注线末端对齐。

④ 自动（A）:基于在选定基准标注的标注样式中指定的文字高度自动计算间距。所得的间距值是标注文字高度的两倍。

【实例】

用等距标注命令将如图 6-38 （a）所示标注修改为如图 6-38 （b）所示标注。

(a)　　　　　　　　　　　　　　　(b)

图 6-38　等距标注

操作过程如下

命令:DIMSPACE

选择基准标注：　　选择基准:尺寸59

选择要产生间距的标注:找到1个　　选择尺寸42

选择要产生间距的标注:找到1个,总计2个　　选择尺寸46

选择要产生间距的标注：　　回车结束选择

输入值或[自动(A)]＜自动＞:0　　输入数值0

命令：

13. 折断标注

【命令】　DIMBREAK

【菜单】　标注→标注打断

【工具栏】

【命令及提示】

命令:_DIMBREAK

选择要添加/删除折断的标注或[多个(M)]：

选择要折断标注的对象或[自动(A)/手动(M)/删除(R)]＜自动＞：

【参数说明】

① 多个（M）：指定要向其中添加折断或要从中删除折断的多个标注。

② 自动（A）：自动将折断标注放置在与选定标注相交的对象的所有交点处。修改标注或相交对象时，会自动更新使用此选项创建的所有折断标注。在具有任何折断标注的标注上方绘制新对象后，在交点处不会沿标注对象自动应用任何新的折断标注。要添加新的折断标注，必须再次运行此命令。

③ 手动（M）：手动放置折断标注。为折断位置指定标注或尺寸界线上的两点。如果修改标注或相交对象，则不会更新使用此选项创建的任何折断标注。使用此选项，一次仅可以放置一个手动折断标注。

④ 删除（R）：从选定的标注中删除所有折断标注。

14. 多重引线标注

【命令】　MLEADER

【菜单】 标注→多重引线
【命令及提示】
命令:_mleader
指定引线箭头的位置或[引线基线优先(L)/内容优先(C)/选项(O)]<选项>:
指定引线基线的位置:
【参数说明】
① 引线基线优先（L）：指定多重引线对象箭头的位置。
② 内容优先（C）：指定与多重引线对象相关联的文字或块的位置。
③ 选项（O）：指定用于放置多重引线对象的选项。
【实例】
采用引线中的直线形式标注如图 6-39 所示图形。

图 6-39　引线标注

操作过程如下。
命令:_mleader
指定引线箭头的位置或[引线基线优先(L)/内容优先(C)/选项(O)]<选项>:　　指定要标注的柱子顶点,在弹出的文字格式编辑器中输入"*3个柱子(回车换行)H=2800*",再单击"确定"即可
指定引线基线的位置:
命令:

15. 圆心标记
【命令】　DIMCENTER
【菜单】　标注→圆心标记
【工具栏】

【命令及提示】
命令:_dimcenter
选择圆弧或圆:
【参数说明】
选择圆弧或圆：选择要标记圆心的圆或圆弧。
【实例】
用圆心标记命令标注如图 6-40 所示圆弧。
操作过程如下。
命令:_dimcenter
选择圆弧或圆:　　*点取圆弧*

图 6-40　圆心标记

第二节 尺寸编辑

AutoCAD中可以对已经标注的尺寸进行编辑修改。

一、尺寸文本编辑

【命令】 DDEDIT
【菜单】 修改→对象→文字→编辑
【工具栏】

【命令及提示】
命令:ddedit
选择注释对象或[放弃(U)]:
【参数说明】
① 选择注释对象:选择要作修改的尺寸文本,系统会根据所选择的文字类型显示相应的编辑方法。
② 放弃:返回到文字或属性定义的先前值,可在编辑后立即使用此选项。
【实例】
将如图6-41(a)所示图形中的尺寸74修改为45,如图6-41(b)所示。

图6-41 编辑尺寸文本

操作过程如下。
命令:_ddedit
选择注释对象或[放弃(U)]:　　点取尺寸74,在弹出的文字格式编辑器中将74改为45,如图6-42所示,单击 确定 即可
选择注释对象或[放弃(U)]:　　　　回车结束命令
命令:

二、尺寸样式修改与替换

【命令】 DDIM

图 6-42　编辑尺寸文本：74 改为 45

执行该命令后将弹出"标注样式管理器"对话框，如图 6-43 所示。

图 6-43　"标注样式管理器"对话框

在该对话框中点击修改按钮，即对当前标注样式进行修改。如点击替代按钮，即可对当前标注样式进行替代。两者的区别是前者不改变在这之前的标注，而后者则会改变。

三、尺寸文本位置编辑

移动和旋转标注文字并重新定位尺寸线。

【命令】　DIMTEDIT

【菜单】　标注→对齐文字

【工具栏】

【命令及提示】

命令:_dimtedit

选择标注:

为标注文字指定新位置或[左对齐(L)/右对齐(R)/居中(C)/默认(H)/角度(A)]:

【参数说明】

① 选择标注:选择要修改文字位置的标注。

② 指定标注文字的新位置:在屏幕上指定文字的新位置。

③ 左对齐 (L):沿尺寸线左对齐文本。

④ 右对齐 (R):沿尺寸线右对齐文本。

⑤ 居中 (C):将尺寸文本放置在尺寸线中间。

⑥ 默认 (H):放置尺寸文本在默认位置。

⑦ 角度 (A):将尺寸文本旋转指定的角度。

【实例】

将如图 6-44 (a) 所示标注修改成如图 6-44 (b) 所示样式。

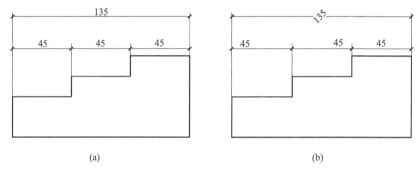

图 6-44　标注修改

操作过程如下。

命令:_dimtedit

选择标注:　　*选择左段 45 标注*

为标注文字指定新位置或 [左对齐(L)/右对齐(R)/居中(C)/默认(H)/角度(A)]:L 回车

输入 L 让文字左对齐,回车结束

命令:

DIMTEDIT

选择标注:　　*选择中间段 45 标注*

为标注文字指定新位置或 [左对齐(L)/右对齐(R)/居中(C)/默认(H)/角度(A)]:r 回车

输入 r 让文字右对齐,回车结束

命令:

DIMTEDIT

选择标注:　　*选择右段 45 标注*

为标注文字指定新位置或 [左对齐(L)/右对齐(R)/居中(C)/默认(H)/角度(A)]:h 回车

输入 h 让文字默认对齐,回车结束

命令:

DIMTEDIT

选择标注:　　*选择 135 标注*

为标注文字指定新位置或［左对齐(L)／右对齐(R)／居中(C)／默认(H)／角度(A)］：a 回车
输入 a 让文字选择旋转角度,回车结束
　　指定标注文字的角度：45 回车　　输入文字旋转角度 45(逆时针转)
　　命令：

四、编辑标注

用来编辑标注文字和尺寸界线：旋转、修改或恢复标注文字，更改尺寸界线的倾斜角。移动文字和尺寸线的等效命令为 DIMEDIT。

【命令】　DIMEDIT
【菜单】　标注→倾斜
【工具栏】

【命令及提示】
命令：_dimedit
输入标注编辑类型［默认(H)／新建(N)／旋转(R)／倾斜(O)］＜默认＞：

【参数说明】
① 默认（H）：将旋转标注文字移回默认位置，选定的标注文字移回到由标注样式指定的默认位置和旋转角，如图 6-45 所示。

② 新建（N）：使用在位文字编辑器更改标注文字，如图 6-46 所示。

指定"默认"之前　　　　指定"默认"之后

图 6-45　编辑标注——默认

选择"新建"之前　　　选择"新建"之后

图 6-46　编辑标注——新建

旋转的文字

图 6-47　编辑标注——旋转

③ 旋转（R）：旋转标注文字。此选项与 DIMEDIT 的"角度"选项类似，输入 0 将标注文字按缺省方向放置。缺省方向通过"新建标注样式"对话框、"修改标注样式"对话框和"替代当前样式"对话框中的"文字"选项卡上的垂直和水平文字设置进行设置，如图 6-47 所示。

④ 倾斜（O）：当尺寸界线与图形的其他要素冲突时，可用"倾斜"选项，倾

图 6-48　编辑标注——倾斜

斜角从 UCS 的 x 轴进行测量，如图 6-48 所示。

五、标注更新

创建和修改标注样式，可以将标注系统变量保存或恢复到选定的标注样式。

【命令】 DIMSTYLE

【菜单】 标注→更新

【工具栏】

【命令及提示】

命令：-DIMSTYLE

当前标注样式：ISO-25　注释性：否

输入标注样式选项

[注释性(AN)/保存(S)/恢复(R)/状态(ST)/变量(V)/应用(A)/?]＜恢复＞：

输入标注样式名、[?] 或 ＜选择标注＞：

选择标注：

【参数说明】

① 注释性（AN）：创建注释性标注样式。

② 保存（S）：将标注系统变量的当前设置保存到标注样式。

a. 名称：用输入的名称将标注系统变量的当前设置保存到新标注样式，新的标注样式成为当前样式。如果输入现有标注样式的名称，将显示以下提示：

该名称已在使用，是否重新定义？＜否＞：输入 y 或按 Enter 键

如果输入 y，将重生成使用重新定义的标注样式的关联标注。

要显示需要保存的标注样式名和当前样式之间的差别，请在"输入新标注样式的名称"提示下输入后面带有波浪号（～）的样式名称。只显示不一致的设置，第一列显示当前样式的设置，第二列显示被做比较的样式的设置。

b. ? —列出标注样式：列出当前图形中的命名标注样式。

③ 恢复（R）：将标注系统变量设置恢复为选定标注样式的设置。

a. 名称：将输入的标注样式设定为当前标注样式，要显示需要恢复的标注样式名和当前样式之间的差别，请在"输入标注样式名"提示中输入后面带有波浪号（～）的样式名称。只显示不一致的设置，第一列显示当前样式的设置，第二列显示被做比较的样式的设置。显示不一致的设置后，将返回到上一个提示。

b. —列出标注样式：列出当前图形中的命名标注样式。

c. 选择标注：将选定对象的标注样式设定为当前标注样式。

④ 状态（ST）：显示所有标注系统变量的当前值。

⑤ 变量（V）：列出某个标注样式或选定标注的标注系统变量设置，但不修改当前设置。

a. 名称：列出所输入标注样式名的标注系统变量设置，要显示特殊标注样式和当前样式之间的差别，请在"输入标注样式名"提示中输入后面带有波浪号（～）的样式名称。只显示不一致的设置，第一列显示当前样式的设置，第二列显示被做比较的样式的设置。

b. ？—列出标注样式：列出当前图形中的命名标注样式。

c. 选择标注：列出标注样式和替代选定标注对象的标注。

⑥ 应用（A）：将当前尺寸标注系统变量设置应用到选定标注对象，永久替代应用于这些对象的任何现有标注样式。不更新现有基线标注之间的尺寸线间距，标注文字变量设置不更新现有引线文字。

⑦ ？—列出标注样式：列出当前图形中的命名标注样式。

六、尺寸分解

关联尺寸其实是一种无名块，尺寸中的四个要素是一个整体。如果要对尺寸中的某个要素进行单独修改，必须通过分解命令 💠 将其分解。分解后的尺寸不再具有关联性，如图6-49所示。

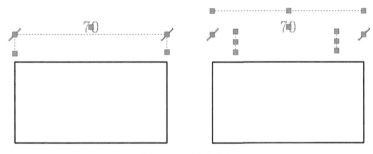

图 6-49　尺寸分解

第三节　打印输出

在 AutoCAD 中绘制的图形，一般要形成硬拷贝，即通过打印机或绘图机输出。输出图形可以在模型空间中进行，也可以在布局（图纸空间）中进行。

一、添加打印设备

有些个人用户的电脑上没有连接打印机，如要练习打印输出操作，首先应安装一台模拟打印机。本书以安装 Epson-DLQ3000K 打印机的驱动程序为例，介绍添加打印设备的具体操作。

① 单击左下角的"开始"→"打印机和传真"（由于操作系统的不同，有些电脑是"开始"→"设置"→"控制面板"），如图 6-50 所示。

② 出现"打印机和传真"对话框，如图 6-51 所示。

③ 单击 🖼 添加打印机，出现"添加打印机向导"对话框，如图 6-52 所示。

④ 单击 下一步(N) ＞，在"添加打印机向导"对话框中选择打印机连接，如图 6-53 所示。

⑤ 单击 下一步(N) ＞，系统自动检测电脑是否已经安装了打印机，如图 6-54 所示。

图 6-50 "开始"——"打印机和传真"

图 6-51 打印机和传真

图 6-52　"添加打印机向导"对话框

图 6-53　选择打印机连接

图 6-54　新打印机检测

⑥ 单击**下一步(N)**>，在"添加打印机向导"对话框中选择打印机端口，如图 6-55 所示。

图 6-55　选择打印机端口

⑦ 单击**下一步(N)**>，在"添加打印机向导"对话框中选择打印机厂商和型号，如图 6-56所示。

图 6-56　选择打印机类型

⑧ 单击**下一步(N)**>，在"添加打印机向导"对话框中确定打印机名称，如图 6-57 所示。

⑨ 单击**下一步(N)**>，在"添加打印机向导"对话框中确定是否打印测试页（本例是虚拟安装，选择否，如果实际安装，就选择是），如图 6-58 所示。

⑩ 单击**下一步(N)**>，在"添加打印机向导"对话框中按 **完成** ，完成模拟安装程序，如图 6-59 所示。

图 6-57　确定打印机名称

图 6-58　确定是否打印测试页

图 6-59　完成模拟安装

二、设置打印参数

【命令】 PLOT
【菜单】 文件→打印
【工具栏】

在模型空间中执行该命令后，弹出"打印-模型"对话框，单击右下角的按钮⊙，对话框全部展开，如图 6-60 所示。

图 6-60 "打印-模型"对话框

（1）页面设置 列出图形中已命名或已保存的页面设置。可以将图形中保存的命名页面设置作为当前页面设置，也可以在"打印"对话框中单击"添加"，基于当前设置创建一个新的命名页面设置。

① 名称：显示当前页面设置的名称。

② 添加：显示"添加页面设置"对话框，从中可以将"打印"对话框中的当前设置保存到命名页面设置。可以通过"页面设置管理器"修改此页面设置。

（2）打印机/绘图仪 指定打印布局时使用已配置的打印设备，如果选定绘图仪不支持布局中选定的图纸尺寸，将显示警告，用户可以选择绘图仪的默认图纸尺寸或自定义图纸尺寸。

① 名称：列出可用的 PC3 文件或系统打印机，可以从中进行选择，以打印当前布局。设备名称前面的图标识别其为 PC3 文件还是系统打印机。

② 特性：单击该按钮会打开如图 6-61 所示的"绘图仪配置编辑器"对话框，在该对话框中可对当前打印设备的特性进行设置，包括介质、图形、物理笔配置、自定义特性、初始

化字符串、校准和用户定义的图纸尺寸等。

③ 绘图仪：显示当前所选页面设置中指定的打印设备。

④ 位置：显示当前所选页面设置中指定的输出设备的物理位置。

⑤ 说明：显示当前所选页面设置中指定的输出设备的说明文字。可以在绘图仪配置编辑器中编辑此文字。

⑥ 打印到文件：打印输出到文件而不是绘图仪或打印机。打印文件的默认位置是在"选项"对话框——"打印和发布"选项卡——"打印到文件操作的默认位置"中指定的。

如果"打印到文件"选项已打开，单击"打印"对话框中的"确定"将显示"打印到文件"对话框（标准文件浏览对话框）。

图 6-61　"绘图仪配置编辑器"对话框

⑦ 局部预览：精确显示相对于图纸尺寸和可打印区域的有效打印区域。工具提示显示图纸尺寸和可打印区域。

（3）图纸尺寸　显示所选打印设备可用的标准图纸尺寸。如果未选择绘图仪，将显示全部标准图纸尺寸的列表以供选择。如果所选绘图仪不支持布局中选定的图纸尺寸，将显示警告，用户可以选择绘图仪的默认图纸尺寸或自定义图纸尺寸。

（4）打印份数　指定要打印的份数。打印到文件时，此选项不可用。

图 6-62　设置打印区域

（5）打印区域　指定要打印的图形部分。在"打印范围"下，可以选择要打印的图形区域，如图 6-62 所示。

① 窗口：打印指定的图形部分。如果选择"窗口"，"窗口"按钮将称为可用按钮。单击"窗口"按钮以使用定点设备指定要打印区域的两个角点，或输入坐标值。

② 范围：打印包含对象的图形的部分当前空间，当前空间内的所有几何图形都将被打印。打印之前，可能会重新生成图形以重新计算范围。

③ 图形界限：从"模型"选项卡打印时，将打印栅格界限定义的整个绘图区域。如果当前视口不显示平面视图，该选项与"范围"选项效果相同。

④ 显示：打印选定的"模型"选项卡当前视口中的视图或布局中的当前图纸空间视图。

（6）打印偏移　图纸的可打印区域由所选输出设备决定，在布局中以虚线表示。更改为其他输出设备时，可能会更改可打印区域。通过在"X 偏移"和"Y 偏移"框中输入正值或负值，可以偏移图纸上的几何图形。图纸中的绘图仪单位为英寸或毫米。

① 居中打印：自动计算 X 偏移和 Y 偏移值，在图纸上居中打印。当"打印区域"设定为"布局"时，此选项不可用。

② X：相对于"打印偏移定义"选项中的设置指定 x 方向上的打印原点。

③ Y：相对于"打印偏移定义"选项中的设置指定 y 方向上的打印原点。

（7）打印比例 控制图形单位与打印单位之间的相对尺寸，从"模型"选项卡打印时，默认设置为"布满图纸"。

① 布满图纸：缩放打印图形以布满所选图纸尺寸，并在"比例"、"英寸 ＝"和"单位"框中显示自定义的缩放比例因子。

② 比例：定义打印的精确比例。"自定义"可定义用户定义的比例。可以通过输入与图形单位数等价的英寸（或毫米）数来创建自定义比例。

英寸＝/毫米＝/像素＝：指定与指定的单位数等价的英寸数、毫米数或像素数。

英寸/毫米/像素：在"打印"对话框中指定要显示的单位是英寸还是毫米。默认设置为根据图纸尺寸，并会在每次选择新的图纸尺寸时更改。"像素"仅在选择了光栅输出时才可用。

单位：指定与指定的英寸数、毫米数或像素数等价的单位数。

缩放线宽：与打印比例成正比缩放线宽。线宽通常指定打印对象的线的宽度并按线宽尺寸打印，而不考虑打印比例。

（8）打印样式表（画笔指定） 设定、编辑打印样式表，或者创建新的打印样式表。

（9）着色视口选项 指定着色和渲染视口的打印方式，并确定它们的分辨率大小和每英寸点数（DPI）。

① 着色打印：指定视图的打印方式。在"模型"选项卡上，可以从不同选项中选择。

② 质量：指定着色和渲染视口的打印分辨率。

③ DPI：指定渲染和着色视图的每英寸点数，最大可为当前打印设备的最大分辨率。只有在"质量"框中选择了"自定义"后，此选项才可用。

（10）打印选项 指定线宽、透明度、打印样式、着色打印和对象的打印次序等选项。

（11）图形方向 为支持纵向或横向的绘图仪指定图形在图纸上的打印方向。图纸图标代表所选图纸的介质方向。字母图标代表图形在图纸上的方向。

① 纵向：放置并打印图形，使图纸的短边位于图形页面的顶部。

② 横向：放置并打印图形，使图纸的长边位于图形页面的顶部。

③ 上下颠倒打印：上下颠倒地放置并打印图形。

④ 图标：指示选定图纸的介质方向并用图纸上的字母表示页面上的图形方向。

三、其他

1. 输出图形的步骤

① 单击文件（F）→打印（P）。

② 在"打印"对话框的"打印机/绘图仪"下，从"名称"列表中选择一种绘图仪。

③ 在"图纸尺寸"下，从"图纸尺寸"框中选择图纸尺寸。

④（可选）在"打印份数"下，输入要打印的份数。

⑤ 在"打印区域"下，指定图形中要打印的部分。

⑥ 在"打印比例"下，从"比例"框中选择缩放比例。

⑦ 有关其他选项的信息，请单击"更多选项"按钮。

⑧（可选）在"打印样式表（笔指定）"下，从"名称"框中选择打印样式表。

⑨（可选）在"着色视口选项"和"打印选项"下，选择适当的设置。

⑩ 在"图形方向"下，选择一种方向。

⑪ 单击"确定"。

要在命令提示下而非在对话框中进行打印，则使用 -PLOT 命令。

2. 打开或关闭后台打印的步骤

① 依次单击工具（T）菜单→选项（N）。

② 在"选项"对话框中，在"打印和发布"选项卡的"后台处理选项"下，选择或清除"启用后台打印时机"下的"打印"选项。

③ 单击"确定"。

【注意】

在后台打印时，可以立刻返回图形。在后台打印作业时，将光标放在状态托盘中的绘图仪图标上可以检查作业的状态，也可以从当前程序任务中查看有关所有已完成作业的详细信息。

3. 检查后台当前处理的打印作业的步骤

在状态托盘中，将鼠标放在绘图仪图标上，工具栏提示将显示打印作业的状态。

4. 取消后台正在处理的部分或全部打印作业的步骤

在状态托盘的绘图仪图标上单击鼠标右键，单击"取消图纸＜图纸名＞"或"取消整个作业"。

5. 查看有关已打印作业的详细信息的步骤

（1）执行以下操作之一：

① 依次单击文件（F）→查看打印和发布详细信息（B）。

② 在状态托盘中，单击绘图仪图标。

（2）在"打印和发布详细信息"对话框中，查看有关已打印作业的详细信息。

第七章 绘图实例

道路是供各种车辆和行人通行的基础设施，其基本组成部分包括路基、路面，以及桥梁、涵洞、隧道等工程实体。有关道路的识图知识请参阅《道桥工程识图》（周佳新主编，化学工业出版社出版）。

道路、桥梁、涵洞、隧道等土木工程中，由钢筋混凝土制成的构件，如钢筋混凝土梁、柱、盖板、桥墩的墩帽、桥台的道碴槽和顶帽、钢筋混凝土轨枕等，称为钢筋混凝土结构。表达钢筋混凝土结构的图样称为钢筋混凝土结构图。

钢筋混凝土结构图由一般构造图和钢筋布置图组成。一般构造图主要表达构件的形状和大小，不涉及构件内部钢筋的布置情况。钢筋布置图又称为钢筋结构图或钢筋构造图，主要表示构件内部钢筋的布置情况。有关这方面的识图知识请参阅《建筑结构识图》（第二版，周佳新主编，化学工业出版社出版）。AutoCAD 图形的画法请参阅《建筑结构 CAD 制图》（周佳新主编，化学工业出版社出版）。

本章只介绍路桥涵隧的一般构造图。

第一节 道路工程图的画法

道路工程图主要包括路线平面图、路线纵断面图和路基横断面图。

一、路线平面图

路线平面图是为概括地反映工程全貌而绘制的图。路线平面图的作用是表达路线的地形、地物、坐标网、路中心线、路基边线、公里桩、百米桩及平曲线主要桩位、大型构造物的位置以及县以上界线等。路线平面图是将道路的路线画在用等高线表示的地形图上。

路线平面图的画法如下：

① 先画地形图，后画路线中心线。

② 等高线按先粗后细的步骤徒手画出，要求线条光顺。路中心用绘图仪器按先曲线后直线的顺序画出，为了与等高线有明显区别，一般以两倍于计曲线宽度绘制。

③ 路线平面图从左向右绘制，桩号左小右大，由于路线具有狭长的特点，需将整条路线分段绘制在若干张图纸上，使用时拼接起来，如图 7-1 所示。分段的断开处尽量设在路线的直线段上的整数桩号处，断开的两端应画出垂直于路线的接图线。

④ 平面图的植物图例、水准点符号等，应朝上或向北绘制。最后，在每张图纸的右上角画出角标，标明这张图纸的序号和图纸的总张数。

图 7-1　路线图拼接示意图

二、路线纵断面图

路线纵断面图是假想用铅垂面沿路中心线进行剖切展平后形成的。由于路是由直线和曲线组成的，因此，剖切平面由平面和柱面组成。为了能够清晰地表达路线纵断面情况，特采用展开的方法将断面展成一平面，然后作正投影，形成了路线纵断面图。因此，路线纵断面图的作用是表达路中心线地面高低起伏的情况，设计路线的坡度情况，以及土壤、地质、水准点、人工构造物和平曲线的示意情况。

路线纵断面图的画法如下：

① 路线纵断面图常画在透明的方格纸上，方格规格为纵横都是 1mm 长，每 5mm 处印成粗线，可以加快绘图速度，而且还便于检查。为了在擦改图时能够保留住方格线，绘图时一般画在方格纸的反面。

② 路线纵断面图应由左向右按路线前进方向顺序绘制。先画资料表，再填注里程、地面标高、设计标高、平曲线、纵断面图、桥梁、隧道、涵洞等。当路线坡度发生变化时，变坡点应用直径为 2mm 的中粗线圆圈表示，切线应用细虚线表示，如图 7-2 所示。

图 7-2　路线纵断面图

③ 每张图的右上角，应注明该图纸的序号及纵断面图的总张数。

三、路基横断面图

路基横断面图是在垂直于道路中线的方向上作的断面图。路基横断面图的作用是表达各中心桩处地面横向起伏状况以及设计路基的形状和尺寸。工程上要求在每一中心桩处，根据测量资料和设计要求顺次画出每一个路基横断面，用来计算工路的土石方量和作为路基施工的依据。路基横断面图的比例尺用 1：100～1：200。

路基横断面图的画法如下：

① 路基横断面图常画在透明的方格纸上，应沿中心线桩号的顺序排列，并从图纸的左下方开始画，先由下向上、再由左向右排列绘出，如图 7-3 所示。

图 7-3　路基横断面图的画法

② 路面线（包括路肩线）、边坡线、护坡线等采用粗实线表示，原有地面线采用细实线表示，设计或原有道路中线采用细点划线表示，如图 7-3 所示。

③ 每张路基横断面图的右上角，注明该张图纸的编号及横断面图的总张数。

④ 必要时用中粗点划线表示出征地界限，如图 7-4 所示。

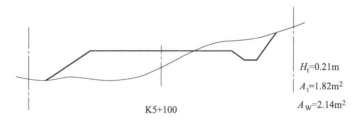

图 7-4　路基横断面图的征地界限

四、实例

【例 7-1】　绘制如图 7-5 所示路线纵断面图。

1. 设置绘图环境

(1) 设置绘图范围　从图 7-5 看出图幅长度方向采用 1：5000 比例尺，宽度方向采用 1：500 比例尺，用 1：1 比例绘图不方便，所以采用实际比例绘图。图的总长约为 600，总宽为 400，需要设置比这两个数据大但又不太大的绘图范围，设置绘图范围的操作步骤如下：

图 7-5　某路线纵断面图

命令：'_limits

重新设置模型空间界限：

指定左下角点或 [开(ON)/关(OFF)] <0.0000,0.0000>：

指定右上角点 <420.0000,297.0000>：800,500

命令

（2）设置精度　在命令提示行下输入"units"命令，在此命令下弹出如图 7-6 所示的"图形单位"对话框。因为建筑结构图中的尺寸精度是精确到 mm，所以将"长度"区中的"精度"改为 0，然后单击"确定"按钮就可以了。

图 7-6　"图形单位"对话框

（3）设置图层 在命令提示行中输入"layer"命令，在此命令作用下弹出"图层特性管理器"对话框，在对话框内进行设置，如图7-7所示。

图7-7 "图层特性管理器"对话框的设置

（4）设置文字样式 单击下拉菜单"格式/文字样式"，在文字样式对话框中单击"新建"，在如图7-8所示的"新建文字样式"对话框中将样式名改为"路线纵断面"，然后单击"确定"即可。

图7-8 修改新建文字样式名

"路线纵断面"文字样式设置如图7-9所示。

图7-9 "文字样式"对话框的设置

（5）设置标注样式 新建一个"路线纵断面"的文字样式，其设置如图7-10～图7-14所示。

图 7-10 "新建标注样式"对话框——线设置

图 7-11 "新建标注样式"对话框——符号和箭头设置

图 7-12　"新建标注样式"对话框——文字设置

图 7-13　"新建标注样式"对话框——调整设置

图 7-14 "新建标注样式"对话框——主单位设置

（6）草图设置 主要设置对象捕捉类型，如端点、中点、交点等，设置如图 7-15～图 7-17 所示。

图 7-15 "草图设置"对话框——捕捉和栅格设置

图7-16 "草图设置"对话框——极轴追踪设置

图7-17 "草图设置"对话框——对象捕捉设置

（7）图形界限全屏显示　命令状态下输入"Z（Zoom）"

命令：Z✓

ZOOM

指定窗口的角点,输入比例因子（nX 或 nXP）,或者

[全部(A)/中心(C)/动态(D)/范围(E)/上一个(P)/比例(S)/窗口(W)/对象(O)]＜实时＞:

a✓

正在重生成模型。

命令：

2. 绘制资料表

将"资料表"设为当前层，主要利用直线、偏移绘制，如图 7-18 所示。

图 7-18　绘制资料表

3. 将"文字"设为当前层，左右偏移 1mm，并按垂直方向比例截取高程数，并标注高程及资料表头文字，如图 7-19 所示。

图 7-19　截取高程数、标注

4. 将"高程"设为当前层，根据桩号和水平方向比例在水平方向截取地面高程，如图 7-20 所示。

5. 根据设计高程和比例画竖线和画出设计高程点，如图 7-21 所示。

6. 用样条曲线连成光滑曲线，如图 7-22 所示。

7. 用同样的方法，根据地面高程和比例画出地面高程点，如图 7-23 所示。

8. 将地面高程点用直线命令连成折线，如图 7-24 所示。

图 7-20　截取地面高程

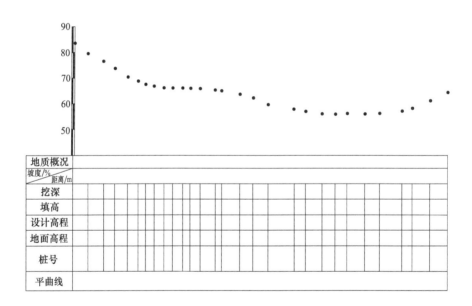

图 7-21　画出设计高程点

9. 将"变坡"设为当前层，根据桩号和标高画出变坡点的位置，画一直径为 2mm 的小圆，以切线长为半径画圆与设计曲线得两交点，从两交点与变坡点以虚线相连（小圆内不连线），即得切线的投影，如图 7-25 所示。

10. 将"图例"设为当前层，根据桥涵构筑物的桩号，在地面线之上和设计线之下，用图例"π"和"○"表示桥梁和涵洞，如图 7-26 所示。

11. 将"其他"设为当前层，标注竖曲线、桥涵构筑物和水准点的位置，并完善表格，画出平曲线，如图 7-27 所示。

12. 检查无误后，加深设计曲线。

13. 将"文字"设为当前层，书写所有文字，填写标题栏，完成全图，如图 7-5 所示。

图 7-22 连成光滑曲线

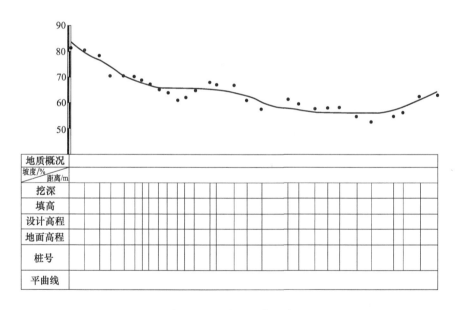

图 7-23 画出地面高程点

【例 7-2】 绘制如图 7-28 所示道路交叉口平面图。

1. 设置绘图环境

如前例设置绘图环境。

值得注意的是，如果采用 1：1 比例绘图，则"标注样式"对话框中"调整"设置中的"使用全局比例"因子设为"50"，而"主单位"设置中的"测量单位比例"因子设为"1"。如果采用 1：50 比例绘图，则"标注样式"对话框中"调整"设置中的"使用全局比例"因子设为"1"，而"主单位"设置中的"测量单位比例"因子设为"50"。

图 7-24　将地面高程点连成折线

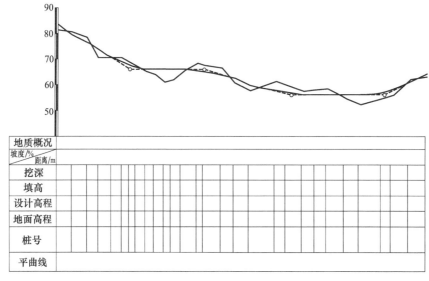

图 7-25　画出变坡点

2. 尺寸分析

（1）定形尺寸　定形尺寸是指确定平面图形上几何元素形状大小的尺寸，如图 7-28 中的 φ2400、1000、400。一般情况下确定几何图形所需定形尺寸的个数是一定的，如直线的定形尺寸是长度，圆的定形尺寸是直径，圆弧的定形尺寸是半径，正多边形的定形尺寸是边长，矩形的定形尺寸是长和宽两个尺寸等。

（2）定位尺寸　定位尺寸是指确定各几何元素相对位置的尺寸，如图 7-28 所示的 1600、6740。确定平面图形位置需要两个方向的定位尺寸，即水平方向和垂直方向，也可以以极坐标的形式定位，即半径加角度。

（3）尺寸基准　任意两个平面图形之间必然存在着相对位置，就是说必有一个是参照的。标注尺寸的起点称为尺寸基准，简称基准。平面图形尺寸有水平和垂直两个方向（相当

图 7-26　绘制桥梁和涵洞

图 7-27　标注竖曲线、桥涵构筑物和水准点的位置

于坐标轴 x 方向和 y 方向），因此基准也必须从水平和垂直两个方向考虑。平面图形中尺寸基准是点或线。常用的点基准有圆心、球心、多边形中心点、角点等，线基准往往是图形的对称中心线或图形中的边线。如图 7-28 所示图形的基准分别为水平路线的中轴线（1500 的起点），垂直路线的中轴线（6740 的起点）。

3. 线段分析

根据定形、定位尺寸是否齐全，可以将平面图形中的图线分为以下三大类。

（1）已知线段　指定形、定位尺寸齐全的线段。作图时该类线段可以直接根据尺寸作图，如图 7-28 所示的 $\phi2400$ 的圆、（$\phi2400+400/2$）的圆弧、（$\phi2400-400/2$）的圆弧、1000 和 400 宽的直线均属已知线段。

（2）中间线段　指只有定形尺寸和一个定位尺寸的线段。作图时必须根据该线段与相邻已知线段的几何关系，通过几何作图的方法求出，如图 7-28 所示轴线与 $\phi2400$ 相切的宽度

高速公路 1:50

图 7-28 道路交叉口平面图

为 400 的线段。

（3）连接线段　指只有定形尺寸没有定位尺寸的线段。其定位尺寸需根据与线段相邻的两线段的几何关系，通过几何作图的方法求出，如图 7-28 所示的 $R1800$、$R300$、$R4000$ 圆弧段以及 R（4000＋400/2）、R（4000－400/2）圆弧段。

在两条已知线段之间，可以有多条中间线段，但必须而且只能有一条连接线段，否则，尺寸将出现缺少或多余。

4. 画图

依次画基准线、定位线、已知线段、中间线段和连接线段，整理全图，标注尺寸。如图7-29 所示。

(a)画基准　　　　　(b)画已知线段

(c)画中间线段　　　　　(d)画连接线段

(e)画其他、检查、标尺寸

高速公路1:50
(f)成图

图 7-29　道路交叉口平面图绘图步骤

图 7-30　路线平面图

图 7-31 城市道路平面图

五、图样

1. 绘制如图 7-30 所示路线平面图。
2. 绘制如图 7-31 所示城市道路平面图。

第二节　桥梁工程图的画法

一座桥梁的图纸，应将桥梁的位置、整体形状、大小及各部分的结构、构造、施工方法和所用材料等详细、准确地表示出来。一般需要以下几方面的图纸：桥位地形、地物、地质、水文等资料平面图；桥型布置图；桥的上部、下部构造和配筋图等设计图。

一、实例

【例 7-3】　绘制如图 7-32 所示钢筋混凝土桥的桥型布置图。

1. 设置绘图环境

2. 布置和画出投影图的基线

根据所选定的比例及各投影图的相对位置，把它们均匀地分布在图框内，布置时要注意空出图标、说明、投影图名称和标注尺寸的位置。当投影图位置确定之后，便可以画出各投影图的基线，如图 7-33 所示，立面图是以桥面标高作为水平基线的，其余则以对称轴线作为基线。立面图和平面图对应的铅垂中心要对齐。

3. 画出各构件的主要轮廓线

如图 7-34 所示，以基线或中心线（定位线）为起点，根据标高或各构件尺寸画出构件的主要轮廓。

4. 画出各构件细部和资料表

根据主要轮廓线从大到小画全各构件的投影，画图的时候注意各投影图的对应线条要对齐，并将剖面填充，如图 7-35 所示。

5. 标注、书写文字

将剖面剖切位置、剖视方向、标高符号及尺寸、各相关部位尺寸等标注出来，注写资料表文字、图样文字说明等。

6. 检查

最后完成的桥梁总体布置图如图 7-32 示。

二、图样

1. 桥台图

桥台指的是位于桥梁两端，并与路基相连接的支承上部结构和承受桥头填土侧压力的构造物。其功能除传递桥梁上部结构的荷载到基础外，还具有抵挡台后的填土压力，稳定桥头路基，使桥头线路和桥上线路可靠而平稳地连接的作用。桥台一般是石砌或素混凝土结构，轻型桥台则采用钢筋混凝土结构。

如图 7-36 所示为某桥 0 号桥台图，主视图用 1—1 剖面图表示，左视图采用 3—3（台前）与 4—4（台后）两个半剖面组合，俯视图为视图外加一个 5—5 剖面图。图中材料数量表还列出了各种材料的数量与用途。

图 7-32 某桥桥型布置图

图 7-33　画基准线

图 7-34　画构件的主要轮廓线

图 7-35　画构件的细部和资料表

1—1

3—3　　4—4

图 7-36

一个桥台材料数量表

材料	单位	数量
背墙	m³	11.44
台帽	m³	6.48
台身	m³	81.60
侧墙上	m³	19.70
侧墙下	m³	51.28
基础	m³	138.58
合计	m³	309.08

附注

1.图中尺寸均以厘米为单位。

图 7-36　某桥 0 号桥台图

2. 桥墩图

在两孔和两孔以上的桥梁中除两端与路堤衔接的桥台外其余的中间支撑结构称为桥墩。由于桥墩构造比较简单，一般就用三视图和一些剖面或断面图来表示。

如图 7-37 所示为某桥桥墩构造图，它是钻孔双柱式桥墩。采用三面投影图表示其结构

注:

1.图中尺寸均以厘米为单位

2.图中括号内为2号桥墩尺寸，外为1号桥墩尺寸。

图 7-37　某桥桥墩构造图

形状。桥墩下面是两根阶梯钢筋混凝土立柱，上部直径 140cm，下部直径 150cm。

3. 主梁图

主梁指的是在桥的上部结构中，支承各种荷载并将其传递至墩、台的梁。如图 7-38 所示为装配式钢筋混凝土 T 桥主梁断面图，T 形梁由梁肋、横隔板、翼板组成。由于 T 形梁每根宽度较小，因此在使用中常常几根拼装在一起，所以习惯上称两侧的 T 形梁为边主梁，中间的 T 形梁为中主梁。

图 7-38　T 形梁组成图

如图 7-39 所示为装配式钢筋混泥土 T 形桥主梁一般构造图，桥标准跨径为 20.00m，计算跨径为 19.96m，从图中可以看出各部分形状及各部分尺寸。T 形梁之间主要靠横隔板联系在一起，所以中主梁两侧均有横隔板（见中梁截面图），而边主梁只有一侧有横隔板（见边梁截面图）。

图 7-39　T 形梁构造图
注：本图尺寸均以 cm 计。

第三节　涵洞工程图的画法

涵洞是公路或铁路与沟渠相交的地方使水从路下流过的通道，作用与桥相同，但一般孔径较小，形状有管形、箱形及拱形等。此外，涵洞还是一种洞穴式水利设施，有闸门以调节水量。

涵洞一般由基础、洞身和洞口组成。涵洞主要用一张总图来表示，总图上主要有立面

半纵剖面图

项别 工程数量 管径	C11号混凝土缘石/m³	M3号砂浆砌片石墙身/m³	M3号砂浆砌片石基础/m³	干砌片石护坡/m³
75	0.191	0.552	2.200	0.275

洞口工程数量表（一墙）

说明：
1. 图中尺寸以厘米(cm)为单位。
2. 洞口工程数量指一端，即一个进水口或一个出水口。

半纵剖面图

半平面图

图 7-40　钢筋混凝土圆管涵

图、平面图和剖面图。

一、实例

【例 7-4】 绘制如图 7-40 所示钢筋混凝土圆管涵。

圆管涵是洞身以圆形管节修建的涵洞。如图 7-40 所示钢筋混凝土圆管涵洞，洞口为端墙式，由于其构造对称，故采用半纵剖面图、半平面图和侧面图来表示。

1. 设置绘图环境

2. 布置和画出投影图的基线

根据所选定的比例及各投影图的相对位置，把它们均匀地分布在图框内，布置时要注意空出图标、说明、投影图名称和标注尺寸的位置。当投影图位置确定之后，便可以画出各投影图的基线，如图 7-41 所示，立面图是以涵洞洞身中心标高作水平基线的，其余也以对称轴线作为基线。

图 7-41　画基准线

图 7-42　画各部分的主要轮廓线

3. 画出各部分的主要轮廓线

如图 7-42 所示，以基线或中心线（定位线）为起点，根据标高或各构件尺寸，画出各部分的主要轮廓。

4. 画出各部分细部和资料表

根据主要轮廓线从大到小画全各部分的投影，画图的时候注意各投影图的对应线条要对齐，并将剖面填充，如图 7-43 所示。

图 7-43　画各部分的细部和资料表

5. 标注、书写文字

将剖面剖切位置、剖视方向，标高符号及尺寸，各相关部位尺寸等标注出来。注写资料表文字、图样文字说明等。

6. 检查

最后完成的涵洞总体布置图如图 7-40 所示。

二、图样

1. 拱涵

如图 7-44 所示是用于铁路的混凝土拱形涵洞，孔径为 300cm。此拱涵图由中心剖面图、入口正面、出口正面、半平面及半剖面、1—1 剖面、2—2 剖面和拱圈图组成。

2. 盖板涵

如图 7-45 所示为常用的钢筋混凝土盖板涵洞一般构造图。此拱涵图由剖面图、平面图、侧面图及断面图组成。

3. 箱涵

箱涵指的是洞身以钢筋混凝土箱形管节修建的涵洞。箱涵由一个或多个方形或矩形断面组成。箱涵的表示方法同前面的大同小异，如图 7-46 所示为箱涵一般构造图。

图 7-44 混凝土拱形涵洞

洞口立面图

洞身断面图

M30水泥砂浆填缝

C—C

35×35倒角

纵剖面图

平面图

翼墙剖面图

沉降缝

四层沥青浸制麻布围一圈

填塞沥青麻絮

图 7-45　钢筋混凝土盖板涵洞

注：
1. 本图尺寸除注明者外，余均以 cm 计。
2. H_D 为整体式基础明厚度，H_0 为盖板涵高度，H_S 为涵洞顶土高度，其他标注符号详见有关盖板构造图。
3. 盖板采用 C30 钢筋混凝土，涵台采用 C25 混凝土，基础采用 C20 混凝土。
4. 涵身每隔 4～6m 设置沉降缝一道。
5. 本图中分离式基础适用填土高度为 0.5～4.5m，整体式基础适用填土高度为 4.5～7.5m。

图 7-46 箱涵一般构造图

注：
1. 本图尺寸除标高以米计外,余均以厘米计。
2. 变形缝4cm ×6cm 的槽口设在顶、底板和侧墙的外面,变形缝应贯穿箱涵整个断面。
3. 每道箱涵的分段数按总说明处理,本图为示意。
4. 箱涵通道净跨$L=6m$时,$i=0.8$;$L=8m$时,$i=0.57$。

工程数量表

项 目	单 位	数 量
洞 门	m³	187.5
端墙 C15浆砌料石	m³	374.9
墙后排水沟 C7.5浆砌料石	m³	28.7

注: 1.图中尺寸以厘米(cm)计，标高以米(m)计。
2.洞门端墙采用C20预制混凝土块(外模)和C15片石混凝土筑成，面层采用50cm×30cm×30cm混凝土块，要求规格一致，错缝砌筑。
3.洞顶截水沟铺砌30cm厚C7.5浆砌片石。

洞口剖面图 1:200

洞口立面图 1:200

洞口平面图 1:200

图 7-47 隧道洞门图

第四节　隧道工程图的画法

隧道是埋置于地层内的工程建筑物，是人类利用地下空间的一种形式。隧道工程图除了用平面图表示它的地理位置外，表示构造的图样主要有进、出口隧道洞门图、横断面图（表示断面形状和衬砌），以及隧道中的交通工程设施等图样，即洞身衬砌断面图、洞门图以及大小避车洞的构造图等。

一、实例

【例 7-5】　绘制如图 7-47 所示隧道洞门图。

洞门位于隧道的两端，是隧道的外露部分，俗称出入口。其作用从结构方面讲，具有支撑山体、稳定边坡并承受覆盖地层上的压力的作用；从建筑装饰方面讲，它具有美化隧道以及整条道路的作用。前者是受力需要，后者是审美和艺术的需要。隧道洞门图一般包括隧道洞口平面图、立面图、剖面图和断面图。

1. 设置绘图环境

2. 布置和画出投影图的基线

根据所选定的比例及各投影图的相对位置，把他们均匀地分布在图框内，布置时要注意空出图标、说明、投影图名称和标注尺寸的位置。当投影图位置确定之后，便可以画出各投影图的基线，如图 7-48 所示，立面图是以衬砌中线作竖直基线、水平基线，平面图以衬砌中线和洞外立面作为基线，左视图为剖面图，以衬砌中线和洞外立面作为基线。各基准应长对正、高平齐、宽相等。

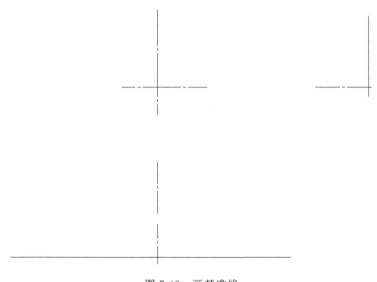

图 7-48　画基准线

3. 画出各部分的主要轮廓线

如图 7-49 所示，以基线或中心线（定位线）为起点，根据标高或各部分尺寸，画出主要轮廓。

4. 画出各部分细部和资料表

根据主要轮廓线从大到小画全各部分的投影，画图的时候注意各投影图的对应线条要对

图 7-49 画各部分的主要轮廓线

齐，并将剖面填充，如图 7-50 所示。

图 7-50 画各部分的细部和资料表

5. 标注、书写文字

将剖面剖切位置、剖视方向，标高符号及尺寸，各相关部位尺寸等标注出来。注写资料表文字、图样文字说明等。

6. 检查

最后完成的隧道洞门图如图 7-47 所示。

图 7-51　某隧道支护与衬砌断面图

图 7-52　端墙式隧道洞门图

二、图样

1. 隧道支护与衬砌断面图

衬砌断面图表达的内容有边墙的形状、尺寸、拱圈各段圆拱的中心及半径大小、厚度，洞内排水沟及电缆沟的位置及尺寸，混凝土垫层的厚度及坡度等。在绘制隧道的衬砌断面图时经常将隧道的支护（支撑）位置也画上，如图7-51所示。支护位置图中要表达锚杆的位置、型号、尺寸等相关参数。

2. 隧道洞门图

3. 避车洞详图

避车洞（图7-53～图7-55）是供行人和隧道维修人员及维修小车避让来往车辆或临时存放器材而设置的洞室，它们沿路线方向交错设置在隧道两侧的边墙上，避车洞有大、小两种。

避车洞工程图用位置示意图和详图表示。

图 7-53 避车洞位置布置图

图 7-54 小避车洞详图

2—2 剖面图　　　　　　　　4—4 断面图

图 7-55　大避车洞详图

第八章　常见问题及处理

通过前几章的学习和练习，我们已经掌握了 AutoCAD 绘图的知识与方法。但在绘图过程中，还会遇到很多问题，尤其是很多"不是问题"的问题，常常带给我们很大的烦扰。给我们的学习、工作、乃至情绪都造成一定的影响。在长期的教学和实践中，我们总结了一些常见的问题及处理方法，供大家参考。

问题 8-1：工具条丢了，如何找回？

处理方法：

分成两种情况，一是不小心关闭了工具条，屏幕上没显示，系统中还在；二是不小心删除了。

① 如果是用户不小心关闭了工具条，可以让十字光标指到任意一个工具钮上（如图中的 ），这时十字光标变成了箭头，单击鼠标的右键，弹出随位菜单，如图 8-1 所示。在菜单中用鼠标左键单击所需工具条即可。随位菜单中工具条名称前带"√"的表示已经选中，一般来讲在屏幕上已经显示出来。

② 当用户不小心删除某一项工具栏时，系统的菜单 acad. CUIX 也会同步删除该项工具栏。你可以重新读取 acad. CUIX 菜单样本文件，重新产生一组标准的 acad. CUIX。注意早期版本中使用的传统项菜单文件（MNS）、传统项菜单样板（MNU）和自定义（CUI）文件现已被替换为一种文件类型，即基于 XML 的 CUIX 文件。

具体步骤操作：在命令行中输入"MENU"，弹出"选择菜单文件"对话框，如图 8-2 所示。单击"打开"按钮即可。

有时当使用 AutoCAD 到一半时，不知道什么原因，所有的工具栏及下拉式菜单全都不见了？怎么办？

原因是菜单被全部释放掉了，这时重新执行 MENU 命令，加载 ACAD. CUIX 即可。

问题 8-2：十字光标指不到要选的对象上，如何解决？

处理方法：

图 8-1　工具条随位菜单

图 8-2 "选择自定义文件"对话框

这种情况通常是将状态栏中的"捕捉"处于开启状态（浅蓝色显示），如图 8-3（a）所示。只要用鼠标左键单击"捕捉"按钮，使其处于关闭（灰色显示）状态即可，如图 8-3（b）所示。

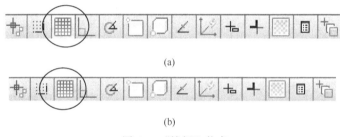

(a)

(b)

图 8-3 "捕捉"状态

问题 8-3： 书写文字时，文字总是倒着的，如何解决？

处理方法：

书写文字时，文字总是倒着的，是在选择字体名时选择了字体名前面带"@"的样式，如图 8-4（a）所示。选择不带"@"的样式，字体就正过来了，如图 8-4（b）所示。

问题 8-4： 突然断电后，文件没有保存，可否找回原来的文件？

处理方法：

当你设定了自动保存时间，碰到断电或死机的情况下，可以试用下列方法挽救最后保存的文件。

① 在命令行中输入 OPTIONS，打开"选项"对话框，然后选择文件选项卡，如图 8-5 所示。

② 看"临时图形文件位置"中设定是哪一个路径，如图 8-6 所示，再在该路径中找到

(a)

(b)

图 8-4 选择字体名

图 8-5 "选项"对话框

文件"该图形文件名-n-n-nnn. SV ＄",将该图形重命名,扩展名必须是 . dwg。

最后,执行 AutoCAD 调出该图形文件即可。

问题 8-5：界面上找不到绘出的图形了,或者绘制的图形太大（小）了,如何解决？

处理方法：

实际上我们是通过计算机的"视口"看 CAD 的"视图"的。当界面上找不到绘出的图形,或者绘制的图形太大（小）了的时候,只要改变"视图"与"视口"的位置就可以了。具体做法是在命令状态下输入 Z（Zoom 的缩写）,然后再输入 a,再按回车键即可。这样视图中的全部内容会最大限度地显示在屏幕上。具体操作如下：

命令：Z✓
ZOOM

图 8-6　找到临时图形文件位置

指定窗口的角点,输入比例因子 (nX 或 nXP),或者

[全部(A) /中心(C) /动态(D) /范围(E) /上一个(P) /比例(S) /窗口(W) /对象(O)] ＜实时＞:

a↙

正在重生成模型。

命令:z

问题 8-6： 低版本的 CAD 如何打开高版本 CAD 绘制的图形？

处理方法:

将高版本绘制的图形转存为低版本的 CAD 文件。具体操作为单击文件菜单,选择"另存为",在弹出的"另存为"对话框中单击"文件类型"右侧的倒三角,选择要保存的版本即可,如图 8-7 所示。

问题 8-7： 输入汉字时为什么不能显示？ 或输入的汉字变成了问号？

处理方法:

① 对应的字型没有使用汉字字体,如 HZTXT. SHX 等。

② 当前系统中没有汉字字体形文件;应将所用到的形文件复制到 AutoCAD 的字体目录中(一般为 ... ＼FONTS＼)。

③ 对于某些符号,如希腊字母等,同样必须使用对应的字体形文件,否则会显示成"?"号。

问题 8-8： 屏幕左下角的坐标系影响绘图,可否去掉？

处理方法:

可以。

① 可以通过用 UCSICON 命令来关闭图标:

图 8-7 "另存为"对话框

命令： UCSICON↙

输入选项 [开(ON)/关(OFF)/全部(A)/非原点(N)/原点(OR)/可选(S)/特性(P)] <开>：

off↙

输入关闭选项

命令：

如图 8-8 所示。

图 8-8 关闭坐标显示的效果

② 单击下拉菜单"视图"→"显示"→"UCS 图标"→"开"，如图 8-9 所示。

问题 8-9： 图形里的圆变成了多边形，如何处理？

处理方法：

画图时明明画的是圆，或者打开一个文件时发现图形里的圆变成了多边形，这是因为圆是由很多折线组合而成，只需在"命令"状态下输入"RE"即可。

图 8-9　关闭坐标显示操作

问题 8-10：有些图形能显示，却打印不出来，为什么？

处理方法：

① 如果图形绘制在 AutoCAD 自动产生的图层（DEFPOINTS、ASHADE 等）上，就会出现这种情况，应避免在这些层上绘制要打印的图形。

② 检查一下图层特性管理器中各层打印机所处的状态：如果打印机的标志上打了红"⊘"，说明不能打印，用鼠标单击，将红"⊘"去掉即可打印，如图 8-10 所示。

图 8-10　打印机打印状态

问题 8-11： 为什么打印出来的字体是空心的？

处理方法：

在命令行输入 TEXTFILL 命令：值为 0 则字体为空心，值为 1 则字体为实心。

问题 8-12： 正等轴测图中如何绘制椭圆？

处理方法：

① 在草图设置中选中"等轴测捕捉"，如图 8-11 所示。

图 8-11　设置捕捉类型

② 命令：_ellipse

指定椭圆轴的端点或 [圆弧(A)/中心点(C)/等轴测圆(I)]：i↙(输入 i 后回车)

指定等轴测圆的圆心：(给出所绘制椭圆的圆心位置)

指定等轴测圆的半径或 [直径(D)]：(给出半径尺寸,按 F5 可在三种轴测模式间切换)

命令：

如图 8-12 所示。

问题 8-13： 如何删除顽固图层？

处理方法：

① 将无用的图层关闭，全选，COPY 粘贴至一新文件中，那些无用的图层就不会贴过来。如果曾经在这个不要的图层中定义过块，又在另一图层中插入了这个块，那么这个不要的图层是不能用这种方法删除的。

② 选择需要留下的图形，然后选择文件菜单/输出/块文件，这样的块文件就是选中部分的图形了，如果这些图形中没有指定的层，这些层也不会被保存在新的图块图形中。

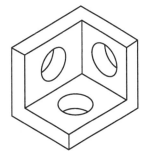

图 8-12　绘制三种模式的椭圆

③ 打开一个 CAD 文件，把要删的层先关闭，在图面上只留下你需要的可见图形，点文件/另存为，确定文件名，在文件类型栏选 * . DXF 格式，在弹出的对话窗口中点工具/选项/DXF 选项，再在选择对象处打钩，点确定，接着点保存，就可选择保存对象了，把可见或要用的图形选上就可以确定保存了，完成后退出这个刚保存的文件，再打开来看看，你会发现你不想要的图层不见了。

④ 用命令"laytrans"，可将需删除的图层影射为 0 层即可，这个方法可以删除具有实体对象或被其他块嵌套定义的图层。

问题 8-14： 图形文件已发生了严重错误，如何修复？

处理方法：

① 将要修复的图形文件和与之有关的 . BAK 文件进行备份。

② 在命令行中输入 RECOVER，弹出"选择文件"对话框，选中要修复的文件，单击"打开"按钮。

③ 如果用 RECOVER 命令能打开图形，然后使用 AUDIT 命令，在提示下输入 Y，系统将自动检查并修改错误。

命令：audit

是否更正检测到的任何错误？[是(Y)/否(N)] <N>：y

已核查 X 个块

阶段 1 已核查 X 个对象

阶段 2 已核查 X 个对象

共发现 X 个错误,已修复 X 个

④ 如果用 RECOVER 命令不能打开图形，接下来使用 INSERT 命令，即把图形作为一个外部块插入到图形中。打开一张新图，在"插入"对话框中选择要插入的图形文件和"分解"选项功能，如图 8-13 所示。

图 8-13 "插入"对话框

⑤ 如果插入成功，然后使用 AUDIT 命令进一步进行修复。

问题 8-15： 为什么无法预选图元对象修改图层？

处理方法：

不仅预选后的图层无法修改，连删除、复制、移动都无法先选取再使用，原因是选取模式中的"先选择后执行"选项被取消掉了。在命令行中输入 OPTIONS，弹出"选项"对话框（菜单：工具→选项），如图 8-14 所示。勾选"先选择后执行"复选框。

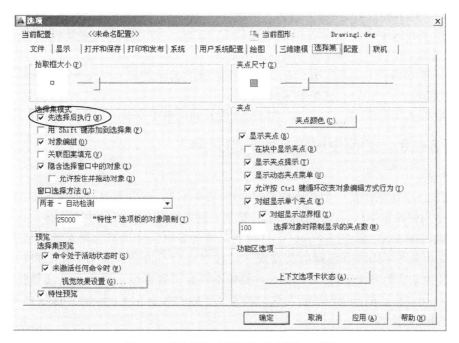

图 8-14 "选项"对话框的"选择"选项卡

问题 8-16：选取物体时，怎么不见高亮度显示

处理方法：

调整系统变量 HIGHLIGHT 的值为 1 即可打开高亮度显示，如图 8-15 所示。

命令：HIGHLIGHT

输入 HIGHLIGHT 的新值 <0>：1

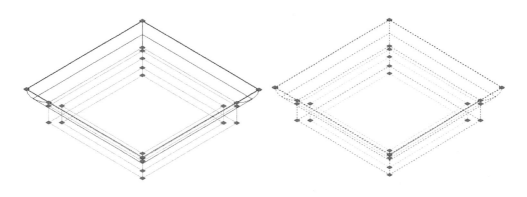

图 8-15 打开高亮度显示

问题 8-17：如何调整文字的宽度？

处理方法：

要想调整文字的高度，可以通过多行文字命令的格式代码来实现，这必须改变文字编辑器，如 WINDOWS 记事本。

① 在命令行中输入 MTEXTED 命令。

② 输入 WINDOWS 记事本执行文件的路径。

③ 执行多行文字命令（TEXT）。

图 8-16　调整文字的宽度

④ 通过画一个窗口来指定多行文本的位置。

⑤ 在记事本窗口中输入文字，并在要调整宽度的文字前输入"\W2"，这里的 2 是宽度比例。比如输入：\W2；文字的宽度。

⑥ 保存并关闭记事本，在 AutoCAD 中就能看到调整了宽度的文字，如图 8-16 所示。

问题 8-18：　如何生成符合国标的文字？

处理方法：

AutoCAD 字体制作是一个开放技术，选择许多第三方开发商自己制作的多种能在 AutoCAD 中使用的汉字字体。AutoCAD 中自带了一种符合国际标准的中文字体，这个字体的文件名为 gbcbig.shx，保存在 Fonts 子目录下，通过它可以生成符合国家标准的中文字体，但是当中文和英文字体混合编排时会发现这两种字体很不协调，英文字体显得比中文字体大。这是因为默认的英文字体（txt.shx）同样不符合国家标准，因此应该选择符合国际的英文字体 gbetic.shx 或 gbenor.shx。这两种英文字体的区别在于 gbetic.shx 字体是倾斜的，而 gbenor.shx 是正体。

问题 8-19：　为什么打开一个图形后出现找不到字体的错误？

处理方法：

在 AutoCAD 中，当打开一个由第三方应用程序生成的图形时，会显示下面出错信息："不能找到字体文件（Cannot find font files.）"

当打开文件后，图形中的文字也不能正确显示。

出现这个问题通常是因为使用了非标准的未安装的 AutoCAD 字体。要解决这个问题要从原系统中得到使用的字体文件，并把它安装到打开这个图形的计算机中，只要把这个字体文件复制到 AutoCAD 的 Fonts 目录中即可。

问题 8-20：　如何把图形中的所有文字移动到一个图层中？

处理方法：

要到达这个目的，可以先使用 FILTER 命令或"快速选择"命令把所有的文字对象都选中，然后使用特性修改命令把选定的文字对象的图层都改为一个图层。

① 确定图形中的所有图层都是打开的。

② 在命令行中输入 FILTER 命令。

③ 在"选择对象过滤器"对话框中，把"选择过滤器"选项设置为"文字"，然后单击"添加至列表"按钮，如图 8-17 所示。

④ 单击"应用"按钮关闭"选择对象过滤器"对话框，并按提示选择对象。

⑤ 在命令行中输入 ALL 后回车，再次回车退出对象选择状态。

⑥ 在命令行中输入 CHANGE 命令。

⑦ 在选择对象提示下输入 P 并回车，使用刚刚通过 FILTER 命令建立的选择集；再次

图 8-17　"选择对象过滤器"对话框

回车，退出对象选择状态。

⑧ 输入 P 选项，修改对象的特性。

⑨ 输入 LA 选项，表示修改对象的图层。

⑩ 输入一个图层名并回车，这样将所有选中的文字对象都会被修改到一个相同的图层中，回车结束操作。

问题 8-21：如何把 AutoCAD 的文字复制到 Word 中？

处理方法：

当在 AutoCAD 中把一个文字对象复制并粘贴到 WORD 中后，会发现粘贴到 WORD 中的并不是文字内容本身，而是一个文字对象。但如何把文字内容复制并粘贴到 WORD 中呢？

① 在命令行中输入 DDEDIT 命令，并选择一个文字或多行文字对象。

② 在文字编辑器中选中想要粘贴到 WORD 中的文字，单击鼠标右键并在弹出的快捷菜单中选择复制命令。

③ 在 WORD 中，单击粘贴命令即可。

问题 8-22：如何把 EXCEL 表格插入到 AUTOCAD 中 ？

处理方法：

复制 EXCEL 中的内容，然后在 CAD 中点编辑（EDIT）/选择性粘贴（PASTE SPE-CIAL）/AutoCAD 图元/确定/选择插入点/插入后炸开即可。

问题 8-23：如何在 Word 文档中插入 AutoCAD 图形 ？

处理方法：

可以先将 AutoCAD 图形拷贝到剪贴板，再在 Word 文档中粘贴。须注意的是，由于 AutoCAD 默认背景颜色为黑色，而 Word 背景颜色为白色，首先应将 AutoCAD 图形背景颜色改成白色（工具-选项-显示-颜色）。另外，AutoCAD 图形插入 Word 文档后，往往空边过大，效果不理想，可以利用 Word 图片工具栏上的裁剪功能进行修整，空边过大问题即可解决。

问题 8-24： 为什么线宽设定对 TrueType 字体无效?

处理方法：

TrueType 字体的文字是不会带线宽打印的，TrueType 字体实际上是把文字的轮廓用像素填充，因此线宽特性是不起作用的。如果需要特定线宽的文字，最好使用 SHX 字体。如果想要文字是粗体的，可以在多行文字编辑器中使用粗体选项。可以通过下列方法达到想要的粗体效果：

① 对于 TrueType 字体，设置 LWDEFAULT 系统变量为想要的线宽值（大于 25），并使用"消隐"命令来观察字体。

② 可以使用系统的快捷工具把 TrueType 字体分解为系统图形实体，然后再对这些实体指定线宽。

问题 8-25： 打开旧图遇到异常错误而中断退出怎么办？

处理方法：

新建一个图形文件，而把旧图以图块形式插入即可。

问题 8-26： 如何将 CAD 图插入 WORD 中？ 将 AutoCAD 中的图形插入 WORD 中有时会发现圆变成了正多边形怎么办？

处理方法：

Word 文档制作中，往往需要各种插图，Word 绘图功能有限，特别是复杂的图形，该缺点更加明显，AutoCAD 是专业绘图软件，功能强大，很适合绘制比较复杂的图形，用 AutoCAD 绘制好图形，然后插入 Word 制作复合文档是解决问题的好办法，可以用 Auto-CAD 提供的 EXPORT 功能先将 AutocAD 图形以 BMP 或 WMF 等格式输出，然后插入 Word 文档，也可以先将 AutoCAD 图形拷贝到剪贴板，再在 Word 文档中粘贴。须注意的是，由于 AutoCAD 默认背景颜色为黑色，而 Word 背景颜色为白色，首先应将 AutoCAD 图形背景颜色改成白色。另外，AutoCAD 图形插入 Word 文档后，往往空边过大，效果不理想。利用 Word 图片工具栏上的裁剪功能进行修整，空边过大的问题即可解决。

将 AutoCAD 中的图形插入 WORD 中有时会发现圆变成了正多边形，可以用 VIE-WRES 命令，将它设得大一些，可改变图形质量。

问题 8-27： 在 AutoCAD 中双击一个对象后会有什么反应？

处理方法：

双击一个对象后可以开始对这个对象的特性进行编辑。系统变量 DBLCLKEDIT 可以控制这个功能，只有把这个系统打开后才能通过双击来编辑对象。如果双击了多个对象，就会显示"特性"窗口，并列出所有选中对象的特性（系统变量 PICKFIRST 必须打开）。

下面是双击某种对象后系统将显示的对话框。

① 属性：显示"编辑属性定义"对话框。

② 块中的属性：显示"增强属性编辑器"对话框。

③ 块：显示"参照编辑"对话框。

④ 图案填充：显示"图案填充编辑"对话框。

⑤ 引线文字：显示"多行文字编辑器"对话框。

⑥ 多线：显示"多线内径工具"对话框。

⑦ 多行文字：显示"多行文字编辑器"对话框。

⑧ 文字：显示"编辑文字"对话框。

⑨ 外部参照：显示"参照编辑"对话框。

问题 8-28： 为什么没有显示对象的夹点？

处理方法：

在选中了一个对象后，对象的夹点没有显示。出现这个问题是因为没有打开或启用 GRIPS 系统变量，也有可能是硬件的问题。

GRIPS 变量控制在选中对象或几何体时是否显示对象的夹点，按下面的步骤操作可以启用这个变量：

① 在命令行上输入 GRIPS 命令。

② 输入值 1。

③ 按回车键结束命令。

如果启用了 GRIPS 系统变量后，夹点仍未显示，有可能是因为显卡或显卡驱动程序的问题，这时需要更换显卡或更新显卡的驱动程序。

问题 8-29： 选择对象时为什么不能生成选择窗口？

处理方法：

默认情况下选择对象时，在屏幕上单击了一点后，可以通过拖动光标生成一个选择窗口，在窗口内的对象将会被选中。系统变量 PICKAUTO 控制着选择窗口的产生，因此出现这种问题时，就是因为这个变量被关闭了。按下面的步骤操作可以打开这个变量：

① 在命令行中输入 PICKAUTO。

② 输入值 "1"。

③ 按回车键结束命令。

问题 8-30： 为什么选择一个对象而先前的对象被清除掉了？

处理方法：

系统变量 PICKADD 控制是否把对象添加到选择集中，出现这种问题是因为关闭了该变量。

① 在命令行中输入 PICKADD 命令。

② 输入值 "1"。

③ 回车结束命令。

问题 8-31： 如何从备份文件中恢复图形？

处理方法：

首先要使文件显示其扩展名（打开我的电脑在工具/文件夹选项/查看/把隐藏已知文件的扩展名前面的钩去掉）；其次要显示所有文件（打开我的电脑在工具/文件夹选项/查看/隐藏文件和文件夹/选显示所有文件和文件夹）；再次找到备份文件（它的位置可以在工具/选项/文件/临时图形文件位置查到），将其重命名为".DWG"格式；然后用打开其他 CAD 文件的方法将其打开即可。

问题 8-32： 为什么提示输入块属性的顺序不对？

处理方法：

① 要想按照一个特定的顺序提示输入属性，在生成属性时要按照所需提示顺序的反顺序进行，并且生成图块定义时，要按照窗口的方式选择所有属性对象。

② 在生成图块时，逐个分别选择属性对象，所选的顺序即是插入图块时提示输入的顺序。

③ 调用"块属性管理器"，可以在不分解图块的情况下修改块属性，包括属性的输入顺序。

问题 8-33： 为什么不出现对话框，只是显示路径？

处理方法：

按 CTRL＋O 或者 CTRL＋S 的时候，不出现对话框，只是显示路径，如下操作即可。

命令：FILEDIA 设为 1。

问题 8-34： 如何给 AutoCAD 工具条添加命令及相应图标？

处理方法：

CAD 的工具条并没有显示所有可用命令，在需要时用户要自己添加。例如绘图工具条中默认没有多线命令（mline），就要自己添加。做法如下：单击"视图/工具栏"，在弹出的"自定义"对话框中选中"命令"选项卡，在左侧窗口单击"所有命令"在对应的右侧窗口找到"多线"，点左键把它拖出，若不放到任何已有工具条中，则它以单独工具条出现，否则成为已有工具条的一员。

这时又发现刚拖出的"多线"命令没有图标，就要为他添加图标。做法如下：把命令拖出后，不要关闭自定义窗口，单击"多线"命令，在弹出的面板的右下角，给它选择相应的图标。cad 允许我们给每个命令自定义图标。

要删除命令，重复以上操作，把要删除命令拖回，然后在确认要求中选"是"就行了。

问题 8-35： 为什么有时无法清除一些图块？

处理方法：

在 AutoCAD 中对于正在使用的图块定义是不能清除的，如果不能从图形中清除某个图块定义，并且在图形中也找不到对此图块定义的引用，有可能是因为此图块已经被嵌套引用进另一个图块了。清除被嵌套引用的图块操作如下。

① 插入引用了需要清除图块的图块（例如：如果图块 1 引用了图块 2，则应插入图块 1）。

② 分解所有图块及子图块（例如：分解图块 1，再分解图块 2）。

③ 一旦分解了所有子图块后，使用 WBLOCK 命令重新定义嵌套图块。

④ 然后再使用 PURGE 命令清除图形中不再使用的图块。

问题 8-36： 如何插入多个图块？

处理方法：

标准的 INSERT 命令一次只能插入一个图块。使用 MINSERT 命令可按矩形阵列的方式插入多个块，但这个命令不允许把单个的块放到任意的位置。

当在图形中插入几个图块时，可使用 MULTIPLE 命令在不退出 INSERT 命令的情况下分别插入这些块。

① 在命令行中输入 MULTIPLE。

② 输入 INSERT 作为重复调用的命令。

③ 输入想要插入的图块或文件名，并指定插入一个图块所需的其他参数。

④ 当插入完成后，MULTIPLE 命令会自动重复启动 INSERT 命令。

⑤ 按 Esc 键结束命令并返回到系统的命令行上。

问题 8-37： 插入图块时为什么没有提示输入属性？

处理方法：

这是因为关闭了系统变量 ATTREQ，才导致在插入一个带有属性的图块时，没有提示输入属性值而自动接受属性的默认值。

① 在命令行中输入 ATTREQ。

② 输入值"1"。

③ 回车结束命令。

问题 8-38： 如何设置插入图块和图像的图形单位？

处理方法：

AutoCAD2004 中新增了一个名为 INSUNITS 的系统变量，这个变量保存的是插入图像或在设计中心中插入图块时使用的图形单位。

① 在命令行中输入 INSUNITS，并回车。

② 输入一个 0~20 之间的数值并回车。

INSUNITS 的系统变量控制着插入图形或图块的比例，默认值为 0，表示没有指定单位。可以修改图形模板来改变这个变量的默认值，或在 acaddoc.lsp 文件中实现。

如表 8-1 所示，是该系统变量的值以及含义。

表 8-1　系统变量的值以及含义

数值	含义	数值	含义	数值	含义
0	无单位	1	英寸	2	英尺
3	英里	4	毫米	5	厘米
6	米	7	公里	8	微英寸
9	英里	10	码	11	埃
12	纳米	13	微米	14	分米
15	十米	16	百米	17	百万公里
18	天文单位	19	光年	20	秒差距

问题 8-39： 为什么删除的线条又冒出来了？

处理方法：

最大的可能是有几条线重合在一起了。对于初学者，这是很常见的问题。另外，当一条中心线或虚线无论如何改变线型比例也还是像连续线（REGEN 后），多半也是这个原因。

问题 8-40： 绘图时为什么没有虚线框显示？

处理方法：

修改系统变量 DRAGMODE，推荐修改为 AUTO。系统变量为 ON 时，再选定要拖动的对象后，仅当在命令行中输入 DRAG 后才在拖动时显示对象的轮廓；系统变量为 OFF 时，在拖动时不显示对象的轮廓；系统变量为 AUTO 时，在拖动时总是显示对象的轮廓。单击"File"菜单，选"Drawing Utilities/Recover"命令，或者在命令行直接用键盘输入"recover"，接着在"SelectFile"对话框中输入要恢复的文件，确认后系统开始执行恢复文件操作。

问题 8-41： 为什么绘制的剖面线或尺寸标注线不是连续线型？

处理方法：

AutoCAD 绘制的剖面线、尺寸标注都可以具有线型属性。如果当前的线型不是连续线型，那么绘制的剖面线和尺寸标注就不会是连续线。

问题 8-42： 如何在尺寸线上或尺寸线下添加注释或文字？

处理方法：

在 AutoCAD 中可以在尺寸线上或尺寸线下添加除了尺寸文字以外的注释或文字，如图 8-18 所示。

① 在命令行中输入 DDEDIT；

② 选择一个尺寸实体，弹出"多行文字编辑器"对话框；

③ 在多行文字编辑器中，（<>）表示的是默认的尺寸文本；

④ 在 \ X 前或后输入文字或注释。如在尺寸线上添加文字，可以使用下列语法：

图 8-18　添加注释或文字

　　添加注释或文字\X<>

　如在尺寸线下添加文字，可以使用下列语法。

　　<>\X 添加注释或文字

⑤ 关闭并保存对话框。

问题 8-43： 为什么 Ctrl+ N 会失效？

处理方法：

众所周知 CTRL＋N 是新建命令，但有时候 CTRL＋N 则出现选择面板，这时只需到 OP 选项里调下设置即可：

OP(选项)/系统/右侧有一个启动(A 显示启动对话框,B 不显示启动对话框)

选择 A 则新建命令有效,反则无效。

问题 8-44： 如何生成具有特殊属性的标注？

处理方法：

在 AutoCAD 中可以为尺寸标注的某个特殊的属性生成一个当前样式的替代样式，在替代样式中定义的替代值并不会影响到图形中或当前样式关联的其他标注，只对以后生成的标注起作用。

① 选择"格式→标注样式"命令，或在命令行上输入 DDIM 命令，弹出"标注样式管理器"对话框，如图 8-19 所示。

图 8-19 "标注样式管理器"对话框

② 单击"替代"按钮。
③ 在"替代当前样式"对话框中，选择替代当前样式的一些特殊设定。
④ 单击"确定"按钮。
⑤ 单击"关闭"按钮退出对话框。

问题 8-45：为什么拉伸标注后标注值没有更新?

处理方法：

有两种原因和这个问题有关，一种是因为标注已经被分解可了，另一种是因为在生成标注之前，DIMASO 变量被设置为 OFF 了，这两种原因都导致了标注几何体之间的关联丢失。目前，没有办法重新建立标注几何体之间的关联，必须把 DIMASO 变量设置为 ON 后重新生成标注。

① 在命令行中输入 DIMASO。
② 输入值 ON。
③ 回车结束命令。

问题 8-46：如何单独移动标注文字?

处理方法：

要想单独移动标注文字，必须修改标注样式的设置，因为默认的情况下标注文字和尺寸线是关联在一起的，移动了文字后，尺寸线也会随着改变位置。有两种方法可以修改标注样式的设置，一种方法是使用标注样式管理器，另一种方法是直接修改系统变量 DIMTMOVE的值。在修改了设置后，还要使用标注更新功能更新相关的标注对象。

1. 方法一

① 选择"格式→标注样式"命令，或在命令行输入 DDIM 命令。

② 在"标注样式管理器"对话框中选择一个标注样式，然后单击"修改"按钮。

③ 在"修改标注样式"对话框中单击"调整"选项卡，如图 8-20 所示。在"文字位置"选项组中，选择"尺寸线上方，加引线"（或尺寸线上方，不加引线）。

图 8-20 "调整"选项卡

④ 单击确定按钮，返回到"标注样式管理器"对话框。

⑤ 如果要使用样式代替，可以单击"替代"按钮。

⑥ 单击"关闭"按钮退出对话框。

2. 方法二

① 在命令行上输入 DIMTMOVE 命令并回车。

② 输入 1 或 2，回车结束命令。

这样就可以单独移动文字了。修改完设置后，必须把想要单独移动文字的标注进行更新，这里才能使标注采纳当前的样式。

③ 在命令行中输入 DIM 命令，回车。

④ 在标注提示行上输入 UPDATE 命令。

⑤ 选择想要更新的标注对象，回车结束命令。

问题 8-47： 如何单独旋转标注文字?

处理方法：

① 选择"标注→对齐文字→角度"命令。

② 选择一个想要旋转文字的标注对象。

③ 输入一个旋转角度值，回车结束设置。

问题 8-48： 为什么用户箭头和尺寸线没有对齐?

处理方法：

如果没有正确生成作为箭头的图块，就会导致这个问题。当生成的箭头为块时，必须满足下面所列条件。

① 箭头块的长度必须是 1。

② 箭头块的基点必须是和尺寸线和尺寸界限的交点位置重合。

问题 8-49： 为什么不能用十字光标来选择对象？

处理方法：

不能使用十字光标选择对象是因为光标上没有显示选择靶区；而不能使用窗口选择对象是因为在图形区域单击一点后，系统并没有激活选择窗口。

这种问题只有在下面两种情况同时出现的情况下才会发生。

① 关闭了"选择后执行"选项。

② 取消了对象的夹点功能。

解决办法如下。

a. 在命令行中输入 GRIPS 命令并回车。

b. 输入值 1 并回车。

c. 在命令行中输入 PICKFIRST 命令并回车。

d. 输入值 1 并回车。

问题 8-50： 为什么在打开了捕捉后十字光标不见了？

处理方法：

当捕捉的间距大于对齐屏幕视区的尺寸，就会出现这个问题。一般来说关闭捕捉或减少捕捉间距的设置可以解决这个问题。解决方法如下

① 在命令行中输入 SNAP 命令并回车。

② 输入一个较小的新值并回车。

按 F9 键可以打开或关闭捕捉状态。

问题 8-51： 如何显示屏幕菜单？

处理方法：

① 选择"工具→选项"命令。

② 在"选项"对话框中单击"显示"选项卡，如图 8-21 所示。

③ 在"窗口元素"选项组中，选中"显示屏幕菜单"复选框。

④ 单击应用按钮，然后确定即可。

注意新版本的 CAD（比如 2014 版）没有此项功能。

问题 8-52： 为什么填充的对象不见了？

处理方法：

在进行了打印预览或使用了 PREVIEW 命令后，通过实体填充的对象也许会从显示中消失，或显示成射线状而不是填充实体。另外，带线宽的多段线也可能会失去线宽属性。当视图缩小，再放大视图后也可能会出现这种问题。

出现这种问题的原因是某种显示配置造成的，但是对打印输出并不产生影响，使用下面的方法之一可以避免这个问题。

图 8-21 "显示"选项卡

① 当出现这个问题后使用 REGEN 命令。

② 确保使用了显卡的最新驱动程序。

问题 8-53： 如何移动 UCS 坐标?

处理方法：

① 在命令行中输入 UCS 命令。

② 输入新原点的坐标，或者指定一点作为新坐标系的原点。

问题 8-54： 如何不让工具栏固定在屏幕的边缘处？

处理方法：

默认的情况下，当拖动工具栏到 AutoCAD 的边缘区域时，工具栏就会被固定下来，要让工具栏不固定在屏幕的边缘处，在拖动工具栏时按住 Ctrl 键即可。

问题 8-55： 为什么在当前图层上绘制的对象没有显示出来？

处理方法：

原因是当前图层被关闭了，解决步骤如下。

① 在"对象特性"工具栏上单击"图层"按钮。

② 在"图层"对话框中选中当前图层。

③ 单击"开（ON/OFF）"图标。

④ 单击确定结束命令。

问题 8-56： 为何不显示或不打印视口的边框？

处理方法：

要解决这个问题可以把视口对象放到一个单独的图层，然后再冻结该图层。

① 在"对象特性"工具栏上单击"图层"按钮。

② 在"图层"对话框中单击"新建"按钮。

③ 输入新图层的名称。

④ 在这个新层上单击冻结图层图标。

⑤ 单击确定按钮结束命令。

⑥ 选择不要显示的窗口的边界。

⑦ 在"对象特性"工具栏上，从"图层"下拉列表中选择这个新建的图层。

⑧ 在弹出的对话框中单击确定即可。

问题 8-57： 如何恢复不可见的命令行窗口？

处理方法：

通常 AutoCAD 的命令行窗口位于 AutoCAD 窗口的底部，命令行窗口是不能关闭或最小化的。但有时其他的对象会遮住这个窗口，另外一个经常发生的问题是当命令行处于浮动状态时，如果不小心将它移到了屏幕的外面，有时很难再把命令行窗口移回来。解决这种问题的方法有两种。

方法 1：检查命令行窗口是否被其他的对象遮住了，操作如下：

① 把浮动的工具栏移开，确保命令行窗口没有藏在这些工具栏的下面。

② 拖动 Windows 的任务栏到一个新的位置，看是否发现了 AutoCAD 的命令行窗口。

方法 2：

① 把 Windows 的显示分辨率增大到最大值，这也许要降低颜色深度，例如降低到 256 色或 16 色。

② 会在增大了的屏幕区域内发现命令行窗口，把它重新归位。

③ 恢复到最初的显示分辨率。

问题 8-58： 为什么捕捉不到图块的插入点?

处理方法：

当系统变量 WHIPARC 设置为 1 时，可能导致系统捕捉不到图块的插入点，解决步骤如下。

① 在命令行中输入 WHIPARC 命令。

② 输入值 0。

③ 在命令行中输入 REGEN 命令并回车。

问题 8-59： 为什么 Del 键无法删除对象?

处理方法：

出现这个问题是因为系统变量 PICKFIRST 被设置为 0 了，在这种情况下按 Del 键后不会删除所选的对象，因此要解决这个问题只要把 PICKFIRST 设置为 1 即可。

PICKFIRST 变量会影响所有命令，如果该值等于 0，则应先执行命令，然后再选择相关对象；如果该值等于 1，则既可以先执行命令后选择对象，也可以先选择对象后执行命令。

问题 8-60： 如何使用透明命令?

处理方法：

透明命令指的是当另一个命令正在进行时可以运行的命令。

使用透明命令的方法。

① 运行初始命令，然后再调用透明命令，首先要输入一个单引号。

② 输入想要执行的透明命令的名字。

一个有关透明命令使用的实例。

① 在命令行中输入 LINE 命令。

② 选择所画直线的第一点。

③ 在命令行中输入′ZM 命令。

④ 在命令行中输入 A，即执行 Zoom All 命令。

⑤ 当 Zoom 命令完成后，LINE 命令会继续运行并提示输入直线的下一点。

问题 8-61： 如何把一个圆等分成几个弧段？

处理方法：

可以使用 DIVIDE 命令对一个对象进行等分，但在分割圆时还需要一些其他操作，步骤如下。

① 在命令行上输入 DDPTYPE 命令，并按回车键。

② 在"点样式"对话框中选择一种可见的点样式。

③ 在命令行上输入 DIVIDE 命令，并按回车键。

④ 选择要等分的圆。

⑤ 输入想要把这个圆分割的线段数，并按回车键。

⑥ 在命令行上输入 RAY 命令，并按回车键。

⑦ 选择圆心作为放射线的基点。

⑧ 分别捕捉圆上的每个点作为放射线的通过点。

⑨ 使用 TRIM 命令把射线在圆外的部分消减掉。

问题 8-62： 如何指定对象捕捉的顺序？

处理方法：

当使用对象捕捉并且显示出了自动捕捉标记时，可通过 Tab 键在当前已经设置的捕捉模式之间进行切换。

当把十字光标放置在多个对象之上时，系统会在每个对象的所有对象捕捉模式之间循环切换，包括这些对象之间的交点。

问题 8-63： 如何控制夹点选择的开关？

处理方法：

在默认情况下，当使用诸如 ERASE、MOVE 或 COPY 命令等编辑命令时，在输入命令之前，如果图形中已有对象的夹点是激活的，即已有对象被选中时，AutoCAD 就不会提示用户选择其他对象，而直接对夹点激活的对象使用编辑命令。

通过使用 PICKFIRST 命令可以解决这个问题，操作如下。

① 在命令行上输入 PICKFIRST 命令。

② 把值设置为 1。

③ 按回车键结束命令。

问题 8-64：如何同时改变多个图层的特性？

处理方法：

① 在命令行中输入 LA，调出"图层特性"对话框；

② 在弹出的对话框中选择要改变特性的图层，在选择时可以按住 Ctrl 或 Shift 键选择多个图层，如果要选择所有图层，则按 Ctrl＋A；

③ 修改图层的特性，如颜色、冻结、加锁和解锁等；

④ 单击"确定"按钮完成修改。

问题 8-65：如何设置图层的默认线宽？

处理方法：

图层的默认线宽包括随层或随块，或者通过设置 CELWEIGHT 变量使得图层的默认值和 LWDEFAULT 的值保持一致。

下面是 CELWEIGHT 变量的设置。

① 将线宽设置为随层。

② 将线宽设置为随块。

③ 将线宽设置为 DEFAULT。DEFAULT 的值由 LWDEFAULT 系统变量控制。

其他以百分之一毫米为单位输入的线宽有效值包括 0、5、9、13、15、18、20、25、30、35、40、50、53、60、70、80、90、100、106、120、140、158、200 和 211。所有的值都必须以百分之一毫米为单位输入。

问题 8-66：如何指定全局线型比例？

处理方法：

由于线型比例的影响，线型为中心线或虚线的直线的显示和我们所需的不符，譬如有时因视图比例很低，导致虚线显示为实线。

可以通过使用系统变量 LTSCALE 控制所有线型的比例。该变量的默认值为 1，可以把它修改为任意正值。

问题 8-67：如何把一个对象的特性复制到其他对象上？

处理方法：

1. 在一个图形中复制特性

① 在命令行中输入 MATCHPROP 命令，或单击标准工具栏上的"特性匹配"按钮。

② 选择源对象，源对象就是想要复制特性的对象。

③ 选择目标对象，在上一步中复制的对象的特性就会应用到目标对象上。在这一步中可以选择多个对象，回车结束命令。

2. 在不同图形间进行特性匹配

① 在命令行中输入 MATCHPROP 命令。

② 选择源对象。

③ 切换到另一个图形中。可使用"窗口"菜单，或按 Ctrl＋Tab 键在图形窗口间切换。

④ 选择目标对象，可选择多个目标对象。

⑤ 回车结束命令。

问题 8-68： 误保存覆盖了原图时如何恢复数据？

处理方法：

如果仅保存了一次，及时将后缀为 BAK 的同名文件改为后缀 DWG，再在 AutoCAD 中打开就行了。如果保存多次，原图就无法恢复。

问题 8-69： 为何不打印视口边框？

处理方法：

① 把视口移动到不打印的图层上。

② 把视口所在图层的打印状态关闭。使用这个方法，还可以不打印该图层上的其他对象。

问题 8-70： 如何进行黑白打印？

处理方法：

① 选择"开始→"控制面板"→"打印机和其他硬件"→Autodesk 绘图仪器管理器"，如图 8-22 所示。

图 8-22　Autodesk 绘图仪管理器

② 双击一个打印设备，例如 DWF ePlot. pc3。

③ 在"绘图仪配置编辑器"对话框中单击"设备和文档设置"选项卡，如图 8-23 所示。

图 8-23 "设备和文档设置"选项卡

④ 展开对话框上部列表框中的"图形"部分,单击"矢量图形"项,如图 8-24 所示。

图 8-24 "设备和文档设置"选项卡

⑤ 选择对话框底部的"单色"单选按钮,如图 8-25 所示。

图 8-25 "单色"单选按钮

⑥ 单击"确定"按钮关闭对话框。

问题 8-71： Ctrl 键无效了如何处理？

处理方法：

有时我们会碰到这样的问题，比如 CTRL＋C（复制）、CTRL＋V（粘贴）、CTRL＋A（全选）等一系列和 CTRL 键有关的命令都会失效，这时只需到 OP 选项里调一下即可，操作如下：

op（选项）/用户系统配置/WINDOWS 标准加速键（打上勾）

标准加速键打上勾后，和 CTRL 键有关的命令则有效，反之无效。

问题 8-72： 鼠标中键不好用怎么办？

处理方法：

正常情况下 CAD 的滚轮可用来放大和缩小，还有就是平移（按住）。但有的时候，按住滚轮时，不是平移，而是出下一个菜单，这时只需调一下系统变量 mbuttonpan 即可。

初始值：1

支持菜单（.mnu）文件定义的动作，当按住并拖动按钮或滑轮时，支持平移。操作如下：

op（选项）/显示/显示布局和模型选项卡（打上勾即可）。

问题 8-73： 如何减少文件大小？

处理方法：

① 在图形完稿后，执行清理（PURGE）命令，清理掉多余的数据，如无用的块、没有

实体的图层，未用的线型、字体、尺寸样式等，可以有效减少文件大小。一般彻底清理需要 PURGE 两到三次。

-purge，前面加个减号，清理得会更彻底些。

② 用 WBLOCK 命令。

把需要传送的图形用 WBLOCK 命令以块的方式产生新的图形文件，把新生成的图形文件作为传送或存档用。示例如下：

命令：wblock

(在弹出的对话框中输入文件名及文件存放位置)

定义的名字：(直接回车)

给一个基点：(任选一点)

选择物体：(选择完毕后回车)

这样就在你指定的文件夹中生成了一个新的图形文件。

问题 8-74： 命令中的对话框变为命令提示行怎么办？

处理方法：

将 CMDDIA 的系统变量修改为 1。系统变量为 0 时，为命令行；系统变量为 1 时，为对话框。

问题 8-75： 标题栏显示路径不全怎么办？

处理方法：

op（选项）/打开和保存/在标题栏中显示完整路径（勾选）即可。

问题 8-76： 在 AutoCAD 中有时有交叉点标记在鼠标点击处产生怎么办？

处理方法：

用 BLIPMODE 命令，在提示行下输入 OFF 可消除它。

问题 8-77： 为什么块文件不能炸开？

处理方法：

这是一种在局域网传播较广的 lisp 程序造成的，使几个常用的命令不能用，块炸开只能用 XP 命令。可以有两种方法解决，一是删除 acad.lsp 和 acadapp.lsp 文件，然后复制 acadr14.lsp 两次，命名为上述两个文件名，加上只读，就免疫了。要删掉 DWG 图形所在目录的所有 lsp 文件，不然会感染其他文件。二是有种专门查杀该病毒的软件。

问题 8-78： 为什么输入的文字高度无法改变？

处理方法：

使用的字型的高度值不为 0 时，用 DTEXT 命令书写文本时都不提示输入高度，这样写出来的文本高度是不变的，包括使用该字型进行的尺寸标注。

问题 8-79： 绘图时没有虚线框显示怎么办？

处理方法：

修改系统变量 DRAGMODE，推荐修改为 AUTO。系统变量为 ON 时，再选定要拖动的对象后，仅当在命令行中输入 DRAG 后才在拖动时显示对象的轮廓；系统变量为 OFF 时，在拖动时不显示对象的轮廓；系统变量位 AUTO 时，在拖动时总是显示对象的轮廓。

打开"File"菜单，选"DrawingUtilities/Recover"命令，或者在命令行直接用键盘输入"recover"，接着在"SelectFile"对话框中输入要恢复的文件，确认后系统开始执行恢复文件操作。

问题 8-80： 选取对象时拖动鼠标产生的虚框变为实框且选取后留下两个交叉的点怎么办？

处理方法：

将 BLIPMODE 的系统变量修改为 OFF 即可。

问题 8-81： 如何修改块？

处理方法：

好多人都以为修改不了块，就将其炸开，然后改完再合并重定义成块，这样很麻烦。实际上用一个修改块命令即可：REFEDIT。

按提示，修改好后用命令：REFCLOSE，确定保存，原先的按改后也随之保存

问题 8-82： 怎么修改 CAD 的快捷键？

处理方法：

可以选择菜单工具（D）/自定义（C）/编辑程序参数（acad.pgp）（P），打开"acad.pgp"文件来查看所有的命令别名定义。也可以以"abbreviation,*command"的形式向"acad.pgp"文件的命令别名部分添加行来定义新的命令别名（abbreviation 是用户在命令提示下输入的命令别名，command 是要缩写的命令）。

例如将画直线的快捷键命令 L 改为 DA：

① 单击下拉菜单"工具/自定义/编辑程序参数"，打开 acad.pgp 格式的记事本。

② 在这个文本中找到"L,*LINE"，把这个 L 改为 DA。

③ 关闭窗口，点"是"存盘。

④ 关闭 CAD 文件。

⑤ 再重新打开 CAD，这时画直线只用输入 DA 就可以了。

问题 8-83： DWG 文件破坏了如何处理？

处理方法：

利用"文件/绘图实用程序/修复"，选中要修复的文件，此方法百分之五十有效。也可用 recover 命令。

问题 8-84： 怎样控制命令行回显是否产生？

处理方法：

将 CMDECHO 系统变量改为 0 或 1。

问题 8-85： 如何实现中英文菜单切换使用？

处理方法：

在 AutoCAD 中同时保存中英文两套菜单系统，来回切换是可行的。具体作法是把汉化菜单文件改名为 Pacad. mnu，放在 AutoCAD 安装目录下的 \ SUPPORT 子目录中，同时将 acad. mnl 复制成 Pacad. mnl，放在＊＊＊acad. mnu 同一目录中。在用中文菜单时，用 menu 命令加载 Pacad；换回英文菜单时就再次使用 menu 命令加载 acad 菜单文件。

问题 8-86： 如何保存图层、颜色、线宽、标注等？

处理方法：

如想把图层、颜色、线宽、标注、打印等都设置好了保存起来，方便下次做图，可按如下操作。

① 新建一个 CAD 文档：把图层、颜色、线宽、标注、打印等都设置好后另存为 DWT 格式（CAD 的模板文件）。

② 在 CAD 安装目录下找到 DWT 模板文件放置的文件夹，把刚才创建的 DWT 文件放进去，以后使用时，新建文档时提示选择模板文件选那个就好了。或者，把那个文件取名为 acad. dwt（CAD 默认模板），替换默认模板，以后用到时只要打开就可以了。

问题 8-87： 标注时如何使标注尺寸和图有一定的距离？

处理方法：

执行 DIMEXO 命令，再输入数字调整距离。

问题 8-88： Auto cad 在使用 ctrl＋c 复制时， 所复制的物体总是离鼠标控制点很远， 如何解决？ 处理方法：

在 CAD 中的剪贴板复制功能中，默认的基点在图形的左下角。最好是用带基点复制，这样就可指定所需的基点。带基点复制是 CAD 的要求与 WINDOWS 剪贴板结合的产物。在"编辑"菜单中或右键菜单中有此命令。

问题 8-89： 如何关闭 CAD 中的＊BAK 文件？

处理方法：

① 利用"工具/选项"，选"打开和保存"选项卡，再在对话框中将"每次保存均创建备份"即"CREAT BACKUP COPY WITH EACH SAVES"前的对钩去掉。

② 也可以用命令 ISAVEBAK，将 ISAVEBAK 的系统变量修改为 0，系统变量为 1 时，每次保存都会创建"＊BAK"备份文件。

问题 8-90： 如何在 AutoCAD 图中导入 photoshop 图形？

处理方法：

利用"虚拟打印"的方法，操作如下：

① 打开"文件（file）"菜单下的"打印机管理器（plotter manager）"。

② 运行"打印机添加向导（Add-A-Plotter Wizard）"。

③ 点击"下一步（next）"，在右边的选项中选择"我的电脑（My Computer）"，继续"下一步（next）"，进入"打印机型号（Plotter Model）"选择页面。

④ 在左边的"厂商（Manufacturers）"中选择"光栅文件格式（Raster File Formats）"，这时可以看到在右边的"型号（Model）"中列出了很多种图形格式，比如"JPG"

格式等，选择"独立的 JPEG 编组（Independent JPEG Group JFIF）"，点击"下一步（next）"，直到完成。这样以后就可以将 CAD 图形输出 JPG 格式了。

⑤ 用 CAD 做好一幅图后，打开"文件（file）"菜单下的"打印（plotter...）"。在打印对话框中，在打印机类型中选择刚刚装好的"Independent JPEG Group JFIF"，在下面的"打印到文件（plot to file）"里添上生成的文件名称和路径，这个文件就是一个可以在 photoshop 中编辑的图形了。在页面设置中选择一个需要的尺寸，其他的就和使用真正的打印机方法是一样的。点击打印后，等几秒钟，图形就生成了。

值得注意的是：系统默认的页面尺寸只有 1280 * 1600，这个尺寸一般并不能满足客户需要。可以在打印机的属性中自定义所需要的尺寸。

⑥ 另外，如果想导出纯黑色线形，记得要在出图的同时把所有颜色的笔号都改为 7 号色，这样就可以导出纯黑色的图了，如果在 PS 里把模式改为 RGB，这样图像会更清晰。

问题 8-91： 如何解决文字乱码？

处理方法：

命令:FONTALT (用于字体的更换)。

工作中需要用 CAD 软件来读取大量的各大设计院的 CAD 图纸,打开这些图纸时,图上的文字、标注等经常会出现乱码,可以把以下的段落添加到 CAD 目录下的 acad. fmp 文件中,解决在读取 CAD 无这种字体下造成的乱码现象,如遇到没有添加的,读者可以自行添加。

hztxtb;hztxt. shx

Hztxto;hztxt. shx

Hzdx;hztxt. shx

hztxt1;hztxt. shx

Hzfso;hztxt. shx

Hzxy;hztxt. shx

fs64f;hztxt. shx

hzfs;hztxt. shx

fst64f;hztxt. shx

kttch;hztxt. shx

Khtch;hztxt. shx

Hzxk;hztxt. shx

Kst64s;hztxt. shx

ctxt;hztxt. shx

Hzpmk;hztxt. shx

Pchina;hztxt. shx

Hztx;hztxt. shx

hztxt. shx

ht64s;hztxt. shx

kt64f;hztxt. shx

eesltype;hztxt

hzfs0;hztxt

其中：

txt 是标准的 AutoCAD 文字字体。这种字体可以通过很少的矢量来描述,它是一种简单的字体,因此绘制起来速度很快,txt 字体文件为 txt. shx。

monotxt 是等宽的 txt 字体。在这种字体中,除了分配给每个字符的空间大小相同(等宽)以外,其他所有的特征都与 txt 字体相同。因此,这种字体尤其适合于书写明细表或在表格中需要垂直书写文字的场合。

romans 字体是由许多短线段绘制的 roman 字体的简体(单笔画绘制,没有衬线)。该字体可以产生比 txt 字体看上去更为单薄的字符。

romand 字体与 romans 字体相似,但它是使用双笔划定义的。该字体能产生更粗、颜色更深的字符,特别适用于在高分辨率的打印机(如激光打印机)上使用。

romanc 字体是 roman 字体的繁体(双笔划,有衬线)。

romant 字体是与 romanc 字体类似的三笔划的 roman 字体(三笔划,有衬线)。

italicc 字体是 italic 字体的繁体(双笔划,有衬线)。

italict 字体是三笔划的 italic 字体(三笔划,有衬线)。

scripts 字体是 script 字体的简体(单笔划)。

scriptc 这种字体是 script 字体的繁体(双笔划)。

greeks 字体是 Greek 字体的简体(单笔划,无衬线)。

greekc 字体是 Greek 字体的繁体(双笔划,有衬线)。

gothice 为哥特式英文字体。

gothicg 为哥特式德文字体。

gothici 为哥特式意大利文字体。

syastro 为天体学符号字体。

symap 为地图学符号字体。

symath 为数学符号字体。

symeteo 为气象学符号字体。

symusic 为音乐符号字体。

hztxt 为单笔划小仿宋体。

hzfs 为单笔划大仿宋体。

achina 为双笔划宋体。

问题 8-92:打开 . dwg 文件时,系统弹出"AutoCAD Message"对话框提示"Drawing file is not valid",告诉用户文件不能打开怎么办?

处理方法:

这种情况下可以先退出打开操作,然后打开"File"菜单,选"Drawing Utilities/Recover"命令,或者在命令行直接用键盘输入"recover",接着在"Select File"对话框中输入要恢复的文件,确认后系统开始执行恢复文件操作。

问题 8-93:修改完 ACAD. PGP 文件后,不必重新启动 AUTOCAD 如何立刻加载刚刚修改过的 ACAD. PGP 文件?

处理方法:

键入 REINIT 命令,钩选 PGP,再确定即可。

问题 8-94:如何快速查出系统变量?

处理方法:

CAD 的变量多达两三百个,可以用以下方法查出是哪个变量出了差错:

① 有问题的文件命名为文件 1,新建一个文件命名为文件 2。

② 分别在两文件中运行 SETVAR,然后选？列出变量,将变量拷到 Excel,比较变量中哪些不一样,这样可以大大减少查询变量的时间。举例:假设一个图其中变量 ANGBASE 设为 90,那若用程序生成文本的话,所有文本中的字都会旋转 90。现用 setvar 命令将变量列出,然后将所有变量复制、粘贴到一个 Excel 文件 B 列。新建一个文件,再用 setvar 命令将变量列出,将所有变量复制—粘贴到 Excel 文件 A 列,在 Excel 文件 C1 格输入“＝IF(A1＝B1,0, 1)”,下拉单元格算出所有行的值,然后对 C 列按递减排列,这样,值不相同的变量就集中在前几列,再分析这些变量,很快就能查出是 ANGBASE 变量的设置有问题。

问题 8-95:如何将 "L" 画的线变成 "PL" 的？

处理方法:
用 pedit 命令,编辑多段线,其中有合并(J)选项。

问题 8-96:命令前加 "" 与不加 "" 的区别是什么？

处理方法:
加“－”是 AUTOCAD2000 为了使各种语言版本的指令有统一的写法而制定的相容指令。

命令前加“－”是该命令的命令行模式,不加就是对话框模式,具体一点说:前面加“－”后,命令运行时不出现对话框模式,所有的命令都是在命令行中输入的,不加“－”命令运行时会出现对话框,参数的输入在对话框中进行。

问题 8-97:如果在一个图里,图层 1 的内容被图层 2 的内容给遮住了,怎么办？

处理方法:
用 TOOL/DISPLAY ORDER/BRING TO FRONT 即可将遮住的内容显示出来。

问题 8-98:在 AutoCAD 中有时尺寸箭头及 Trace 画的轨迹线变为空心,怎么办？

处理方法:
用 TRIMMODE 命令,在提示行下输新值 1 可将其重新变为实心。

问题 8-99:如何将三维坐标系转变为二维坐标系？

处理方法:
用 View/display/ucs iconproperties 修改即可。

问题 8-100:CAD 自动保存的文件格式转化为 DWG 格式时,为什么总会变成 .DWG. SV$ 格式？

处理方法:
那是因为文件的扩展名被隐藏起来了。

在 IE 浏览器菜单“工具”/“文件夹选项”/“查看”中先去除“隐藏已知文件类型的扩展名”

再重命名 sv＄文件即可。

问题 8-101：无法打开"多行文字编辑器"怎么办？

处理方法：

一般来说多行文字命令"MTEXT"不能用了，可以先手动加载一下"acmted. arx"文件，重新加载后"MTEXT"命令就能正常使用了。

"acmted. arx"位于 AUTOCAD 程序安装目录的根目录下。当启动 CAD 后第一次使用"MTEXT"命令时系统才自动调入，并常驻内存。所以有时候，当觉得 CAD 运行速度变慢，可以用"APPLOAD"命令将其从内存中卸载。

建议在加载"acmted. arx"前，还要查看一下系统变量"MTEXTED"的值是否为"Internal"（意思是 AUTOCAD 是不是使用内部多行文字编辑器来处理多行文字）。如果不是，在命令行键入"MTEXTED"，然后按其提示将其值赋为"Internal"即可。

参 考 文 献

［1］ 《总图制图标准》(GB/T 50103—2010).

［2］ 《公路桥涵设计通用规范》(JTGD 60—2004).

［3］ 《公路钢筋混凝土及预应力混凝土桥涵设计规范》(JTGD 62—2004).

［4］ 《公路桥涵地基及基础设计规范》(JTJ 024—85).

［5］ 《公路桥涵施工技术规范》(JTG/T F50—2011).

［6］ 《混凝土结构设计规范》(GB/T 50010—2002).

［7］ 《公路工程技术标准》(JTGB 01—2003).

［8］ 《机械工程 CAD 制图规则》(GB/T 14665—2012).

［9］ 周佳新主编. 道桥工程识图. 北京：化学工业出版社，2014.

［10］ 周佳新主编. 建筑结构识图. 第二版. 北京：化学工业出版社，2012.

［11］ 周佳新主编. 建筑结构 CAD 制图. 北京：化学工业出版社，2013.

［12］ 周佳新主编. 土建工程制图. 北京：中国电力出版社，2012.

［13］ 朱育万主编. 画法几何及土木工程制图. 北京：高等教育出版社，2002.

［14］ 丁建梅，周佳新主编. 土木工程制图. 北京：人民交通出版社，2012.